望

毛　申　余　安　张
　　叔　有　　　季
晋　行　丁　国　载

臧　丁　伍　袁　李　秦　郑
宣　　　廷　同　　　伯　虎
怀　丙　瞳　修　镛　贵　佳

张　柳　罗　章　张　金　陈
崇　诒　振　太　元　蓉　通
祥　徵　玉　夫　济　德　声

昌　顾　蒋　傅　吴　胡　黄
彼　万　复　斯　湖　适　宾
得　里　璁　年　帆　遥　佩

遊西山碧雲寺作得悅字

端居滯文翰久與賞心闊出沐乘休豫尋幽展懌悅涉澗俯瀄渟
攀巒面巘嶸邈哉神皐奧居然靈境別夷峻疏深泌塞坎構崇柏獨
浴室溫陽泉冰井蔭陰穴隮險惕暝眩逃迴欣超軼密林嬉猿獼
遠峰挂虹霓宵看朝旭升晝見昏星列菲豐光午燾崖懸曜先晞
景會萬象昭跡暎百慮絕巖樓庶可希從茲謝塵轍

慶壽寺齋宿

獨坐花宮月疏鐘報曉晴地超三象外人覺萬緣清茹素分僧飯
觀空人化城眞詮今已悟窈畏毒龍驚

寓城西寺中雜言五首

金馬違朝謁雲林久臥疴皆寒鳴蟋蟀庭古蔭藤蘿束帶知圍減
觀書厭帙多無人來問疾默坐似維摩

书魂寻踪

2

韦力◎著

书魂寻踪
2

脉望

国家图书馆出版社

图书在版编目（CIP）数据

脉望：书魂寻踪 2 / 韦力著 . —北京：国家图书馆出版社，2023.11
ISBN 978-7-5013-7646-9

Ⅰ.①脉… Ⅱ.①韦… Ⅲ.①藏书家－陵墓－介绍－中国 Ⅳ.①K928.76

中国版本图书馆CIP数据核字（2022）第219877号

书　　名　脉望：书魂寻踪 2

著　　者　韦 力 著

责任编辑　王燕来

助理编辑　闫　悦

装帧设计　▬▩文化·邱特聪

────────────────────────────────

出版发行　国家图书馆出版社（北京市西城区文津街 7 号　　100034）

　　　　　（原书目文献出版社　北京图书馆出版社）

　　　　　010–66114536　63802249　nlcpress@nlc.cn（邮购）

网　　址　http://www.nlcpress.com →投稿中心

印　　装　北京雅图新世纪印刷科技有限公司

版次印次　2023 年 11 月第 1 版　2023 年 11 月第 1 次印刷

────────────────────────────────

开　　本　710×1000　1 / 16

印　　张　27

书　　号　ISBN 978-7-5013-7646-9

定　　价　128.00 元

前言

中华文化以儒家为主体，释、道两家为辅翼，三家都注重文献的收集与整理，其中的儒家经典自孔子删定六经之后，逐步演变为十三经，由此形成儒学正脉，佛家的《大藏经》与道家的《道藏》也都有独立完整、体系庞大的经典总汇，这印证了人们常说的"中国人是最喜欢书籍的民族"。

人们在感叹历史文献浩瀚如海时，似乎忽略了传承这些文献的人，其实，正是有了他们的不懈努力，才使得濒于失传的典籍得以留存到后世，因此历代的藏书家与文献家都是中华文脉的传薪者。

遗憾的是，对于藏书家事迹的系统整理，直到清末方成体系，叶昌炽的《藏书纪事诗》是我国第一部以纪事诗体为古代藏书家立传的专著。叶昌炽感慨于古书的聚难散易，那些古代的爱书人节衣缩食苦心经营，终于收集到一定规模的藏书，然因各种原因，尤其是其本人去世之后，他们的藏书迅速星散，而后世常会忽略掉曾经有过这样一位藏书家。鉴于此，叶昌炽网罗前闻，捃摭佚事，费时多年撰成此书。

严佐之先生在《近三百年古籍目录举要》中夸赞该书说："仅此一部体裁内容都是空前的巨著，叶昌炽已足以立言不朽了。"这也正是叶昌炽有多部名著传世，人们却尤为关注《藏书纪事诗》的原因所在，这是研究中国藏书家的开山之作。叶昌炽本人也认为，他的这部著作"发隐阐幽，足为羽陵宛委之功臣"。

《藏书纪事诗》总计收录了从五代到清末七百余位藏书家，叶昌炽所创的"藏书纪事诗体"为后世所本持，此后王大隆对该书有所增补，伦明撰有《辛亥以来藏书纪事诗》，王謇有《续补藏书纪事诗》，徐绍棨的《广东藏书纪事诗》则专收广东藏书家文献。除此之外，还有诸多的类似著作，其中部头最为庞大者乃是郑伟章先生的《文献家通考》，该书所收虽然仅是从清初到现代，但所收人物已逾一千五百人。

这些著作的出现，使得世人了解到更多藏书家的事迹，从而使得他们的声名为后世所记。但略显遗憾的是，这些文献中虽然会谈到文献家、藏书家的生卒年以及一些事迹，但少有专著提及这些藏书家魂归何处。也许这是受到了传统思想的影响，人们对与死相关的事物始终有着一种避忌，但若细究起来，其实古人一向视死如生，在儒家经典"三礼"中，就对丧礼有着极其详细的记载。而儒家传统最重礼，从这个角度来说，记载文献家之墓也应当是不忘前贤、纪念前贤的最佳方式之一。

出于这种动机，我从十几年前就把寻找藏书家之墓作为历史遗迹寻踪的系列之一。2014年，我把访得的藏书家之墓相关文章结集出版，即《书魂寻踪》，此后继续探访相关遗迹，但因历史变迁的原因，藏书家之墓极其难寻，经过这些年的艰苦探访，总算又找到了一些藏书家的埋骨之地，故将其结为续集呈现给读者。我不知道在未来是否还能找到更多的藏书家之墓，期待这本小书的出版能够引起相关部门的重视，让更多的藏书家之墓得到完善保护。

古代藏书家为了传承历史典籍，不仅节衣缩食，典产置书，还会对一些典籍进行仔细校勘，对典籍充满了深情厚意，有的藏书家甚至视它们为生命的一部分。清代藏书家万言有一方藏书印，印文最能表达一些藏书家对典籍的深情："吾存宁可食吾肉，吾亡宁可发

吾椟。子子孙孙永无斁，熟此直可供饘粥。"

为了能让自己的藏书代代递传下去，万言甚至告诫子孙，哪怕穷到挖他的墓也不要去卖书。虽然这是一种夸张，但足以说明他对典籍一片深情。张宗子曾说："人无癖不可与之交，以其无深情也。"虽然这些藏书家已经离世，但我却与他们神交已久，孟子说："读其书，不知其人，可乎？"这也正是今人不应当忘记这些前贤的原因。

我期待着更多的人关注藏书家事迹以及藏书家之墓。屈原的"魂兮归来"读着让人荡气回肠，这些藏书家虽然已经故去，但书魂永存。《酉阳杂俎》载："据《仙经》曰：蠹鱼三食神仙字，则化为此物，名曰脉望。"可见脉望乃是书虫中的神仙，古代爱书人常以书虫自喻，有人甚至以脉望为堂号，比如明末常熟藏书家赵琦美有脉望馆，清代苏州藏书家潘祖荫有小脉望馆等。陆游诗曰："老死爱书心不厌，来生恐堕蠹鱼中。"能够一生如蠹鱼般地与书为伴，乃是爱书人千古不变的梦想，如果由蠹鱼而化为脉望，那更是令人神往之事。在我的心目中，这些爱书之魂早已从蠹鱼化成了脉望。期待着未来岁月中，我能够朝拜更多的书魂，同时也期待着若干年后，《书魂寻踪》能有第三次结集。

壬寅春夏之交　韦力撰于芷兰斋

申时行　状元宰辅，玉蜓奇案　74

毛　晋　汲古阁名远，刊书传天下　92

祁虎佳　精心营造，视死如生　104

龚佳育　两世递藏，无目难详　118

李　馥　收书江南，印谶而散　136

袁日修　长于治水，书归柯氏　150

伍崇曜　怡和商总，粤雅丛刻　164

丁　丙　勇救文澜，藏归江南　180

张宗祥　抄书为业，余捐公藏　300

黄　侃　广购普本，审慎著述　316

胡　适　专题特藏，遗嘱无问　332

吴湖帆　四宝归一，化度偶迷　346

傅斯年　搜集史料，整理大库　362

蒋复璁　藏书世家，虎穴搜宝　378

屈万里　书佣事业，解字研究　394

昌彼得　编纂教材，桃李芬芳　410

目录

王审知
开疆闽王，建刻初始 1

尤袤
目重版本，《文》推李善 12

张柔
轻财重书，《金史》得用 28

安国
范铜为字，印本罕传 42

余有丁
修订正史，归辞名园 58

盛宣怀
不择普善，无论和译 196

陈逅声
七世递藏，亘古罕有 212

金蓉镜
创建高士祠，捐书嘉兴馆 228

张元济
出版巨擘，私藏重宋 244

章太炎
偏重医籍，究研《汉志》 260

瞿启甲
艰难守护，化身千百 272

柳诒徵
突破四部分类法 288

开疆闽王，建刻初始

南宋叶梦得在《石林燕语》中说过一段与出版史有关的话："今天下印书，以杭州为上，蜀本次之，福建最下。京师比岁印板，殆不减杭州，但纸不佳。蜀与福建多以柔木刻之，取其易成而速售，故不能工。福建本几遍天下，正以其易成故也。"

这段话被后世不断引用，以此说明早在南宋时，天下已经有了三大出版中心，它们分别是杭州、四川和福建。当时汴梁也是重要的出版地之一，刻书质量不在杭州之下，但印书所用的纸张比不上杭州。叶梦得认为，四川与福建刻书所用的木料材质较软，易于刊刻，因此往往求速而不求工，而福建刻本能够行遍天下，流传最广，也是因为当地刻书的速度快，产量大。

福建刻书始于何时？业界有不同认定，方彦寿在其专著《建阳刻书史》中引用了民国年间胡君复为上海商务印书馆撰写的一副长联：

> 昔晚唐建安余氏肇启书林，世界阅千余岁矣。其后三峰万卷，同时梅溪秀岩，文采风流。我思古人，聊从公等纂坊肆雅闻，缥缃掌故。

自北宋布衣毕昇始为活板，变迁可一二数耶？近稽兰雪桂坡，上溯古经漆简，棣通演进。以有今日，何况此间称水陆形胜，东南管枢？

胡君复有"书联圣手"之称，是一位楹联专家，但并非出版史专家，其称福建建安余氏刻书始于晚唐，应当是本自清彭元瑞《钦定天禄琳琅书目后编》卷二《仪礼图》中所言："是本序后刻'崇化余志安刊于勤有堂'。按宋版《列女传》载'建安余氏靖庵刻于勤有堂'，乃南北朝余祖焕始居闽中，十四世徙建安书林，习其业。二十五世余文兴，以旧有勤有堂之名，号勤有居士。盖建安自唐为书肆所萃，余氏世业之。"

彭元瑞经过考证，认定建安余氏刻书始自唐代，这种说法被后世不少藏书家所首肯。比如叶昌炽在《藏书纪事诗》中称"唐宋元明朝市改"，也是把建安余氏创始时间定为唐代。孙毓修在《中国雕板源流考》中也本持这种说法："独建安余氏创业于唐，历宋元明未替，为书林之最古者。"

彭元瑞之说影响如此之广，是否正确呢？方彦寿认为建刻始于唐代的说法不可靠。清乾隆四十年（1775），皇帝在阅读宋米芾墨迹印本时，看到纸幅上有"勤有"二字的标记，之后又陆续看到元代建阳刻本《集千家注杜工部诗》，卷末有"皇庆壬子余氏刊于勤有堂"的牌记，这引起了乾隆帝的好奇心，他继续翻查下去，看到另外一些书也是建安余氏所刻。

乾隆皇帝觉得，既然福建余氏刻坊在南宋时已经是有名的刻书坊，那么再往前推，他们在北宋时是否已经开始刻书了呢？乾隆又看到在明末时建安余氏还在刻书，这么长的历史时期内，这些刻书的余氏是否为同一家呢？皇帝向朝中的福建官员打听此事，可惜这些官员都不了解，于是皇帝命令军机大臣传谕福建地方官，让他们查证此事。

皇帝要调查一家私人刻书书坊的历史，似乎这是中国刻书史上罕见的一件事，福建地方官不敢怠慢，而后将查证结果上奏朝廷："寻奏，据余氏后人余廷勤等呈出族谱，载其先世自北宋迁建阳县之书林，即以刊书为业。彼时外省板少，余氏独于他处购选纸料，印记'勤有'二字，纸板俱佳，是以建安书籍盛行。"（王先谦《东华续录》）

既然余氏一族是在北宋时期迁往福建建阳的，说明余氏一家在福建刻书的上限就是始于北宋，由此印证了乾隆皇帝的猜测，但也说明余氏至少在唐代时还没有到福建刻书。

那么福建刻书始于何时呢？林应麟所著《福建书业史：建本发展轨迹考》中认为："福建的雕版印刷术由何处传入，文献上无记载，可能有三条路线：一是由东西京传入，唐五代移民福建有'江北士大夫、豪商、巨贾'，其中可能有书肆业主和后裔，把雕版印刷术带来。二是由浙江传来，晋以前闽中辖于会稽，中州难民沿浙江绕江西南下福建，南宋时麻沙就有浙籍书坊业主。三是由江南西路传入，闽赣两地相邻，南朝时闽中也一度辖于江州，江西历来是入闽通道，建安又是入闽的前哨或落脚点，以后才会沿闽江至福州，看来此条路线最有可能。当然也不排除多线入闽。所以，在唐末五代时才有闽县与麻沙萌芽雕版印书。"

林应麟认为雕版印刷术传入福建的时间大概是在唐末、五代，但究竟是唐末还是五代，文中没有给出具体说法。其立论依据是莆田人徐寅在《钓矶集·自咏十韵》中谈到了他从中原逃难回乡后，得到了泉州刺史王审邦父子的帮助，诗中有"温陵十载佐双旌，钱财尽是侯王惠"之句。

更为重要的是，徐寅的诗中提到了雕版印书之事，"拙赋偏闻镌印卖，恶诗亲见画图呈"，徐寅亲眼看到当时的书店里在售卖他的诗集，并且这些书是用雕版刷印而成。这首诗被后世出版家广泛引用，以此证明那时的雕版印刷已经发展成商业行为，同时有了一定的普及性。比如谢水顺、李珽在《福建古代刻书》的绪论中称："那么福建刻书始于何时呢？我们认为至迟发生在五代。五代徐寅有《自咏十韵》诗，诗中咏道：'拙赋偏闻镌印卖，恶诗亲见画图呈。'他生前自己听到有人印卖他的赋，可知福建在五代初已有书商刻书了。这是五代时福建刻印书籍的重要记载。"

关于徐寅在福建所见刻书之事，还有另外的史料，张秀民在《中国印刷史》中说："徐寅福建莆田人，他所写的《斩蛇剑赋》《人生几何赋》不但被渤海国人用泥金写成屏风，在国内还被刻板印卖。他有'拙赋偏闻镌印卖，恶诗亲见画图呈'的诗句。他生前自己听到有人印卖他的赋，可知福建在五代初已有商人刻书了，宋《崇文总目》著录《徐寅赋》一卷，现在流传的有《钓矶文集》。"

于是朱维干在《福建史稿》中说："审知能令人搜罗佚书，又能为徐寅刊印《钓矶文集》。麻沙印刷业可能在这个时候萌芽。"

当年福建刻书之地并非只有麻沙一镇，当时的福州、汀州、泉州、莆田等地也有刻书，但是王审知为徐寅刊刻的《钓矶文集》究竟刻于哪里，林应麟在《福建书业史：建本发展轨迹考》中经过一番推断得出的结论是："由此看来，徐寅诗赋乃刊于福州；且闽县为闽中政治、经济、文化大都会，闽王朝的官府用书甚多，而文人墨客汇集，又是图书商品大市场，有眼识书肆业主自然会选择知名诗人徐寅诗赋刊行应市的。"

无论徐寅的《钓矶文集》是刻于麻沙还是福州，都是刊刻于福建境内，并且刊刻时代只能是五代时期，因为是由闽王兄弟刊刻的。

五代时期中国出现了分裂，北方有梁、唐、晋、汉、周五个王朝前后更替，为了区别同朝代名，研究者大多在这五代名前分别加个"后"字。当时南方则有吴、吴越、前蜀、后蜀、南汉、北汉、荆南、楚、闽、南唐十个小国并立，被称为十国。南北合在一起，这个阶段被称为五代十国时期，闽国为十国之一。

唐僖宗乾符三年（876），爆发了王仙芝、黄巢的农民起义，唐

王审知像

僖宗仓皇出逃西川，黄巢攻入长安后称帝。黄巢称帝的第二年即唐中和元年（881），淮南道寿州一名叫王绪的屠夫与其妹夫刘行全起兵，他们召集了五百人，很快攻下寿州，接着又攻陷光州。光州固始县有兄弟三人在当地颇具名气，他们是王潮、王审邦、王审知，当地人称"三龙"。王绪闻其名，将三人招入军中做军校。

后来王绪率兵投奔了蔡州的秦宗权，秦宗权上表朝廷封王绪为光州刺史。唐光启元年（885），秦宗权召集兵力准备攻打黄巢，王绪不听其命令迟迟不出兵，于是秦宗权发兵攻打王绪。王绪兵少势薄，只好率兵离开光州南下，在进入福建之后队伍逐渐壮大。

部队的迅速扩张，使得粮草跟不上，于是王绪下令军中不许有老弱跟随，犯者当斩。当时军中只有王潮三兄弟带着母亲同行，王绪要杀他们的母亲，后来在众将士的劝说之下才最终作罢。王绪的猜忌心也十分重，部将中有才能的，大多会被他找个理由杀掉。其手下一位术士称军中有王者之气，于是王绪杀掉了几位有勇有谋且长得气宇轩昂之人，妹夫刘行全曾与他共同起兵并立有大功，但最终也被王绪杀掉了。

王绪的所为令其手下人人自危，王潮认为说不定哪天王绪就会加害于他，于是决定先下手为强。光启元年八月，在部队到达福建南安时，王潮发动兵变囚禁了王绪，不久王绪自杀，事件被后世称为"南安之变"。

次年八月，王潮占领泉州，福建观察使陈岩上表朝廷，封王潮为泉州刺史。唐景福二年（893），王潮派三弟王审知为都监，率泉州兵攻打福州，之后逐渐统一了福建。同年十月初四，唐王朝封王潮为福建观察使，王审知为副使。唐乾宁三年（896），唐王朝升福建为威武军，以王潮为威武军节度使。乾宁四年（897）王潮病故，王审知接管福建政权，自称福建留后。唐光化元年（898），朝廷正式授王审知为威武军留后，之后又升王审知为威武军节度使。唐天祐元年（904），唐昭宗封王审知为琅琊王。后梁开平三年（909）升福州为大都督府，封王审知为闽王。王审知统治福建达二十八年之久。

王氏三兄弟以王审知最具名气，《十国春秋》卷九〇《闽太祖世家》记载："太祖名审知，字信通，潮季弟也。身长七尺六寸，紫色，方口隆准，常乘白马，军中号'白马三郎'。"他不但一表人才，且善于理政，在他统治福建时期，当地的经济文化出现了空前繁荣。在经济上，王审知重视发展农业、兴修水利，兴建和扩建了福清、长乐沿海大堤。同时围海造田，扩大耕地面积，在平原地区推广双季稻，在山区发展茶叶种植，另外编织、陶瓷、冶金铸造业都有一定程度的发展。

在文化方面，他重视人才，为了吸引北方的文人到福建，他开设了招贤院。《新五代史·王审知传》中说："（审知）好礼下士。王淡，唐相溥之子；杨沂，唐相涉从弟；徐寅，唐时知名进士。皆依审知仕宦。"徐寅是乾宁元年（894）进士，在朝中任秘书省正字，这个职务相当于皇室图书馆负责校对的官员，想来他对书籍出版颇为了解。徐寅回到福建后，王审邦为他刊刻诗集，应该会有他个人的主张在里面。

在宗教信仰方面，王审知能够统合儒释，黄滔在《大唐福州报恩定光多宝塔碑记》中称："（王审知）乃大读儒释之书，研古今之理。常曰：文武之与释氏，盖同波而异流。若儒之五常，仁、义、礼、智、信。仁者，含弘也，比释之慈悲为之近；礼者，谦让也，比释之恭敬为之近；智者，通识也，比释之圣觉为之近；信者，直诚也，比释之正直为之近；而义者，杀也，其为异物诸武之七德。"

王审知笃信佛教，同时又推行儒家思想，在他看来两者是相通的，因为儒家所提倡的五常能与佛教的慈悲、公正、恭敬、灵感、正直相对应。

王审知墓园

审时度势之后，王审知放弃了称帝的打算，在当地休养生息，施行各项养民政策，所以在其统治福建期间，当地颇为安宁，经济文化都得到了较大发展。福州甚至渐渐有了"海滨邹鲁"之称。据福建文史馆馆长卢美松统计，封建社会福建地区文科状元 46 人，武科状元 26 人，总计 72 人。清代诗人陈衍在《补订〈闽诗录〉叙》中说："文教之开兴，吾闽最晚，至唐始有诗人。至唐末五代，中土诗人时有流寓入闽者，诗教乃渐昌，至宋而日益盛。"

正因为王审知的精心治理，开化较晚的福建后来居上，在文教方面人才荟萃。在其统治期间，他还给朝廷进献书籍，《琅琊王德政碑》载："丞命访寻，精于缮写，远贡刘歆之阁，不假陈农之求。次第签题，森罗卷轴。"

由这段碑文可知，王审知给唐王朝进献的应当是写本。黄滔在《泉州开元寺佛殿碑记》中则称："初，仆射太原公以子房之帷幄布泉城，以叔度之袴襦纩泉民，而谓竺乾之道与尼聃鼎，宜根乎信而友乎理。矧开元阙宇，五十载之圣容，实寺之冠。泊帅闽也，愈进其诚。缮经三千卷，皆极越藤之精，书工之妙。驾以白马十乘，送以府僧，迎以群僧。"

当时的开元寺曾经抄写了三千卷佛经。对于福建抄经的兴盛程度，张秀民在《中国印刷史》中说："据宋梁克家《三山志》说，他的藏经是'泥金银万余两，作金银字四《藏经》，各五千四十八卷，骍檀为轴，玉饰诸末，宝函□架，纳龙脑其中，以灭蠹蟑'。同时写了四部《金银字大藏》，共二万余卷，而且装潢保藏，又这样讲究，虽然是很大浪费，却是我国图书史上罕见的盛事。928年新罗僧洪庆从唐闽府航载《大藏经》一部回国，疑为上述《金银字大藏》之一。"

那时雕版技艺刚刚传入福建，这种出版方式还未形成主流，路善全所著《在盛衰的背后：明代建阳书坊传播生态研究》中写道："入主闽中的王审知虽出身农民，却颇重文化，倡导宾贤礼士，亲自出资为著名诗人徐寅刻印《钓矶文集》，从此揭开了福建刻书业的序幕，建阳刻印开始萌芽。"可见正是在王审知统治期间，福建刻书业产生了萌芽。

但是，此前的我一直没有留意到王审知在福建出版史上的开创之功，故而几次来到福建寻访，都未曾把他列入目标之一，直到无意间遇到了他的墓，才意识到，这是冥冥之中的书缘把我带到了这里。

王审知墓位于福建省福州市晋安区莲花山南麓。驱车前往莲花

山，原本是想去寻找艾儒略的墓，走到途中时，偶然在路边看到了一座占地面积较大的古墓，于是跟司机说：返回来的途中，我要到那里去探看。从万寿园出来后我还惦记着这件事，行驶到墓园前时，在路边看到了福建省人民政府所立的文保牌，上面写着"王审知墓"。

王审知墓占地面积逾百亩，分为两路，左侧的一路为神道和墓区，右边并行的则是广场与祠堂，我先沿着左路前行，百米长的神道两侧摆着五对石像生，一眼望去即知是新刻的。走到祠堂的侧墙，看到了一个已有些风化的将军俑，此俑近三米高，雕刻较为精美，只是双目已被人挖掉。这应当是王审知墓前的原物，可能是因为已经残缺不全，只好挪开，而后做了一些新刻的俑放在墓道两旁。

进入墓区，看见这里新立了一座石牌坊，上面刻着"唐忠懿王陵"。穿过牌坊，仍然是百米长的神道，神道尽头的正前方，即是沿着山间缓坡建成的墓丘。墓丘为两层台地，在第二层平台上，并列着两座大小相同、用砖石砌起的坟墓，墓的形体较为特别：像两座二十平方米大小的坡顶房屋，每座之前立着一块两米多高的大碑，右侧的碑上面刻着"唐闽忠懿王审知公墓"，左侧并列的墓则为其夫人任氏墓，两座墓之间相隔有两米。夫妇墓不同穴，并且规格大小相同而并列，看来在闽王时代挺讲男女平等。我转到墓的后方观看，后面为圆弧形，有点像船只的尾部，后面的山坡上另立着一块大碑，

上面刻着"唐闽忠懿王墓"。

王审知雕像

侧边的祠堂部分正式的名称叫闽王纪念馆，从外观看，纪念馆占地面积上千平方米，正前方的三个门都上着锁，无法看到里面的情形，想来应当有些展板介绍王审知的政绩，不知道会不会谈到他的抄书、刻书之举。

纪念馆的正前方立着王审知的站姿雕像，雕像的下面碑座上刻着王审知的生平介绍，我想拍照下来以作为资料用，然这里却坐着一对年轻人，两人均把鞋脱在一边，舒适地晒着太阳。见我过来拍照，女士笑着对我说："等我们穿上鞋你再照。"雕像的正前方是一个仿古式的石亭，亭子的横梁上刻着"新加坡太原王氏公会敬献"，亭子的侧边立着一块竖碑：闽王纪念广场。

有意思的是，等我写完这篇小文整理图片时，忽然想起以前我某次在福州寻访，在市中心路过一间古建筑，当时好奇地走了进去，发现原来是祭祀王审知的闽王祠。遗憾的是我当时并不知道他与建本刻书有着如此深厚的关系，只是拍下一组照片便离开。而今再次细看当时拍下的照片，其中有一张闽王祠简介牌，牌上刻着密密麻麻的介绍文字，我读了一遍，简介中提到了他的德政，却无一字提及刻书，不过嗜书如我，也是最近才知道他与福建刻本的关系，又怎么苛责别人呢？

尤袤

目重版本，《文》推李善

尤袤是宋代著名的藏书家，当然，他的才能并不仅限于藏书。王玮在《尤袤研究文献综述》的提要中对尤袤的一生作出了概括性的总结："尤袤一生有着多重身份，官员、文学家、藏书家、文献学家等，每一个角色他都能胜任。作为官员，他清正爱民，深受爱戴；作为文学家，他是'南宋四大诗人'之一，著有《梁溪集》五十卷等；作为藏书家，他设有遂初堂专供藏书，并有尤书橱之称；作为文献学家，他编有第一部版本目录《遂初堂书目》，刊刻了李善注《文选》，成为《文选》众多版本中十分重要的一种。"

关于尤袤的履历，《锡山先哲丛刊》第一辑之《无锡县志》载："宋尤袤，字延之。其先闽人，本姓沈，因避王审知讳去水姓尤，来居无锡，至袤遂为无锡人。弱冠入太学，魁监省，登绍兴进士第。尝从玉泉喻樗游。樗，龟山先生高弟也。樗以所得龟山之学授之，由是学益进。"由此可知，尤袤祖先本是福建人，姓沈，为了避闽王之讳而改姓尤。到了尤袤这一代，尤姓方定居于无锡。他是宋绍兴年间的进士，为喻樗的弟子。

对于他的业绩，该《志》中称："绍兴间，宰泰兴，金人入境，士庶望风而遁，袤独坚守不去，寻以荐除奉常。"这句话说得有些含糊，没有《宋史》中的《尤袤传》详尽："县旧有外城，屡残于寇，颓毁甚，袤即修筑。已而金渝盟，陷扬州，独泰兴以有城得全。后因事至旧治，吏民罗拜曰：'此吾父母也。'为立生祠。"

这里说的"城墙"是指江苏的泰兴城墙。尤袤在绍兴十八年（1148）中进士后，曾经做过泰兴县令，该县分有内城与外城，外城多次被强盗损毁，尤袤到任后组织人马进行修缮，此后不久金人撕毁盟约，攻打扬州地区，这一带的城池唯有泰兴得以保全，保全的原因正是尤袤在金人攻城之前把外城修筑了起来，尤袤也因此而被当地百姓视为再生父母。

说他是宋代著名的文学家，当然也有出处。尤袤在当世就被大诗人杨万里列为"近代风骚四诗将"（《谢张功父送近诗集》）之一。到了元代，对尤袤诗才最为推崇的是方回，方回在《跋遂初尤先生尚书诗》中称："宋中兴以来，言治必曰'乾、淳'，言诗必曰'尤、杨、范、陆'。其先或曰'尤、萧'，然千岩蚤世不显，诗刻留湘中，传者少，尤、杨、范、陆特擅名天下。三家全集板行，遂初先生尚书文简公厥后□□□独未暇及此。"

南宋诗坛，尤袤与杨万里、范成大、陆游并称为四大诗人，但方回说，当时的大诗人中原本还有萧德藻，然因萧的诗集流传较少，故后世仍以"尤、杨、范、陆"并称。

在诗史上，另三位的诗名都比尤袤大得多，这是什么原因呢？方回的原文中缺了三个字，故而难知其原本的语意，但他在此《跋》中对这几位诗人做了比较性的评价："诚斋时出奇峭，放翁善为悲壮，然无一语不天成。公与石湖，冠冕佩玉，度《骚》媲《雅》，盖皆胸中贮万卷书，今古流动，是惟无出，出则自然。"

方回说，尤袤跟范成大胸中都藏有万卷书，故他们的诗作有着一种自然之气。方回在《瀛奎律髓》中还专门点评了尤袤的《梅花》："尤遂初诗初看似弱，久看却自圆熟，无一斧一斤痕迹。"但后世对尤袤的诗作评价并不高，比如钱锺书在《宋诗选注》中称："流传下来的诗都很平常，用的词藻往往滥俗，实在赶不上杨、陆、范的作品。"为什么关于尤袤的评价有着如此大的反差呢？这里需要注意的是，钱锺书这段评语中有一个定语，那就是"流传下来的诗"。

为什么要强调这句话呢？《四库全书总目》卷一五九中，著录有尤袤《梁溪遗稿》一卷，文中称："《梁溪遗稿》一卷，宋尤袤撰……《宋史》袤本传载所著《遂初小稿》六十卷，内外制三十卷。陈振孙《书录解题》载《梁溪集》五十卷，今并久佚。"由此可知，当年尤袤的著述数量很大，仅诗文集部分就超百卷之多，此外，他还作有《周礼辨义》《周礼音训》及《老子音训》等学术著述，可惜这些著作大都失传了，流传至今者大概仅百分之一。用这百分之一的作品来评价一个人的整体水准，恐怕难以得出公允的结论。

即使这流传下来的百分之一的诗作，其实也是后人搜集而得。清康熙年间，朱彝尊受尤袤的后人尤侗之托，从自己藏书中搜集尤袤散佚的作品，总计找得诗四十七首、杂文二十六篇。并将这些作品编为两卷，抄写之后拿给尤侗看，尤侗大为高兴，而后将此刊刻了出来。尤侗还写了篇跋语附在《梁溪遗稿》之后：

> 南宋诗家首推尤、杨、范、陆，号"中兴四将"，盖比之张、韩、刘、岳云。顾其时习尚，争学唐风，由元讫明，鲜有齿及宋诗者。洎乎昭代，然后大行。苏、黄而下，剑南为盛，石湖次之，诚斋虽拙于用多，亦篇什斐然矣。独吾祖文简公有《梁溪集》《遂初稿》二刻，庋置万卷楼中，间厄于兵燹，浸寻散失，历今五百余年，靡有孑遗。胜国之末，锡山顾先辈有《宋文鉴》之选，遍觅文简著作，了不可得，仅传其《落梅词》一首而已。海内藏书家，缥缃不乏，何独靳于吾祖，百无一存？咄咄怪事！子孙不肖，未能奉守典章，致先贤手泽委诸草莽，更可痛也。

尤侗的跋语首先讲述了尤袤在宋代诗坛上的地位。他讲到宋代以后唐诗成为诗学的主导，元、明两代少有人关注宋诗，可是到了清初，宋诗又大行天下，而宋诗中的尤、杨、范、陆四家，后三者名气极大，唯独排在第一的尤袤却名声不显。

其原因何在？尤侗的解释十分重要，他说：尤袤曾经刻过自己的诗文集，刻好之后，书与版均藏在了其家的万卷楼中，可惜后来因为战乱，这些书版全部被毁，其著作没能流传下来。但是，虽然所刻书版被毁，难道尤袤的诗没有在当时的社会上流传开来吗？显然，情况也并非如此。到了清光绪二十三年（1897），盛宣怀请缪荃孙刊刻《常州先哲遗书》时，将尤侗所刻的两卷本的《梁溪遗稿》收入了该丛书，盛宣怀还给此书写了一段跋语：

> 右《梁溪遗稿》二卷，宋尤袤撰。按延之所著有《遂初小稿》六十卷，《内外制》三十卷，见《宋史》本传；有《梁溪集》五十卷，见陈振孙《书录解题》。明《文渊阁书目》即未著录，可见明初已佚。其十八世孙长洲尤西堂先生得秀水朱竹垞本，存诗四十七首，文二十六首，厘为两卷，康熙庚辰付梓，竹垞为之序，止存百分之一。即所收《大行太上皇帝庙号》两疏，《论贺正使不当却疏》，文均未全。碎璧零珠，弥增宝惜。道光辛巳，其廿三世孙兴诗再刻之，而传本亦罕见。今为重梓，以广其传。复搜得《三朝北盟会编》载《淮民谣》一首，《天台别编》载诗十首、《文选跋》一首以益之。

盛宣怀的这段跋语简述了尤袤著作的历代著录，其以明代《文渊阁书目》中未曾著录为依据，认为尤袤当年所刊刻的著作到明初时即已失传。如果以这段话来做推论，那很有可能尤袤的著作在元代也有流传，可惜不知什么原因没有传本存世，致使朱彝尊只辑出了两卷。盛宣怀所刻的《常州先哲遗书》即以尤侗所刻为底本，同时又从他的书中搜出十余首诗补入其中。

由以上叙述可以说明，尤袤在南宋时期确实是著名诗人，只是因为他的藏书楼被焚，致使其藏书及作品大部分失传，才使得今人仅能看到他百分之一的著作，不能领略其诗文的风采。

虽然尤袤的万卷楼被"六丁"收去，但他当年的藏书量之大，还是被人记录了下来，比如陈振孙在《直斋书录解题》中说"遂初堂藏书为近世之冠"。尤袤藏书的名气甚至传至光宗皇帝的耳中，故而光宗赐他"遂初堂"的匾额。陆游也曾写过一首《尤延之侍郎屡求作遂初堂诗诗未成延之去国因以奉送》：

> 遂初筑堂今几时，年年说归真得归。
> 异书名刻堆满屋，欠伸欲起遭书围。

可见遂初堂中藏书量的确很大。遗憾的是，这些书在宋宝庆元年（1225）被烧毁了，好在尤袤曾经编有《遂初堂书目》，能够让后世由此了解到他当年的藏书概貌。

对于《遂初堂书目》，后世引用最多的，是杨万里给其所作序言中的一段话：

> 延之于书靡不观，观书靡不记，每公退则闭户谢客，日计手抄若干古书。其子弟及诸女亦抄书。一日谓予曰："吾所抄书，今若干卷，将汇而目之，饥读之以当肉，寒读之以当裘，孤寂而读之以当友朋，幽忧而读之以当金石琴瑟也。"乃属予序其书目。

可见尤袤是位标准的书痴。他对任何书都喜欢，只要有时间就努力地抄书，自己抄不过来，就让家人一并抄之，他所说的"四当"成为后世广泛引用之语，民国年间的藏书家章钰还以这句话给自己起了个堂号叫"四当斋"。

虽然尤袤的诗名因为著作失传而名声不显，但他流传下来的这

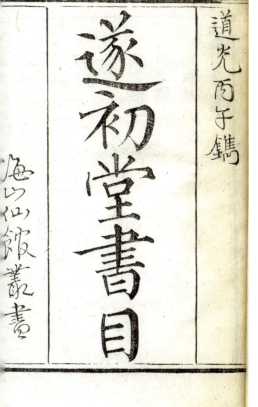

（南宋）尤袤撰《遂初堂书目》一卷，清道光《海山仙馆丛书》本，牌记、卷首

部《遂初堂书目》，却在后世有着极大的影响。《文献》1999年第3期收有姚伟钧《宋代私家目录管窥》，该文首先说："自从南北朝出现私家书目以来，宋代私家目录的数量和质量，不但前代难以比拟，甚至后世也是罕见的。"而后此文列出了多位宋人所编私家目录，这段叙述之后，姚的结语为："其中尤以晁氏《郡斋读书志》、尤氏《遂初堂书目》、陈氏《直斋书录解题》影响最为巨大。"

尤袤的《遂初堂书目》被称为宋代三大私家目录之一，而《遂初堂书目》自有其独特的价值所在。叶德辉在《书林清话·古今藏书家纪板本》中称:"自镂板兴,于是兼言板本,其例创于宋尤袤《遂初堂书目》。目中所录,一书多至数本,有成都石经本、秘阁本、旧监本、京本、江西本、吉州本、杭本、旧杭本、严州本、越州本、湖北本、川本、川大字本、川小字本、高丽本。"可见,《遂初堂书目》最大的特点就是其率先在目录中标明了不同的版本,因此成为古代书目中第一部著录版本的私家书目。

对于《遂初堂书目》的这个特点,汪新华、拓夫在所撰《从目录学名著看宋代目录学的成就》一文中予以了如下的总结:"一是在书名之前,间有加注作者、作者时代或著作方式者,如'经部周易类'中有《张弼易传》《张弼解卜子夏易传》《卜子夏易传》《唐陆希声易传》等,使读者在书名之外,还了解到作者和著作本身的一些情况。二是在书名之前著录版本,如'史部正史类'有川本《前汉书》、吉州本《前汉书》、越州本《前汉书》、湖北本《前汉书》,《前汉书》一书凡四种版本;'杂史类'《战国策》书名下也著录有'旧杭本''遂初先生手校''姚氏''鲍氏补注'等四种版本。凡此种种,皆著录图书的版本情况,有功于版本目录学的发展。"

尤袤这样的著录虽然略显简单,却有着开创之功,这也是其受到后世关注的重要原因,晚清大藏书家陆心源在《遂初堂书目跋》中就有着这样的论述:

> 宋以前书目如《崇文总目》、晁氏《读书志》、陈氏《书录解题》、郑氏《通志·艺文略》、马氏端临《经籍考》,皆著书名,不载刻本、校本,惟此书所载有杭本《周易》《周礼》《公羊》《穀梁》,旧监本《尚书》《礼记》《论语》《孟子》《尔雅》《国语》,京本《毛诗》,高丽本《尚书》,江西本《九经》,川本《史记》《前汉书》《后汉书》《三国志》《晋书》,严州本《史记》,吉州本《前汉》,越州本《前汉》《后汉》,湖北本《前汉》,杭本《旧

唐书》《后唐书》，川本小字大字《旧唐书》，川本大字《通鉴》，
小字《通鉴》，校本《战国策》，罗列版刻，兼载校本，为自来
书目创格，延陵季氏、传是徐氏、《宋元刻本书目》之滥觞也。

陆心源在这里列举了宋代的几部重要书目，而后单点出《遂初堂书目》罗列版本的情况，之后得出结论——"为自来书目创格"。也正因为如此，张之洞在《书目答问》中评价《遂初堂书目》："乃藏书家所贵，非读书家所亟，皆非切要。"

张之洞给出的评语看似不高，其实是所站的角度不同。张之洞在《书目答问》中将历代书目做了两分法，其认为读书家的书目有价值，藏书家书目则没有实用性，这是因为张之洞编《书目答问》是为了指导年轻人懂得学问门径，其着眼点在于读书而不是典藏，故有此一说。

但是，目录学家姚名达并不认同《遂初堂书目》是第一部著录版本的书目，其在《中国目录学史》中称："刘向校书，即已广罗异本，版本之学，此其祖也……然古录失传，传者惟南宋初年尤袤之《遂初堂书目》独并注众本于各书目下。说者乃以版本学之创始推之，竟不知其前尚有多数版本专家，何其陋也？"姚名达认为，早在汉代，刘向所编书目就已经开始注重版本，只是他当年所编书目失传了，所以后世能见到的最早著录版本的书目就是《遂初堂书目》了。

姚名达的评语，倒是给尤袤的诗作因为失传而名声不显做了一个旁注。好在后世对《遂初堂书目》的价值还是看得很重，姚伟钧在《宋代私家目录管窥》中说："应该指出，稍早于尤袤的《郡斋读书志》，曾言及版本，稍后于尤袤的《直斋书录解题》也记载了书目版本，但这两部书目的精粹不在目而在录，记述版本，只是他们著录解题的附注，不是主要方面。稍后于尤袤的岳珂所撰著的《九经三传沿革例》，虽有专章论述版本，搜集一书版本达二十三种之多，但这是由于他的目的在于探究《九经三传》的善本，以供刻写，因

而版本校雠就成为研究重点了。首次将把一些书籍的不同版本作为著录专项置于突出地位，对后世版本目录学的发展起着较大影响的，应推尤袤的《遂初堂书目》。"

对于《遂初堂书目》的特点，姚伟钧总结为三条，第一条为："南宋诸家目录，只有尤袤、郑樵不设神仙类。尤袤不设神仙，把道教这一当时显学之书并入道家，而且还将道家置入杂家之后，贬道家、弃谶纬，这表示了尤袤对道教、图谶的轻视，当然，这不是尤袤出于对封建迷信的深刻认识，而是出于对当时道家与封建正统的儒家之学相抗衡的愤慨和不满。"由此说明，尤袤编写此《目》并非只是一本藏书簿，同时他也想通过该《目》表达自己的学术观点，因此，《遂初堂书目》也可以作为尤袤的著作来研究和探讨。

然而，《遂初堂书目》究竟是不是尤袤亲手所撰，历史上也有着不同的说法。王大隆在《文献学讲义》中谈到这部目录时，引用李文简的评语称："延之所藏甚富，后遭郁攸之厄，此本殆烬余之目矣。且《放翁集》亦录入，是出尤氏后人所辑，非原书也。"李文简认为，《遂初堂书目》中收有《放翁集》，而那个时候，尤袤不可能看到该书，所以他断定这部书目是尤氏的后人所编，而非出自尤袤本人。

王玮的文中引用了当代学者张雷、李艳秋在《尤袤〈遂初堂书目〉新探》一文中所言："我们怀疑此目只是在尤袤指导下，在平日整理的基础上，由家人写成，而非尤袤亲自编定。理由是：杂史类有《遂初先生手校战国策》一条，似非尤袤口吻；尤袤曾为《玉澜集》作序，不应把朱槔（字逢年）误作朱乔年（名松）；既藏有《春秋邦典》一书，必曾翻阅过，不至于把作序者姓名误作该书作者之名；把许多总集类书入之别集类，把同一作者的集子不排在一起，如果是尤袤手编，不至于如此粗疏；注版本者集中于'经总''正史'两类，而其他各类甚少，难道别集类中没存一部值得注明版本的吗？……因此我们怀疑这两类是尤袤手定，其他各类则是在尤袤指导下由家人照架抄录而成的。"

张雷和李艳秋的这个观点应当也是本自李文简，二人进一步从书目中找出了一些不相符之条，尤其张雷与李艳秋称，《遂初堂书目》中，不是每部书都著录版本。仅就这点来看，实际情况也确如张雷与李艳秋所言，汪新华、拓夫在文章中统计出："全书著录版本的图书为五十余种，不及所收书总数的百分之二。"这个数量确实是很少。但即便如此，拓夫和段欣也认为该目"已属难能可贵之创举"。

《遂初堂书目》既然著录版本，那为什么数量如此之少呢？清周中孚在《郑堂读书记》中做了如下的解释："《遂初堂书目》一卷……延之于书靡不观，观书靡不记，所藏既多，遂汇而目之……非特不著解题，且并卷数及撰人而无之，惟别集、总集俱著撰人，其余间有著者，不过百分之一二耳，恐延之不至于此，或传写者所删削也。"

周中孚认为，该《目》中著录版本者仅百分之一二，这不是当年尤袤所撰书目的本来面目，周猜测这是后世传抄的人把一些版本内容删掉了。持近似观点的还有耿文光，其所撰《万卷精华楼藏书记》中谈到《遂初堂书目》时首先称："钞本。从《说郛》中录出，凡经九类、史十八类、子十二类、集六类。晁、陈、马氏三家义例大抵同此，而三家较为精密。此目不著卷数、撰人。文简博洽，不应如此疏略，或陶氏删节未可知也。"

耿文光也认为自己见到的《遂初堂书目》太简单，怀疑有人对此做了删节。耿认为自己得到的这册《遂初堂书目》钞本乃是从陶宗仪的《说郛》中抄出来的，故而其怀疑书目如此"疏略"，有可能是陶宗仪删节的结果。事实究竟如何，也只能让后世接着研究下去了。

王玮在《尤袤研究文献综述》一文中，把尤袤视为藏书家的同时，还认为尤袤是文献学家，这两者的区别应当体现在尤袤刊刻的《文选》一书。萧统所编《文选》是留存至今中国最早的诗文总集，自唐代之后广受重视，该书流传后世者有两个系统，一是"李善注本"，二是"五臣注本"。然"五臣注本"因为影响力大，致使"李善注本"流传甚稀，今日所见最早的"李善注本"就是尤袤刊刻的。

既然"五臣注本"名气较大，那为什么尤袤还要刊刻"李善注本"呢？他在该书的跋语中做了如下的说明：

> 贵池，在萧梁时实为昭明太子封邑。血食千载，威灵赫然，水旱疾疫，无祷不应。庙有文选阁，宏丽壮伟，而独无是书之板，盖缺典也。往岁邦人尝欲募众力为之，不成。今是书流传于世皆是五臣注本，五臣特训释旨意，多不原用事所出。独李善淹贯该洽，号为精详，虽四明、赣上各尝刊勒，往往裁节语句，可恨！袤因以俸余镂木，会池阳袁史君助其费，郡文学周之纲督其役，逾年乃克成。既摹本藏之阁上，以其板置之学官，以慰邦人，所以尊事昭明之意云。

尤袤首先解释了他刊刻《文选》的原因，其称贵池原本有一座文选阁，然却有阁无书，当地人很想刊刻一部《文选》放入阁中，但这件事一直没能做成。尤袤认为"五臣注本"不如"李善注本"好，所以捐出自己的俸禄，再加上别人的帮助，刊刻出了这部李善注《文选》。

尽管尤袤这么说，但后世却认为他所刻之书，乃是从合二为一的"六臣注本"中摘选出李善注而成。当年胡克家请顾千里和彭兆荪校刊《文选》，而后刻出了著名的《胡刻文选》，然而当时顾、彭二人所依据的尤袤所刻《文选》，乃是一部多次补版的后印本，所以他们得出的结论是：尤袤是从"六臣注本"中摘选出李善注。但当今的学者对这个结论表示了异议，傅刚先生拿北宋监本残卷与尤袤本进行比较，而后得出结论："尤刻本（或可说是其底本）是一个以李善本为主要依据，又旁参五臣、六臣而合成的本子。"（《〈文选〉版本研究》）

傅刚不认为尤袤是从"六臣注本"中辑出来的李善注，但他同时又说，尤袤当年的确见到过"李善本"，只是他在编辑该书时参考了"五臣注本"（或者说"六臣注本"）。不管怎么说，就凭尤袤对《文选》一书所作出的贡献，足可冠上"文献学家"的头衔。

关于尤袤的墓，尤侗在《梁溪遗稿跋》中说："先是，文简公赐茔在西孔山，卜世久矣，无何为夫己氏盗葬其旁，不辨阡陌。予因祭扫，一见蹙然，走诉中丞，逐而迁之，旋加修葺。于是穹碑岿然，封树如故。今重锓遗稿，焚告墓门，亦足慰吾祖于九京矣。校订之余，僭跋卷尾，以志岁月。"由此可知，其墓位于无锡的西孔山，并且尤侗对此墓进行过整修，故而这西孔山上的尤袤墓也就成了我的寻访目标。

经过查证，我得知今日的西孔山已经建成为无锡市梅园公墓，距市区有三四十千米的路程。好在很容易我就找到了墓园。进入园

无锡市梅园公墓入口

小山顶上的尤袤墓

中，我首先打听尤袤墓所在，被告知尤袤墓在名人第八区。眼前所见的山坡已经排满了密密麻麻的墓碑，这么多人长眠于此，寂静之下让人有一种莫名的震撼。

我找到了名人第八区，却看不到尤袤墓，于是想起刚才路过了一个小的百货摊，退到此处向摊主打听，他往旁边的山坡一指，告诉我说："这个小山顶上就是尤袤墓。"顺其手望过去，在一个巨大停车场的后方，看到了两对石像生，由此向后看，是一条长长的石台阶路，路的顶端隐约能够看到一块高大的石碑。这条石台阶的两侧也同样排满了墓碑，如此看过去，这个墓园基本上是以尤袤墓为主体，并逐渐拓展而成。

沿着石阶前行，刚到路口的位置我就看到了尤袤墓的文保牌，然其墓却仅是无锡市市级文保单位，以尤袤的大名，我觉得至少应该给个省级待遇。这块文保牌上第一段话为："尤袤墓，位于无锡市

无锡市文物保护单位

尤 袤 墓

尤袤墓，位于无锡市西郊西孔山麓。建于南宋，民国初年重修，
墓域及神道石刻在1966年被毁，1984年无锡市文物管理委员会和尤氏
后裔共同整修墓地。

尤袤（1127—1191），字廷之，号遂初居士，无锡人。南宋绍兴
十八年（1148）进士，历任泰兴令，江东提举常平，淮东运转副史，太
子侍读，太常少卿，礼部侍郎集贤殿修撰，礼部尚书等职。在朝供职
40年。善诗，为"南宋四大家"之一。墓地半抱青山，坐东朝西。墓以用青石加筑圆形墓藏，外侧围以
半圆形罗城，墓前立花岗石墓碑一块，上阴刻隶书"宋诗人尤袤裁初
暨德配唐太夫人之墓"。
1986年7月无锡市人民政府公布为市级文物保护单位。

无锡市人民政府
一九八六年七月二十三日公布
无锡市文物管理委员会立

尤袤墓文保牌

西郊西孔山麓。建于南宋，民国初年重修，墓域及神道石刻在1966年被毁，1984年无锡市文物管理委员会和尤氏后裔共同整修墓地。"由此可知，这个墓园内只有眼前的这一座山叫西孔山，这更加印证了我的判断：余外的墓区都是逐渐拓展而成。

尤袤墓的神道是新近修建，原神道已经毁于1966年，到了1984年，无锡市文物管理委员会和尤氏后人对此墓重新做了整修。可能正是这个原因，才使得尤袤墓仅被列为市级文保单位。文保牌上在写到尤袤生平时，仅提及了"善诗"，对其藏书之事不着一字，可见藏书在大多数人眼中真不算一件重要的事。

沿着新建的墓道向上前行，还未走到台阶的位置，又看到了一块文保牌，这块文保牌上竟然刻着徐寿的大名。两年前我到上海寻找格致书院，徐寿是该院的重要创始人之一，我在江南制造总局旧址也看到过他的雕像，他对于中国近代民族工业的创建有着重大贡献，今日竟然无意中遇到了他的墓，我当然应该前去鞠上一躬。

这一带的墓丘占地面积大小基本相同，展眼望去，排列得整整齐齐，很多墓碑上还未刻字，看来是仍在待售。远远望去，这个墓区内有两棵并不粗壮的柏树，因为是仅有的两棵，所以显得很突兀，我断定这应该是徐寿之墓，于是朝着两棵小树走去，走到近前，果然在树下看到了徐寿墓。虽然墓丘很小，但已与周围的墓有了很大的区别。我只是在想：徐寿葬在这里是他生前的安排，还是其后人的选择？不管是如何，能够葬在尤袤墓的附近，也应当算是有所寄托吧。

看完徐寿墓，重新回到神道，看到路两边的石像生大多已经残破。我不清楚摆放的是不是在原来的位置，但即便不是原址，也给眼前的墓园增添了不少古意。

沿着石阶一路上行，看到神道两侧有一些人正在祭拜逝去的亲人。今日天气很好，虽然我在登山过程中有些气喘，但偶尔歇脚回望，也能看出尤袤墓所处的位置确实是风水宝地，因为在这西孔山脚下，有一泓碧水池塘，背山面水而眠，这应该是古人最理想的葬

无意间得知，徐寿也葬在了这里

新近整修的尤袤墓

地吧。

　　歇脚之后，继续上行，终于登到了小山顶上，眼前所见的尤袤墓果真是做过全新的整修，墓碑的刊刻年代竟然是 2016 年。看来，这块墓碑立在此处顶多一年的时间。后面的墓围及其护墙也是现代施工工艺，虽然如此，能够恢复起来也是值得庆幸的一件事。于是，我站在墓前，向这位宋代的藏书家郑重地鞠了一躬。

张柔

轻财重书，《金史》得用

《金史》是二十五部正史之一，其中不少材料采自《金实录》。当年蒙古军队打下金国最后的首都汴梁时，蒙古军将领张柔没有与众人争抢金银财宝，而是带人进入金国的史馆，将里面藏的《金实录》以及内府藏书捆载而去。

这件事多有史料记载，例如元苏天爵所撰《元朝名臣事略》卷六《万户张忠武王》中称："壬辰，天兵渡河，明年汴降。诸将争取金缯，公独入史馆收《金实录》、秘府图书。"王磐所撰《蔡国公神道碑》中亦称："公一无所顾，而首取金朝《实录》并秘府图书，又访求乡曲耆德，得户部尚书高公夔、都转运使李公特立等十余家，载之以归。其英鉴伟识，度越侪辈远矣。"

张忠武王和蔡国公指的都是张柔，他攻陷汴梁后全力保护书籍，一直为后世所称道。明初所修《元史》中的《张柔传》也记载了他攻下汴梁后保护书籍的事迹："金主自黄陵冈渡河，次沤麻冈，欲取卫州，柔以兵合击，金主败走睢阳。其臣崔立以汴京降，柔于金帛一无所取，独入史馆，取《金实录》并秘府图书；访求耆德及燕赵故族十余家，卫送北归。"

张柔取得了金国内府所藏书籍及《实录》，先将它们运回了家中，待其晚年要退休时，方将《金实录》献给元廷。书藏其家时，元好问希望能够借观，以此来修纂《金史》。《金史》卷一二六《文艺下》中载："（元好问）晚年尤以著作自任，以金源氏有天下，典章法度几及汉唐，国亡史作，已所当任。时金国《实录》在顺天张万户家，乃言于张，愿为撰述，既而为乐夔所沮而止。好问曰：'不可令一代之迹泯而不传。'乃构亭于家，著述其上，因名曰'野史'。凡金源君臣遗言往行，采摭所闻，有所得辄以寸纸细字为记录，至百余万言。今所传者有《中州集》及《壬辰杂编》若干卷。年六十八卒。纂修《金史》，多本其所著云。"

元好问认为金人虽是少数民族，但他们的典章法度与汉人差不多，所以很希望能靠参照《金实录》来撰写《金史》，他听说《金实录》藏在张柔家中，于是找到张柔，希望能够翻阅这些史料。可惜有人从中作梗，借观之事未能实现，元好问只好通过其他方式搜集史料。也许是因为没有看到《金实录》，元好问终究未能完成《金史》，但是他搜集的其他有关金朝的史料成了后人纂修《金史》的参考资料。

郝经为元好问所撰的《遗山先生墓铭》也记载了这件令人遗憾的事："而《国史》《实录》在顺天道万户张公府，乃言于张公，使之闻奏，愿为撰述，奏可。方辟馆，为人所沮而止。"

当年张柔拿到的《金实录》是不是金国历朝全本呢？元苏天爵认为不是，他在《滋溪文稿》卷二五《三史质疑》中说："金亡，元帅张侯柔收拾金史北归。中统初送史院，当时已阙太宗、熙宗《实录》。岂南迁时并《章宗实录》同见遗乎？而《海陵实录》何故复存？当正大末，义宗东幸，元好问为史官，言于宰相，请以九朝小本《实录》驮以一马随驾，岂以太祖、太宗、睿宗（世宗父，《实录》十卷）、熙宗、海陵、世宗、显宗（章宗父，《实录》十八卷）、章宗、宣宗为九朝乎？不知张侯收图籍时，太宗、熙宗之史，何以独见遗也？"

看来《金实录》中至少缺了太宗和熙宗的《实录》，即使如此，《金史》的修纂还是主要参考了《实录》。按照苏天爵在《元朝名臣

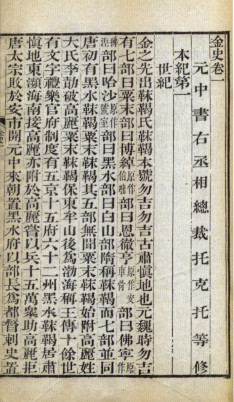

(元）脱脱等纂《金史》一百三十五卷，清同治十三年（1874）江苏书局刻本，书牌、卷首

事略》中所载："内翰王文康公，公名鹗，字百一，开州东明人……公奏言：'自古帝王得失兴废，班班可考者，以有史在。我国家以威武定四方，天戈所临，罔不臣属，皆太祖庙谟雄断所致。若不乘时纪录，窃恐岁久，渐至遗忘。《金实录》尚存，善政颇多，辽史散逸，尤为未备，宁可亡人之国，不可亡人之史。若史馆不立，后世亦不知有今日。'上甚重其言，命修国史，附修辽、金二史。"

向皇帝建议修纂《金史》的人是王鹗，他向皇帝讲述了修史的重要性，同时说《金实录》尚存，故修《金史》不难，而后他以辽代之资料的散佚来作对比。《辽史》有很多问题，主要原因就是没有出现像张柔这样既有实力又有见识的官员，致使关于《辽史》史料欠缺。王鹗告知皇帝，可以灭亡别人的国家，但不可以灭亡别国的历史，如果不开馆修史，那么后世的人就不知道今天发生过什么事了。皇帝很赞同王鹗所言，于是下令修纂《辽史》和《金史》。

《金史》能够修纂完成，并且成为一部较为完整的正史，与王鹗和元好问有着重要关系，而该史能够修纂完成，又离不开此前张柔对《金实录》的保护。脱脱在《进书表》中说"张柔归《金史》于其前，王鹗辑金事于其后"，可见张柔与王鹗都是《金史》得以修纂完成的主要功臣。对于《金史》的价值，《四库全书总目》夸赞说："是元人之于此书，经营已久，与宋、辽二史取办仓卒者不同，故其首尾完密，条例整齐。约而不疏，赡而不芜。在三史之中，独为最善。"

王鹗原本是金国的状元，入元后在朝中任翰林承旨，颇受皇帝的恩宠。他能有这个结果，也跟张柔有直接关系。当年张柔跟随拖雷伐金，击败金国主力后，金国皇帝败走到睢阳，张柔进入汴梁，不仅取走了《金实录》及内府图书，还在京城内访求著名的文人以及燕赵当年的望族，而后将书与人送回北方。随后他派兵包围咸阳，金主又败走到汝南，张柔派兵包围汝南，金国皇帝自杀。蒙古军队随即进入汝南城："汝南既破，下令屠城，一小校缚十人以待，一人貌独异，柔问之，状元王鹗也，解其缚，宾礼之。"

按照蒙古军队的惯例，凡是拒不投降的城池，一旦被攻破即下令屠城。张柔看到他手下的一位小校官捆绑着十几人等待行刑，其中一人长相与众不同，张柔问是何人，方知此人是金朝状元王鹗，于是张柔立即给此人解绑，并善待之。可见张柔不仅慧眼识书，也能慧眼识人，这才救了王鹗一命。后来王鹗进入元廷，凭着才气受到了元朝皇帝的重视。

正是王鹗建议用张柔所献《实录》来修纂《金史》，方使得后世对金国史有了全面的了解。从这些记载来看，无论是修纂《金史》的史料，还是修纂的建议者，都与张柔有着直接的关系，也说明了张柔对中国文献史的贡献是何等之大。

让人意外的是，张柔完全是一位武将出身，其子孙也是著名的战将。《元史·张柔列传》中称张柔乃是易州定兴人，其家前几代都是农民，张柔从小喜欢骑马射箭，在当地被视为豪侠："金贞祐间，河北盗起，柔聚族党保西山东流寨，选壮士，结队伍以自卫，盗不敢犯。"

金卫绍王大安三年（1211）秋，成吉思汗率军攻打金国，后来蒙古军攻打下了张柔的家乡涿州，之后蒙古军兵分三路连破九十余郡，致使金宣宗在贞祐二年（1214）迁都汴梁。当时蒙古军只是争抢各种财物及妇女，他们将抢夺的战利品运回北方沙漠，致使河北地区出现了无人管理的真空地带。当地的一些豪强自发组织武装进行自保，张柔也集结一些乡人来保卫家乡。

那时金国的皇帝已经无法统治这些地区，只能收编这些地方武装，其中一位叫苗道润的地方武装将领被金国皇帝任命为中都留守兼经略使，同时收编张柔的部队隶属于苗道润，而苗道润任命张柔为定兴令。后来张柔"累迁清州防御使，权元帅右都监，行元帅府事"。

事实上，这些地方武装已经少有人听从金国的指挥，他们为了争夺地盘而相互残杀。苗道润原本跟其副将贾瑀有矛盾，金兴定元年（1217），贾瑀设伏杀了苗道润。张柔借机将苗道润的部下收编到自己的队伍中，正当张柔组织军队准备攻打贾瑀时："戊寅，国兵出紫荆口，柔率所部逆战于狼牙岭，马蹶被执，遂以众降，太祖还其旧职，得以便宜行事。"（《元史·张柔列传》）

此时蒙古军队攻下了紫荆关，于是张柔率兵在狼牙岭抗击蒙古兵，不幸的是，他因马失前蹄被蒙古军擒获，张柔率部向蒙古军投降。蒙古军继续让他带领军队，张柔率军转而攻金，连下几州，得以杀掉贾瑀，而后收编贾瑀的部队。当年冬天，张柔率其部队迁徙到满城，以此建立根据地。

在与金兵作战的过程中，张柔显示出过人的军事才能，《元史》载其："金真定帅武仙，会兵数万来攻，柔以兵数百出奇迎战，大破之。"

金国真定统帅武仙率数万人来攻打张柔，张柔仅派几百士兵就击败了武仙的部队。后来"既而中山叛，柔引兵围之，与仙将葛铁枪战于新乐。流矢中柔额，折其二齿，拔矢以战，斩首数千级，擒藁城令刘成，遂拔中山。仙复会兵攻满城，柔登城拒战，复为流矢所中。仙兵大呼曰：'中张柔矣！'柔不为动，开门突战，皆败走"（《元史·张柔列传》）。

张柔与武仙的部下葛铁枪在新乐开战，被流箭射掉了两颗牙，张柔毫不畏惧，拔掉箭后继续战斗，随即占领中山。武仙接着派兵围攻满城，张柔登城抗战，再次被流箭射中，武仙的军队大声欢呼张柔中箭了，张柔不为所动，而后突然打开城门冲出城外，击败了武仙的军队。在一夜之间，他与武仙进行大小战役十几次，每战皆胜，可见其勇猛异常。而他在包围彭城时，还曾独自一人入城招安，最终说服守城将领开门投降，可见张柔不仅有勇，而且有谋。

木秀于林，风必摧之，才能超众者定然会遭他人妒忌，《元史》载："燕帅屠赤台数凌柔，柔不为下，乃谮柔于中都行台曰：'张柔骁勇无敌，向被执而降，今委以兵柄，战胜攻取，威震河朔，失今不图，后必难制。常欲杀我，我不敢南也。'行台召柔，幽之土室，屠赤台施帐寝其上，环以甲骑，明日将杀之，屠赤台一夕暴死，柔乃得免。"

当时的燕州统帅屠赤台多次欺凌张柔，张柔不屈从于此人的淫威，于是屠赤台到中都行台举报，说张柔英勇善战所向无敌，当年因为马失前蹄被迫投降，今日却给他兵权，让他打下了很多地方，如果不尽快除掉此人，今后必为后患，屠赤台还进谗言说张柔想杀他等等。中都行台听信谗言，召回张柔，而后把他关闭在一个地窖内，屠赤台立即派兵包围此处，准备次日杀掉张柔，然不知何故，当晚屍赤台就暴毙而亡，张柔这才得以幸免。

其实蒙古将领一直对张柔有所戒备。《张柔墓志》记载他在被迫投降蒙古后："其散卒稍稍来集，主帅恐公为变，质二亲于燕。公叹曰：'吾受（金）国厚恩，不意猖獗至此。顾忠孝不两立，姑为二亲屈。'遂委质焉。"

张柔为人很仗义，旧日的手下听说他投降了蒙古军队，纷纷前来依附他。当时蒙古的主帅担心张柔再叛变，于是将张柔父母作为人质押在了燕京。《元史》载："中统元年，世祖即位，诏班师。阿里不哥反，世祖北征，诏柔入卫，至庐朐河，有诏止之。分其兵三千五百卫京师，以子弘庆为质。"

忽必烈北征阿里不哥时，张柔一同率军前往，当他的部队行进到庐朐河时，忽必烈下令让张柔的部队停止前进，而后分张柔部属三千五百人前去保卫京师，同时让张柔的儿子张弘庆一同到燕京当人质。

后来，朝廷命张柔到工部任职，负责修建大都城，可见他此时已被解除了军权，此后又封他为蔡国公。至元五年（1268），张柔去世，享年七十九岁，皇帝又给他封了一系列荣誉称号。张柔有十一个儿子，其中以弘略、弘范最具名气。

与其他著名武将不同的是，张柔很喜欢与读书人交往。王磐在《蔡国公神道碑》中说他"乐与知书人语"。正是因为这一点，使得他救了金状元王鹗一命。张柔的部将贾辅也喜欢读书，郝经曾馆于贾辅之门。金国灭亡后，郝经侨居在保定，张柔听闻过郝经之名，于是把他请入家中，请郝经来教导自己几个儿子。阎复在《郝文忠公碑》中称："初，被郡帅贾侯知之，待以宾礼。蔡国张公闻其名，延之家塾教授诸子。蔡国储书至万卷，付公管钥，恣其搜览。"

作为一名武将，张柔家中居然建起了藏书楼，而且藏书数量达万卷之多。郝经馆于张柔家后，张柔对其十分信任，把藏书楼的钥匙拿给郝经，任由他在里面阅读这些书籍。身处战乱时期，能够读到这么多的书实属不易，再加上郝经原本就是一位有见识的文士，在饱览张柔家丰富的藏书之后，"公见识超迈，务为有用之学。上溯洙泗，下逮伊洛诸书，经史子集，靡不洞究。掇其英华，发为词章。论议视前古，慨然以羽翼斯文为任。自是声名籍甚"（《郝文忠公碑》）。

由此可见，郝经后来在文学史上的成就，与读张柔家的藏书有一定的关系，而且可以肯定的是，张柔家的藏书不仅仅有《金实录》，还有不少的其他文献。

张柔的几个儿子中，以第四子张弘彦跟郝经所学最多。柯劭忞在《新元史》中载："宏彦（避弘为宏），从郝经受学，善骑射，前后杀虎以百数。从伐宋荆山有功，授新军总管。攻鄂州，先登者再。"

张柔七十岁时退休，皇帝命其第八子张弘略继承他的职位，弘略也是能征善战之人。《元史》载："中统三年，李璮反，求救于宋将夏贵。贵自蕲乘虚北夺亳、滕、徐、宿、邳、沧、滨七州，新蔡、符离、蕲、利津四县，杀守将。弘略率战船遏之于涡口，贵退保蕲，弘略发亳军攻之，水陆并进。宋兵素惮亳军，焚城宵遁。追杀殆尽，获军资不可计，尽复所失地。李璮既诛，追问当时与璮通书者，独弘略书皆劝以忠义，事得释。"

李璮叛变时，曾向宋将领夏贵求救，夏贵借机连夺七州。朝廷派张弘略率军平叛，张弘略迅速收复失地。李璮被杀后，朝廷追查与李通信之人，张弘略虽然也与李有交往，但他的书信中却是规劝李忠于蒙古，故其没有受到太大的牵连，但仍然被解除了兵权。

张柔第九子张弘范同样是著名的战将，曾率军与南宋作战，南宋最终被其所率领的元军所灭。《新元史》中多有记载他与宋军的交战过程，比如："宋将张世杰、孙虎臣等率水军阵于焦山，宏范率所部横冲其阵，宋帅大败。追至圌山之东，夺战舰八十艘，俘馘千数。上功，改亳州万户，赐名拔都。"

张世杰是南宋著名战将，他与孙虎臣率水军在焦山列阵，最终全部被张弘范的军队击溃。在攻打扬州时，张弘范命弟弟张弘正为先锋，并且告诉弟弟说："选你做先锋是因为你作战勇猛，并非因为私情，如果一旦犯了军法，我也不会救你。"张弘正率军拼全力冲锋，最终俘虏了南宋丞相文天祥。张弘范也许是受到郝经影响，他对文天祥善待有加，派人将他好生护送到了燕京。后来张弘范去世时，文天祥在京城闻讯后为之垂泪。

张弘范率领元军一路南下，一直追宋军至广东新会的崖山，当时宋军有千余艘战船，张弘范使计一一破之，致使宋军大败。《新元史》载："宋丞相陆秀夫抱其主昺赴水死。世杰先遁，李恒追至大洋不及。世杰走交趾，风坏舟，溺死海陵港。其余将史皆降。岭海悉平，勒石纪功而还。"

总之，宋朝可以说是灭于张弘范之手，可见顺天张氏在中国历史上有着何等重大的影响。张弘范虽然善战，却四十三岁就染病而亡，《新元史》说他也喜好读书："宏范喜读书，身长七尺，修髯如画，歌诗踔厉奇伟，著有《淮阳集》。"

尽管顺天张氏曾经在中国历史上有过如此重大的影响，却仍然淹没在了历史的尘埃中，后世少有人再记起这个令人又爱又恨的家族，尤其是张柔对于历史文献的贡献，仅在一些研究藏书史的文章中偶然带过。但曾经发生过的历史总是不能更改的事实，所以我还是要去寻访他的遗迹，以此来讲述那段尘封的历史。

前些年我在网上就已查得张柔墓仍有遗迹留存，但一直没来得及前去探看。2020年9月2日，我开车从北京前往河北省保定市满城区去寻找张柔之墓，网上称他的墓位于大册营乡岗头村西，然而导航上并无这个地址，故只能先以岗头村作为目的地。

这日晴天，下午时下过一场短暂的雷阵雨，但不知何故，满城的多条道路水深都在一尺以上，行驶在这样的路段上，一小时也开不出五千米。此时太阳已偏西，我有些担心赶到当地时太阳已经落山，这会影响拍照效果。沿途遇到许多运送煤炭和其他货物的大货车，超车颇不容易，于是转入村中小巷行驶，东转西绕，终于驶出

见到此房右转

了拥堵路段。

在一座立交桥下，看到几个水果摊，立即停车询问，其中一位中年人闻听我要前往岗头村，马上说"你是去找张柔墓吧"，而后告诉我如何绕行。他的指路给我以信心，这说明张柔墓在当地有许多人熟知，同时也说明了还有痕迹在。我不经意说了一句"你们怎么都知道张柔啊"，几位摆摊者顺手一指，原来这路的名字就叫张柔路。

张柔路很长，从立交桥开到岗头村至少还有十千米，在拐下小路之前，那条拥堵的大道都叫张柔路。沿着路一直向西开，渐渐看到右手边连绵不断的群山，而后导航指挥我右转驶入一条小路，这条路一直上行，行驶到一个高岗上，便看到了岗头村的村名牌，看

果园之上露出的碑额

向着碑一路前行

来村名根据地势而来。

　　进入岗头村后，街上难遇到行人，我只能慢慢行驶，终于看到前方有一位妇女横穿马路。我立即停车追过去，她没有听到我的招呼，径直进入了一个院落，我追入院中问她张柔墓怎么走。她颇为和善，让我沿着村中之路向上开，见到路口右转，再走出不远就能看到此墓。我道谢后正准备上车，她又喊住我说，车可能开不进去。

　　果然如那位妇女所言，我在村中看到了一条通往田地的小路，小路的地面做了硬化，路左侧是用石块垒起的地埂，右侧是水沟，行车很是不易，我只好将车停在路边，步行走入小路。路的两边是大片的果园，在这里看不到张柔墓指示牌。向东走出百余米，在果树之上看到了一块巨大的石碑，直觉告诉我，那里应该就是张柔墓。

　　向着石碑的方向一路前走，终于来到了近前，感觉此碑有两层

脈望
书魂寻踪 2

楼高，下面的赑屃却不大，应当是后配之物。碑旁没有找到说明牌，我用相机拍下碑额，之后放大细看，上面刻着"元故参政事张公神道碑铭"，想来这应当就是张柔的神道碑。

进入果园内四处探寻，在前方十几米远的地方看到了武士俑的残件。继续向前走，在另一个地埂上又看到一件石翁仲，此残件大部分埋入了土中。一路往下走，地埂上还有不少的残件丢弃在那里，有的仅露出一小角。这让我猜想土里面应该还埋着不少石构件，既然神道碑立在这里，前方应该就是张柔墓当年的神道。

由此向南方望去，这里的地势缓步升高，很符合风水上所讲求的背山面水。但张柔墓为什么会破烂到这种程度而不予以修复呢？我猜想这应该有情感成分在吧。

我在右边的草丛中终于找到了张柔墓文保牌，竟然写明是全国重点文物保护单位，既然是最高级别的文保单位，似乎更应当将其修复好保护好。情感毕竟不能代替历史，更何况张柔还有保护文献之功。

文保牌的后方是一个大土丘，想来这是张柔墓丘，墓丘的南边

张柔墓文保牌后是墓丘

用红砖垒起一个入口，入口前锁着铁栅栏门，看来张柔墓被发掘过。我拨开门前的荒草，走到铁栅栏门向内探望，里面是通向下方的墓道，墓道已经用水泥做了硬化，这显然不是当年的制式，只可惜无法入内探看里面的结构。

因为无人可打听，我不知道果园内是否还有与张柔墓有关的遗迹，只能围着那块神道碑向南侧和东侧探看一番，也未能找到其他遗迹。果园内静悄悄的，连鸟声都听不到，穿行在树丛中，让本来急着赶路的心境也平缓了下来。张氏家族一度横行天下，几百年过

去了，也是"荒冢一堆草没了"。夕阳照在墓后的远山上，使得山顶一片光明，日落复日出，拼尽一身的努力究竟有没有意义呢？我又陷入了自我矛盾论中。

墓道用水泥做过维护

残存的墓丘

安国

范铜为字，印本罕传

钱存训先生著有《安国传》，冯金朋翻译为汉语，收录在《明代名人传》一书中。钱先生给安国的头衔有："安国，字民泰，号桂坡。富商、艺术鉴赏家、藏书家、出版家。"看来，安国首先是个有钱人。

安国何以如此富有？周吉友在《明代无锡安国的铜活字印刷》一文中称："据记载，安国生性机警灵活，谋略过人，经商二十年积聚了很多财富，成为当地有名的'富堪敌国'的巨商。当时无锡有'安国、邹望、华麟祥，日日金银用斗量'的民谣。"看来，安国的财富乃是自己二十多年经商所得，但他是如何经商，周吉友没有说明，只是用了"据记载"这么个含糊说法。

相比较而言，还是钱存训说得略微详细。钱先生首先讲述了无锡安氏的来由："据说其祖先原本是苏州附近一户黄姓人家，明朝初年，一个名叫黄茂(字叔英)的人娶了安明善的一个女儿，入赘安府。安明善原居河南祥符，后来移居到无锡胶山脚下的堰村。当安国出生时，这个大家族已经兴旺多年，他是黄茂的第四代孙。"

可见安氏发家并不是始于安国，因为在他出生时，无锡安氏一族已经兴旺了多年。安国继承了家族中善于经商的基因，钱存训在文中说："据说，安国极擅经营之道，对于他人不屑一顾的各种小成本商品，他进行大规模投资收购，并适时出售，从而大获收益。他逐渐积累起巨额财富。"

叶昌炽在《藏书纪事诗》中也提到了安国：

> 《无锡县志》："安国字民泰，富几敌国。居胶山，因山治圃，植丛桂于后冈，延袤二里余，因自号桂坡。好古书画彝鼎，购异书。"又："安绍芳字懋卿。所居胶山西林，广池十顷，带以华薄，蔚然深靓。曲桥飞楼，逶迤夭矫，杂置图书彝鼎其中。名士过从，置酒刻烛，至忘日夜。"又："西林，胶山安氏园也。嘉靖中，安桂坡穿池广数百亩，中为二山，以拟金、焦。至国孙绍芳，即故业大加丹臒，与天下名士游赏其中。二百年以来，东南一名区也。"

安国是个富而好礼的人，他大修庄园，种了连绵两里地的桂花，同时还喜欢收藏古玩字画，当然，其中也有古书，他的庄园里还建起了藏书楼，其庄园之大，仅湖面就超过了百亩，可以想见他的庄园大到何等地步。钱存训在文中还讲到了他为富且仁：

> 他对自己的财富却毫不吝啬，对其宗族成员非常慷慨大方，积极为家乡的福利事业贡献一臂之力，并且在他的花园园林和收藏方面花费了大量钱财。例如，在常州城墙的修复、1519年饥荒的救济、1521年疏浚白茅河工程、1525年抗击日本倭寇，以及重建宋代爱国英雄李纲祠堂等事情上，他都作出积极贡献。在修建李纲祠堂时，他还为此捐出一块地皮。他乐善好施，广交朋友。他的广受欢迎可以从以下这件事中得到明证：据记载，他的父亲安祚（字友菊）去世时，有五千多人参加了葬礼。

关于安国的富有，史上记载相对比较多，但关于他的藏书情况则并不多见，而后世对于他谈论最多的，是他用铜活字来印书的事，所以钱存训给了他一个出版家的头衔。钱的文章中还谈到了安国收藏碑帖的事。安国收藏的碑帖中，最具名气的就是现存最早的石鼓文拓本十册，他用了二十多年的时间，花了几千两银子才买了这些珍贵拓本，可见其鉴赏眼光颇高。有意思的是，安国给自己藏的石鼓文拓本排出了顺序，而他给这些拓本起出的名称，至今仍被业界所使用，钱存训在文中写道：

> 对于三个最好的拓本，他并没有按时间顺序编排，而是采用了三个充满军事色彩的词汇"先锋""中权"和"后劲"来为之命名，因为他认为三个拓本同样重要。"先锋本"大约拓于1050年，为皇家版珍本，其年代最早。"中权本"拓于1114年，用麻纸和上品墨拓成，所拓刻字最多，几乎拓有石鼓文七百字中的五百字，但是保留至今的仅剩三百多字。该拓本是安国于1534年花费千两白银买到的。"后劲本"拓于1085年前后，是安国于1523年以五十亩稻田换来。安国对于自己能拥有十册稀世石鼓文拓本，甚为欣喜和自豪，并将其天香堂的东厢房命名为"十鼓斋"。

北宋时期所拓的石鼓文乃是安国藏品中的白眉，他告诫子孙，要世代珍藏这十册宝贝。安国将此十册藏在了一个佛龛里面，佛龛又藏在了藏书楼的横梁之上，然后这十册拓本在历史上消失了一段时间，直到三百年后天香堂被毁才被安家后人发现。到了20世纪初，这些拓本中的三册陆续被安家后人卖给了一位日本收藏家，直到今天，这三册著名的石鼓文拓本仍然藏在日本。

对于安国所藏之书，叶昌炽在《藏书纪事诗》中说了这样一段话：

> 钱受之《跋高诱注战国策》："天启中，二十千购之梁溪安氏，不啻获一珍珠船也。"又《跋春秋繁露》："金陵本讹舛，得锡山

安氏活字本校改数百字，深以为快。今见宋刻本，知为锡山本
之祖。"

看来，安国所藏之书，其中至少有一部《战国策》到了钱谦益手中，
这让钱如获至宝。而叶昌炽咏安国的纪事诗正是描写这件事：

胶山楼观甲天下，曲桥华薄荡为烟。
徒闻海内珍遗椠，得一珠船价廿千。

钱谦益还得到过安国以铜活字刷印的《春秋繁露》，并以此跟金

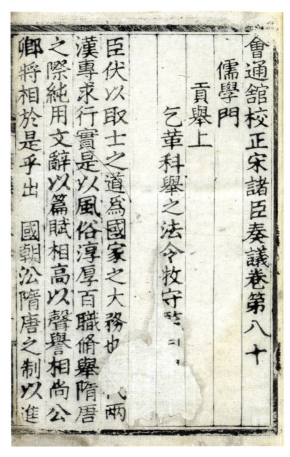

（南宋）赵汝愚辑《会通馆校正宋诸臣奏议》卷第八十，明弘治三年（1490）
华燧铜活字本，内页

陵本进行比勘，发现铜活字本能够改正金陵本中的几百个错字，这个结果让钱谦益大感高兴。后来钱又见到了宋刻本的《春秋繁露》，经过比勘，发现安国的铜活字本就是源自宋刻本。钱的这段跋语也间接证明了，安国当年藏有宋刻本的《春秋繁露》。

目前中国已知最早的铜活字本，是无锡华燧在明弘治三年用铜活字印的《会通馆校正宋诸臣奏议》。安国也是无锡人，也有用铜活字印书之好，为什么在同一个地方会有两家喜欢用铜活字来印书呢？我没有查到相关的历史文献，后世学者虽然对此多有研究，但都未能举证出原始史料。对于华家和安家究竟是谁先做的铜活字，上海新四军历史研究会印刷印钞分会所编《活字印刷源流》一书中说："华燧的亲侄华坚也在正德年间印书。华坚字允刚，事迹不详。过去或以为华坚的活字模仿同县安国，其实安国出生较晚，只有安国模仿华家，不会华家仿效安家。"

那会不会是安国效仿华燧，也制作了一套铜活字呢？这同样也未见有资料记载。流传至今，安家用铜活字所印之书，标明有具体的年款牌记的仅有一部书，《活字印刷源流》一书称："安氏印书一般多不记年月，只有《吴中水利通志》标明'嘉靖甲申安国活字铜板刊行'。虽较晚于华氏诸家，而比欧洲印刷术第一次传入新大陆的墨西哥及俄国的莫斯科，还要早些。"

其实早在明嘉靖之前的明正德年间，安国就已经开始用铜活字来印书。张秀民著、韩琦增订的《中国印刷史》中称："安国造字印书，始于正德七年（1512）左右。南京吏部尚书廖纪修有《东光县志》六卷，听说安国家有活字铜版，就托他代印。正德十六年（1521）安氏印好后，就送去。这部正德《东光县志》可说是我国惟一用铜活字印的方志，早已失传。"该专著中明确点出，安国在明正德七年左右就已经开始用铜活字来印书，可惜这部用铜活字所印的《东光县志》后来失传了。

安国做书还有一个奇特的现象，那就是有时他会对于同一部书，

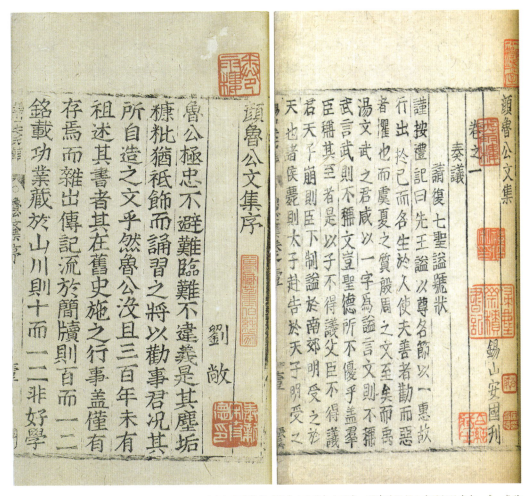

（唐）颜真卿撰《颜鲁公文集》十五卷，明嘉靖间锡山安国铜活字本，序、卷首

既制作出雕版来刷印，又用铜活字来摆印，比如叶德辉就藏有安国
出版的《初学记》，既有明嘉靖十年（1531）的木刻本，也有铜活字
本。叶德辉对该书的木刻本不以为然，其在跋语中称："明无锡安国
刻《初学记》，藏书家咸以善本视之，实则有大谬不然者。据刻本前
秦金序，称'锡义士安国购得善本，谋诸塾宾，相与校雠厘正，遂
成完书，选能鸠工缮写锓梓以传'云云，彼所谓'校雠厘正'，所据
何本，不可得而知也。"

　　对于此书的铜活字本，叶德辉又说："余以活字印本惟《颜鲁公

集》时有流传，《初学记》则自来各家藏书目录未见著录，因疑《年谱》云活字印本乃系刻本之传讹。顷从子启蕃（藩）自长沙来书，云收得安氏活字印本《初学记》残本，余始信此书安氏果有活字印本。"

看来，此书的铜活字本极其稀见。之前叶德辉仅见过木刻本，文献中称该书有铜活字本，但叶德辉并不相信，他觉得很有可能是相应的记载把刻本误写为了活字本，直到后来从子叶启藩写信告诉他，确实收到了铜活字本的《初学记》。虽然是个残本，却让叶德辉终于相信，安国确实用铜活字排印过《初学记》。为什么铜活字本的《初学记》如此稀见呢？叶德辉在跋语中做了如下的分析：

> 书中详记缺卷为第七、第十、第二十一至二十五、第三十卷之下半，共八卷半，行款与刻本同。适案头有仁和邵位西先生懿辰《批注四库全书简明目录》，载此书刻本，不列安氏活字印本。惟无名人附注云："安国得宋本，缺二十一、二十二以下数卷，属其师郭某补完刊行。"然则此书自二十一卷以后宋本本不完全，安氏始以活字印行，未暇补其缺卷，迨刻时完本出而活字本废，故活字本至今罕见欤？

叶德辉首先将活字本和木刻本的行格进行了比勘，发现两者完全相同，而后他查到了一段无名氏的题记，得知安国得到的宋刻本《初学记》是一个残本，而他用铜活字排印该书时，没来得及补上所缺之卷。后来，安国又用木刻来刊印《初学记》，此时已经补上了宋版所缺的卷数，故而叶德辉猜测：因为有了全本的木刻本《初学记》，所以缺卷的铜活字本就渐渐失传了。对于这种现象，叶德辉在跋语中又说："《颜鲁公集》活字本外亦有刻本，则此书刻本之先有活字印本，理固宜然。"

叶在这里又谈及，安国所出的《颜鲁公集》一书也同样有铜活字本和木刻本两个版本，由此他推论出：安国印书，基本上是以铜活字为第一版，而后再出木刻版。为什么会有这么一个顺序呢？钱存训在其文中给出了这样的答案："第一次是铜版活字印刷，第二次是木板雕版印刷，原因很明显，在第一版活字印刷之后便不能用来再版，只能重新排版，而木版则可以重复利用。"

由这段话可以说明，安国当时对书的畅销程度估计不足，当他用铜活字印出的书很快卖完时，若想加印，就需要重新排版，从功效角度来说，如果是销量大到需要再版的书，活字本显然不如木刻版来得容易，因为木版片拿来就能刷印。可能是出于这个原因，才让安国在铜活字本之外另行出版了木刻本。这件事也可得出另一个结论：安国所出铜活字本，很有可能仅出版了一版，再次排印的麻烦，使得他从第二版开始就改为了木刻。可惜我的这个猜测得不到资料印证。

当今学者对安国所出铜活字有一个较大的争论，那就是：他制作的这些铜活字，究竟是镌刻出来的，还是铸造出来的？这个争论至今也没有达成统一的意见。《中国印刷史》中有如下一段话：

> 明秦金撰安国墓志铭说"铸活字铜板，印诸秘书，以广其传"。秦氏与安国同乡，又同时说的，应该可信。而安国的后代安吉却说镌活字铜版，印行《颜鲁公集》、徐坚《初学记》等书，两种均天一阁藏。家庭传说也自有根据。金属才能铸造，所铸造或镌刻的，应是活字的本身，而不是安放活字字印的铜版或铜盘字架。安国造字在正德年三十岁左右，后于会通馆约二十多年，不管他是铸是刻，当然是仿华氏制造的。

可见，对于安国所制作的铜活字是镌刻还是铸造，在历史上就有两种不同的说法。

《中国印刷史》一书中又引用了上海图书馆所藏清安璿《安氏家乘拾遗》康熙稿本所言："翁（指安国）闲居时，每访古书中少刻本者，悉以铜字翻印，故名知海内。今藏书家往往有胶山安氏刊行者，皆铜字所刷也。"安璿只在此处说是用铜字翻印，并未提到铜字的制作办法。

尤丹立先生撰有《明代无锡安国铜活字是浇铸而成》一文，此文中首先引用了《中国版刻图录》序言中的一段话："现存流传的最古的活字版，要算十五世纪末苏州、无锡、南京一带盛行的铜活字印本，出版量最大的有无锡安家和华家。"

这段话只是说，无锡的安家和华家以铜活字印书最为出名，但并未说出这种活字的制作方法。尤丹立又引用了《胶山安氏黄氏家乘合钞》中所录秦镛文："安国号桂坡，以布衣起家，饶于资而具大经济……尝铸活字铜版，印诸秘书……"，以及王重民所撰《安国传》中的一句话："尤好异书，铸铜活字，翻印古善本。"经过一番推论，尤丹立最终得出的结论是："安国铜活字应是铸造而成。至于华氏铜活字，因史料有限，不敢妄加断言。"

可惜安国用铜活字所印之书数量太少，致使流传稀见。为什么会出现这样的结果呢？《中国印刷史》的小注中综述了《安氏家乘拾遗》所言："《家乘》载安国有七个儿子，老七出嗣于人，未得分遗产。其余田产为六子所分，三位嫡子，共得六分，三位庶子，共得四分。其铜字也被六家四六均分，各残缺失次，无所用矣。后来他的儿子安如山家遭倭寇，烧劫殆尽，其中瓜分得来的一部分铜字，自然也在烧劫之内了。安如山家被倭寇事见明陈鎏《兼山先生手书文稿》，国图藏手稿本。"

安国的六个儿子每人都分得了一部分铜活字字钉，如此分法，是因为铜在那个时代属于贵重金属，就某种程度而言，铜等同于钱。这样的分法使得六家都不可能再用这些铜活字来印书。再后来，其中一子又遭到了倭寇的抢劫，估计那一份铜活字也成了强盗们的战利品，而想将这六子所藏的铜活字聚合在一起用来印书，就更没有可能了。这也间接地说明了安国六子均对印书没有太大兴趣，否则的话，完全可以用分得的田产等将兄弟手中的铜活字置换过来。如果真是这样的话，流传后世的铜活字本又可以多一些品种了。

假设没有意义，事实是安国生前只用铜活字印了那几部书，且只印了一版，这些铜活字印本在历史流传过程中又有所损毁，所以今天得见的每一部安氏铜活字本都属稀见。如上所言，这些铜活字印本，其内容大多是以宋版书为底本，故而这些铜活字本不单纯是因为其稀见而受到藏书家所钟爱，同时也是因为宋本的失传，致使这些安氏铜活字本成为某书流传后世最早的版本，因此也成为该书最佳的校勘底本。这两个原因叠合在一起，使得无论是学者还是收藏家都十分看重安国所印铜活字本。

袁英光、刘寅生编著的《王国维年谱长编》中，载有1923年7月4日王国维写给大藏书家蒋汝藻的信，信中言："北方所见金石极多奇品，惟书籍则不多见。昨在隆福寺文奎堂，见一安桂坡馆活字本《颜鲁公集》，书品不甚佳，价须五百元。又于一家见一明仿宋《徐节孝集》，价三百元，其贵固与上海相等。"

王国维说，他在隆福寺的一家旧书店看到了一部安国铜活字本的《颜鲁公集》，虽然书品不好，但价钱却高达五百元。这么高的价钱，王国维最终没能买下。时隔八十多年后，我在北京的拍卖会上看到了同样的一部书，已经被做成了金镶玉，我猜测自己得到的这部书，很有可能就是王国维见到的那一部。

得到了这部《颜鲁公集》当然令我很高兴，而后我围绕这部《颜鲁公集》写了一篇小文发表出来，没想到此后不久，一位安国后人在我的微博中留言，他给我讲述了一些我此前未知的安家故事，更为重要的是，他还告诉了我安国墓的具体情况，并且给我发来了照片，他说如果我想探看安国墓，他愿意给我带路。这当然是我求之不得的事情。然而当我真的来到无锡时，却无论如何也翻不出那条微博留言，无奈，只好在网上搜寻安国墓的大致地址，而后打车前往该地。

竹亭内的两匹石马

　　我从百度上查得，安国墓位于江苏省无锡市锡山区安镇胶山北麓。如此说来，他就葬在了自己当年所建的巨大庄园一带，可惜这处庄园完全没有了遗迹。王謇在《瓠庐所见所藏经籍跋文》中说："小绿天庵藏本安国《桂坡游记》，为我邑潘博山、景郑昆季所得。"看来，孙毓修藏有安国稿本《桂坡游记》，想来这部书中会讲到当年安国所建庄园的情形。

　　孙毓修的旧藏我得到了一批，但没有见到安国的这部稿本，王謇称，此稿本最终归了潘氏兄弟的宝山楼。柳和城在《孙毓修评传》

中说道:"查《小绿天书目》有《安桂坡游记》手稿本一种,可能即为潘氏所得者。"柳和城又称:"黄裳1950年时所得小绿天精本数种,内有'安氏桂坡馆游记',不知是稿本还是印本。总之,小绿天藏有《桂坡游记》不止一部。"这个手稿不知落到了哪里,无论是手稿还是刻本,我都没有得到。

车停到了胶山脚下的一个寺院附近,我向一位整理茶树的妇女问安国墓所在,她竟然告诉我:"就在我家茶园的后面。"这个结果让我大感高兴,于是我跟随她向内走去。距公路一百多米的山坡上,能够看到两个用竹子搭起的小亭,妇女告诉我,那个亭子里就放着安国墓前的两匹石马,后面的密林里面就是安国家族墓。她又告诉我说,安国的墓在20世纪中期已被挖了,现在里面已经看不到什么痕迹。

我谢过妇女,穿过她家的茶园,向那片密林走去。眼前一片苍翠。按当年的规制来说,我目光所及应该都在安国庄园的范围之内,而今除了那两座小亭,已经没有任何遗迹可寻,但即使是那两个小亭也同样无路可通,只能踩着妇女家茶园的地埂小心前行。

终于走到小亭近前,确实在里面看到了两匹石马,这两匹马个头硕大,真不知古人是如何将这等重物搬到山坡上,可能也正是因为它们太大太重,才在那场运动中没有被彻底砸烂。但两匹马的头部还是有被砸损的痕迹,也许当年的红卫兵认为石马的脖子最为脆弱,所以从此处下锤,但他们没有估计到这两匹石马的骨气如此之硬,他们用尽气力,也没有把马头砸下来。

安国墓前神道石马文保牌

我围着这两个竹亭细看，没有找到与之相关的介绍文字，仅在一匹石马的脚下看到了一束还未枯萎的鲜花，看来就在这两天，还有人来这里祭拜过安国。我觉得给前人供花总要走到墓前，如此说来，可能是这位献花人未能找到安国墓，只好把带来的花放在了石马前。当然这匹石马乃是安国墓前的石像生之一，供奉于此也如同献给了安国。

但我还是希望能够找到安国墓的确切地址，于是沿着石马身后的位置，努力地向竹林之内走了几步，里面所见是一个不浅的大坑，我不清楚此坑的由来。听妇女告诉我，从石马之后走到安国墓还有一段路。看来，这个坑不太可能是安国墓的位置。

这片竹林十分茂盛，我每走一步都会费很大的气力，但还是小心地沿着坑沿一步步地向前探寻。我先用脚踩倒一根根的细竹，然后用臂膀努力地拨开弹回的竹竿。这样走出不远，隐隐地看到前方有刻石的痕迹，顿时我如见曙光，身上的力气瞬间倍增，于是继续努力向前，终于走到了刻石的近前。原来，这里立着的是一块文保牌，上面刻着"安国墓前神道石马"。

看到这块文保牌，瞬间让我有了一块石头落地的感觉，看来所寻之处无误，找对了方向。但转念细想：为什么要把文保牌包在这密林之间呢？之后思索这段经历，猜测也许文保牌原本是立在空地之上，只是因为南方的竹子长得太快，渐渐地将这文保牌包在了里面也未可知。

眼前所见的文保牌，计有两块，其中一块刻有安国的生平介绍，细看上面的文字，仅隐隐地看到"巨富"字样，而我最关心的"藏书家"三字却未能找到。两块文保牌之间生长着一种不知名的植物，此植物的弹性很大，我多次试图将其拨开，以便拍照清楚，但几次努力都失败了。

这片竹林少有人来，穿行其中，竹叶上的尘土飞扬起来，我担心沾污了镜头，故拍照完毕后，小心地用衣服将相机包裹好，而后

这一带都在安国庄园的范围之内

沿着自己踩出的痕迹，一步步地退了出来。进去不易出来也难，我总算安全地走到了石马附近，旁边安静的寺院突然间钟鼓齐鸣，也许是到了他们做晚课的时间，但我把这理解为是在庆祝我找到了安国墓址。

在法音的伴奏下，我又回到了那位妇女的近前，郑重地向她表示了感谢。她憨厚地笑着，告诉我说，自己家的茶园就是在安国家庄园的范围之内，所以她对安国始终有着感谢之情。

她的话忽然让我感到心中温暖，虽然安国跟我没有任何的关系，但他毕竟是中国出版史上的一位重要人物，而到今天还有人能够感念他，这真是件不容易的事情。其实安国在中国出版史上的贡献，不仅仅是应用了铜活字，他在印刷方面还有着其他的发明，周吉友在《明代无锡安国的铜活字印刷》一文中写道：

> 安国的印书用白纸或黄纸，有的纸张是拼接而成的，说明当时的节约风气。装订方式为当时盛行的包背装。外皮为蓝纸，有印好贴上的书签。安国印刷的《重校魏鹤山先生大全集》虽然每卷有卷次页码，但每页边框外还用大字印上"千字文"编号，如"宙七十二""洪七十三""独七十四"，以防止折叠装订时出现差错。这种方式开创了我国现代印刷术中指示装订次序记号的先河。

有钱人也懂得节约，或者将这个因果关系倒过来：因为懂得节约，所以才那么有钱。安国在编书印书时会考虑到后续印刷装订的效率问题，首先使用了千字文编号。在此之前，在书内使用千字文做编号，几乎是佛教大藏经的专利，而安国在书中也使用这种办法，应当是借鉴了佛教大藏经。

沿着来时的路，一路向山坡下走去。其实我在进入之时，就已经留意到入口的位置有一个大的垃圾堆，下山返回到这里，隐隐地

石条上有隐隐的字迹

看到这个垃圾堆中有着古老的石条，于是扒开上面的荒草，果真在石条上看到了字迹，可惜有字迹的一面却朝着斜下方，这让我不容易辨认出上面的字，于是努力地挪动这个石条旁边的碎块。渐渐发现，有好几块石头上都刻着字，我猜测这些石块很可能是当年安国墓上砸下的碎块。如果当地文保部门将其整修出来，就会让安国墓的保护范围有所扩大，而不仅仅是保护那两匹石马。

正当我陶醉于自己的这个发现时，那位妇女走到了不远处，她高声地告诉我："这些垃圾是从别处运来的，跟安国墓没有关系。"她的这句话让我大感沮丧。看来，自己的寻访带有先入为主的感情成分在，以至于看到任何旧物都会与安国联系起来。还是这位妇女的感情更为质朴：她感念安国给其家带来的好处，但也并不因此而把这里的一切物体都与安国联系起来。

修订正史，归辞名园

余有丁是明嘉靖四十一年（1562）的探花，明万历初年曾任南京国子监祭酒，其间他将南监所藏的"二十一史"书版进行了修订，而后重新刷印，这就是后世业界所说的正史南监本。

关于余有丁组织修版刷印的南监本的质量，应三玉所著《〈史记〉三家注研究》专门研究了其中的《史记》："明万历二年至三年，南监又重刊《史记》，由南京国子监祭酒余有丁主持刊校，故世又称此本为余有丁本。此本幅式行款一如嘉靖张邦奇本，只是将嘉靖本卷首的《史记正义序》改置于《史记集解序》后。此本据嘉靖本刊刻，但大量删削了嘉靖本所载三家注文，三家注所余不及一半。又淆乱嘉靖本体例，增入宋、元、明代学者评论《史记》之语及余氏的按语，混于三家注之下，几令读者误认诸文为三家注原文。因此说，删削三家注文不是始自张邦奇，而是在张邦奇刊本后三十八年的余有丁本。"

按照应三玉所言，余有丁校勘的南监本《史记》乃是翻刻明嘉靖张邦奇所刻该书，但余有丁并不是照翻张邦奇本，而是对一些注文进行了合并与删改。余有丁对如此所为在该书的序言中作了如下解释：

国学故藏《史记》，久乃漫漶不可读。余病之，将付梓人。而尤病昔人所为传注言人人殊，不无瑕颣，且多复语芜辞。若里邑沿革，氏爵异同，音释当否，颛门分路，多自名家。或乃离析本文，隔其篇什，致使局界莫辩，句韵靡通。因与周先生各取一编，手自排缵，删繁剔冗，互正暌违。旧所阙遗，辄更详释。间刺《经》《传》及众家往牒中语，即当代学士大夫所评骘者，皆掇拾之，而稍以猥见续厕其末。若班、马相诡，并褚大窜入谬增，悉为条正，不欲有所发明，董欲学者传训诂而已。

看来余有丁删削这些注文有着自己的想法，他觉得有些注文在同一个问题的解释上相互抵牾，有些解释又相互重复，所以不能对这些注语简单翻刻，而要对其做一番分析，再决定去留。且不论去留是否合适，至少说明他对翻刻古书的态度极其认真，并不是随便拿来前朝的本子照猫画虎。

但是，这种刊刻会让后世研究者无法看到前人注文的原貌，虽然删并之后利于读者使用，但却对专家学者的研究构成了障碍，如果得不到前朝本，仅看余有丁删削后的本子，那就无法分辨出这些注语究竟是原文还是经过了余有丁的删改。为此，后世学者对他的这个做法，站在研究角度提出了批评。应三玉在文中表达了这种观点：

余有丁所确定的原则是，凡遇三家注各注对人名、地名、音释等有几种解释，均统一为一种解释，删去他说；对"离析本文，隔其篇什"的注文，或删或并。但在实施过程中，并不是完全依此原则行事，而是恣意删削。首先删去了裴骃《集解序》的《索隐》《正义》注文，进而对正文的三家注，或删或并，或改或增，嘉靖本原貌几不可见。如嘉靖本《秦本纪》所载三家注文有四百二条，此本删去一百八十五条，尤以《正义》注文删削为甚，少于嘉靖本一百三条。此本不仅删削三家注文，增

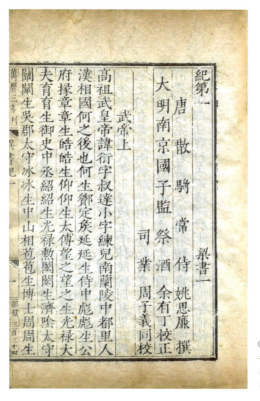

（唐）姚思廉著、（明）余有丁校正《梁书》五十六卷，明万历三年（1575）南京国子监刻本，卷首

添宋元明人题评，且校勘草率，讹误甚多，前人已有品评，此不赘述。

其实公允地说，余有丁系统校改"二十一史"，其目的是便于后世的使用，并非为了让专家来搞研究，所以从使用思路来理解他刊书的目的，其做法并不为错。

余有丁在南京任职期间不是仅刻了一部《史记》，瞿冕良编著的《中国古籍版刻辞典》在"余有丁"一条写道："与周子义校刻过《史记集解索隐正义》一百三十卷，《梁书》五十六卷，《新五代史》七十四卷。"可见，南监本《史记》是余有丁和周子义共同校勘的。瞿冕良还列出了其他两部正史，从这些记载可知，余有丁对典籍的校勘下了不小的功夫。而他对刊刻典籍的偏爱，除了工作性质之外，也因为他本人喜欢藏书，并且建有藏书楼。

余有丁出身世家，从小就显现出与众不同之处，陈联飞在《余有丁与相国祠》一文中写道："余有丁，字丙仲，鄞西岐山余氏十九世孙，明嘉靖六年（1527）生。自幼聪颖，生而秀异，从父习读，善记博闻，日诵数千言，文名遍乡里。其父永麟嘉靖戊子（1528）举人，授昆山县学教谕，后擢苏州通判，然未赴任苏州而卒。于是家道中落，无力深造。正怅然间有广陵（扬州）之郝翁慕公名延为塾师，课书之余，研读经史，三年后郝翁感公师德，襄资入太学。"

明嘉靖四十年（1561），余有丁在顺天府乡试中举，转年联捷成了一甲进士。这一年的状元是吴县的申时行，榜眼是太仓王锡爵。他们三人的座师是袁炜，但袁炜对这三位弟子的态度并不算好。王鸿鹏等编著的《中国历代探花》中讲到了这件事："此科座主袁炜，靠写青词入相，所取一甲申时行、王锡爵、余有丁皆在翰林院供职，每有应酬文字或皇上所派撰事玄诸醮章，以至翰林馆中重要文章，都要叫这三位门生到他的私宅，代他属草，稍有不如意，先是厉声呵斥，继而恶语相向。余有丁本与袁炜同郡，一次袁炜竟大骂道：你怎么得名'有丁'，当呼为'余白丁'。其傲慢无礼到了如此之地步。有时入直西苑，为皇上准备笔札，袁炜竟将房门反锁而去，屋内连饭食酒菜也不备，三个人从早至晚都饿着肚子，每每以菜色而归。"

"醮章"就是青词，是道教中专门用来上奏天庭或者征召神将的符箓，通常用朱笔书写在青藤纸上，故而有了青词之名。青词大多写为骈体文，能将骈体文写得很漂亮，也非易事，但从内容而言，并无实际意义。嘉靖皇帝崇尚道教，所以能写一手好青词的大臣最受喜爱。袁炜经常让三位门生努力撰写青词，而后署上自己的名字上奏给皇帝。

尽管三人受了很长时间的压制，但经过一段时间的磨砺，三人还是渐渐地出人头地。万历十年（1582）六月，张居正生了重病，他在去世前的一个月对朝臣进行了一系列安排，包括举荐余有丁任

《文子》二卷附校勘记一卷，清同治八年（1869）刘履芬抄本，余有丁序

礼部尚书兼文渊阁大学士，到了九月余有丁又晋升为太子太保，成为了朝中重臣。此时，首辅张四维回老家守孝，申时行接替张四维任首辅。此阶段王锡爵也在内阁。同科的状元、榜眼、探花同时在内阁任职，这在明史上是唯一的一次，并且三人关系处得很好，这也是不多见的局面。而余有丁在处理朝中关系时，也有自己的技巧在。

张居正在明隆庆年间已经成为首辅，到了万历初年，神宗皇帝年幼，国家的运行实际全部由张居正来安排，他的一系列改革措施使得万历朝出现了中兴气象。比如丈量土地，在全国范围内推行一条鞭法，裁汰冗员节约行政开支，同时支持戚继光练兵加强边防等等。但这一系列改革举措也得罪了不少人，更何况其所为让年幼的万历皇帝成了傀儡，故而张居正去世后，有人趁机弹劾张居正，皇帝立即下令对张居正抄家。

而在此时，还有人想借机报复当年张居正提拔之人。高启愚当年跟张居正关系不错，他在主试南京时出的题目是"舜亦以命禹"，张居正去世后的两年，御史丁此吕向皇帝上奏说，高启愚以此出题乃是借舜让位给大禹的典故，暗示万历皇帝应该禅让给张居正。这种说法在朝中引起了轩然大波，多位大臣害怕受到牵连提出辞职。余有丁认为事情继续发展下去，恐怕会牵连到更多的无辜，于是独自给皇帝秘上奏章，称如果这么多大臣都辞职，显然不是太平盛世应当出现的局面，劝皇帝下诏慰留大臣，以此来安定人心。皇帝认为余有丁所言有理，按其所言挽留辞职的大臣，终于使得风波渐渐平息。由此可见，余有丁乃是识大体顾大局之人。

余有丁对于文坛的贡献还体现在赏识归有光上。归有光的文名很早就传遍天下，但他在明嘉靖十九年（1540）考中举人后，连续八次都未能考中进士，直到嘉靖四十四年（1565）才如愿以偿，此次的主考官就是余有丁。在此之前，余有丁已经听说过归有光之名，当他读到这份考卷时，立刻判断出此文应当是出自归有光之手，于是力主将此卷评为第一。

对于余有丁的慧眼识人，屠粹忠在《重修余文敏公祠堂记》中专门提到了这件事："天下于是莫不为熙甫（归有光）庆，而且为文敏公之能知言庆也。自是厥后学者皆豁然开悟，如蚩尤大雾中能睹轩辕之车，莫不有所准的，则祀典之所未详也。太傅雅量宏襟，足以荫一世；奖拔后进，如恐不及，《秦誓》之称休休有容，庶几近之。惜乎相未三载而遽殁也。不然，其推贤进士之风，吐哺作人之泽，盖有不可胜道者哉。"

余有丁的作品在其去世后被编为《余文敏公文集》，门人沈一贯在该集序言中对余有丁给予了很高的夸赞："公，天人哉！其气豪，其志远，其度弘以达。其所窥书博而雅，其所取友，自馆阁诸老以逮海内名流，虽后来一秀彦，苟有异者，皆折节。其迹多在山水间，所居处虽宦邸，必饬艺花灌木，酌酒寄谈，若舍是无可以栩栩生者。"

沈一贯称余有丁读书十分广博，这也间接地说明了余有丁广泛搜集书籍博览群书之事。余有丁既然有藏书之好，当然要修建自己的藏书之所，寿永年主编的《廉吏》一书中有一篇《清廉自洁的名臣余有丁》，该文中写道："余有丁，在万历元年从京城南下到南京任职时，就到家乡鄞州东钱湖来巡游一次。平时喜好山水的余有丁，见到东钱湖环境清幽，景致迷人，富有诗情画意，就兴致勃勃地借陶渊明的诗意，在这里请人建起了一座山庄，并把庄园定名为'五柳山庄'。后来，万历皇帝还亲笔御书题下'名山洞府'四个大字赐之，使小小的庄园从此名噪浙东，后人就把入阁拜相的余有丁的这座山庄称为'余相书楼'，由此成了钱湖的十景之一。"

　　余有丁的藏书楼建在了东钱湖岸边，按上文所言，他建书楼的时间是在万历元年（1573）。此时他正在南京国子监工作。谢根芳主编的《中国民间故事丛书·浙江宁波鄞州卷》中则称："东钱湖有十个风景点，其中有一处就是余相书楼，讲起它来还有一段来历。在明朝辰光，有一个宰相叫余文敏，他的家乡就在东钱湖旁边的梅湖村。有一年正值当夏六月，天气交关热，在京的余阁老想到东钱湖歇夏，顺便回家乡探探双亲，于是就从京都动身到鄞县来了。这里余阁老父母接到音讯，心里也交关欢喜，就在屋里挂灯结彩，迎候阁老。等他到了梅湖，四亲八眷和附近百姓统统来了，这闹热场面是勿用讲了。住了几日，余阁老还到他外婆家去了一趟，看到当地月波寺旁边有一幢楼房，细巧雅致，真是读书、写字的好地方，就向和尚借了下来，在里面读书、做文章，后来人们就把这座楼房叫'余相书楼'了。"

　　这段传说的题目就叫《余相书楼》，对于此楼的建造时间，该文却称是余有丁入内阁之后的事情。因此书楼究竟建于何时，我还未找到确切的资料。然而此文却称余相书楼是余有丁向当地月波寺借住的僧房，显然这个传说不可靠。虞浩旭、张爱妮所著《甬藏书香：宁波藏书文化》一书中明确地称："余有丁喜访山水，遇有佳著，则汇编成帙。初以江南学士乞假归里，在东湖买山，即月波寺废址，建造了五柳庄。"这种说法可由李邺嗣《甬上耆旧诗》中所言为证：

> 买山东湖中，薙草得一古洞口，以杖叩之，音铿然。为蓺火入洞，则谽然乳四垂，千年伏翼，触烟而出。乃披道抗丘为湖居。更依洞门筑一台，受湖光淡荡，时泛小舟往来。起白鸥庄，在水口，每四方名士至，辄相延接。与极游湖山佳处。既载肴胾，兼携丝竹唱咏，传一时江左风流。

李邺嗣在这段话中明确地说，余有丁是在东湖买山而并非借住。宁波市海曙区档案局、宁波市海曙区文物管理所编的《古城寻贤·海曙之名人与遗迹》一书中也明确地称余有丁在日湖边和东钱湖分别建有府第，在东钱湖边建造的庄园，就是买下了废弃的月波寺遗址上所建的：

> 余有丁一生喜欢山水，其为官后日湖旁边建了余相国第和余相国第二府，后在东钱湖买下了废弃的月波寺遗址。"天下名山僧占多"，这地方是整个东钱湖视野最开阔的地方，当年南宋宰相史浩曾在此建普济寺，同时，又建月波楼，还叠石成岩，取名"宝陀洞天"。该寺到明洪武十五年，因曾有月波楼而定名为"月波寺"，几经毁建，到明万历年间时又倾废。余有丁买下此遗址后割掉荒草，果然找到了当年史浩所垒的"宝陀洞天"的洞口，于是在洞口边构筑亭榭，"受湖光淡荡，时泛小舟往来"。在水口的地方建起了"白鸥庄"，门外种五棵柳树，取意陶渊明《归去来兮辞》，名"五柳庄"，林园之美，盛极一时。中有房屋七楹，一楹专一藏书，神宗御书"名山洞府"赐之。其藏书处为"觉是斋"，后人称为"余相书楼"。

以上这段话的依据，应当是民国《东钱湖志》中所言："五柳庄：在东钱湖上，相国余有丁所构，即月波寺废址也，以神宗御书'名山洞府'四字为坊。"

关于余有丁在东钱湖边的五柳庄的具体情况，他本人曾写过一篇《五柳庄记》，第一个段落为：

> 五柳庄在甬东东湖青山麓下，面湖枕山。庄计百亩许，周遭凿渠，渠广一丈，渠外千树柏，渠内遍栽桃枝竹，杂以桑柘。庄前树垂杨五，建棹楔，额曰"五柳门"。三间扁曰"日涉园"，左居阍者，右贮巾车、孤舟、器具。稍进，植槿为篱，篱间一竹扉，曰"常关门"。门内堂除广六丈，深如之，中有古松一，皮皲皵若老龙鳞，而枝叶诘曲可凭者，镌字其上，曰"盘桓"。树左右筑矮垣穴之，左曰"犹存径"，右曰"不远途"。各画地一区，广袤五丈，左藏盆花数十本，右畜诸禽，鹤二、鹿二、鸽数十。二垣外，曲蹊可通园圃，堂曰"归来"，凡三间。左一间曰"遗世居"，右一间曰"情话室"，后中一间曰"觉是斋"，左曰"寄傲窗"，凡二间，曲通左个，右曰"消息所"，亦二间，曲通右个。再后五间，傍各二间，茅覆之，周檐瓴甋，曰"衡宇"。最后场圃，广袤十丈，缭以土墙，书墙上曰"植杖场"，以获稻菽、栖鸡豚。墙之外植枸杞若，篱中凿一沟，曰"窈窕壑"。沟旁莳甘菊及一畦术、一畦门冬、千头蹲鸱也，他药称是。

《五柳庄记》文章颇长，还有五六个这样的段落。古人所作的记通常都会讲清楚这篇记的来龙去脉，涉及的人物及事件等，余有丁此记却很特别，因为接下来的段落都如同这第一段一样，全部是五柳庄中每一处房屋、景观的具体说明，完全是一篇详尽的说明文。从其所起的各处名称来看，余有丁对陶渊明极其崇拜，因为这些名称都是出自陶渊明的《归去来兮辞》，更何况陶渊明号五柳先生，余有丁以此起作庄名，更加说明他向往陶渊明的"田园将芜胡不归"，可见官场的险恶让他有了隐退之意。

五柳庄中当然建有藏书楼，关于书楼的名称，前文均称为余相书楼。杜建海、戴松岳主编《鄞州人文读本》中称："余相书楼。湖正北，青山环抱处。翠竹如林，岸柳成行，其地称月波山。南宋淳熙五年，越王史浩始创'月波楼'，并叠石为岩，筑成'宝陀洞天'。后在其旁筑寺，明洪武十五年定名为'月波寺'。万历年间，大学士余有丁利用月波寺废址构筑庄园一所，面湖枕山，大可百亩，明神宗曾御书'名山洞府'四字以赠。余有丁晚年就在此读书自娱，因感《归去来辞》之意，名之为'五柳庄'，内有'日涉园''归来堂''觉是斋''晨曦亭''矫首台'，总称'舒园'。林园之胜，极一时之盛，后人称之为'余相书楼'。"

这段话讲述了月波寺的来由，以及余有丁在月波寺遗址之上创建五柳庄之事。文中又称五柳庄内的这些亭台楼阁的总名叫"舒园"，不清楚舒园跟五柳庄是怎样的关系。按照此文所言，似乎整个的舒园被称为余相书楼。

然而虞浩旭、张爱妮所著之书中却称："余有丁之藏书处曰觉是斋。七楹一间，左右壁下装书柜，窗下设一张读书桌和读书椅。余有丁生平校书颇为严谨，南监本'二十一史'经其校勘重印，多其题识。"

此文明确地称，余有丁的藏书处名叫觉是斋。这种说法应当是出自《五柳庄记》："'觉是斋'七楹，中为龛，供家大人。炉、瓶各一，矮方桌一，矮藤凳四。'寄傲窗'扁悬窗前，一间左右壁下各装书柜，窗下读书桌一，读书椅一。一间设大床一，通左个，备帷帐供具。"该名出自《归去来兮辞》中的"觉今是而昨非"一语，说明他到晚年更加认为建书楼于山水间，身处琅嬛之府，是一个正确的决定。

看来觉是斋是一间大屋子，里面部分是作为祭奠之所，似乎觉是斋中的"寄傲窗"方是余有丁的读书处。只是不了解寄傲窗仅是个匾额还是单独的一间小屋子。对于五柳庄的整体规模，余有丁在此记中给出了这样的数据："计中宫十一亩，东南方三十亩，西南方三十亩，东北方十五亩，西北方五亩，余十亩为沟。"

以此说来，五柳庄占地面积超过了一百亩。可以想见，当年这处庄园是何等之宏大。然而这么大的一所庄园后来也因兵火而毁。《鄞州人文读本》中写道："后毁于兵火，寺亦无存，而胜地声名依旧。有诗咏叹道：五柳庄开辟地幽，高低亭榭接书楼。而今零落埋荒草，剩有波声带月流。"

崔雨在《钱湖书楼知多少》一文中称："可惜余相书楼后来毁于战乱兵火，荡然无存，现地址为海军疗养院。"其他资料基本都是这样的说法。余有丁去世后，也葬在了东钱湖旁。2018 年 4 月 23 日，我跟《天一阁文丛》执行主编周慧惠驱车从宁波前往东钱湖一带寻找这两处遗迹。

此次寻访我们先奔隐学寺，参观完该寺，慧惠向寺内的工作人员了解余有丁墓所在之处。工作人员称，此墓已毁，其位置就在隐学寺的墙外。这位工作人员颇有耐心地带领我二人走出此院，而后站在山坡间指点前行之路。

我们果真在寺院门外的墙上看到了文保牌，这里的文保单位竟然是全国级的，但文保牌上写明的内容却是"东钱湖石刻群"，看来保护内容并不是余有丁墓。还是慧惠眼尖，她看到了文保牌上还有一行小字"余有丁墓道"，看来我们找对了地方。

文保牌的侧旁有一条用石板铺出的小路，我们沿着小路向山上走去，前行一百多米穿入了一处密林，在密林的侧旁有一根高高的望柱，其柱体为正方形，高度超过了两层楼。如此高大的一根石柱立在这里几百年依然完好如初，真可谓奇迹。

路过望柱继续前行，前行之路步步升高，每走出几十米就是一片宽阔的台地，每层台地的两侧都能看到石像生。有些石像生已经破碎，躺倒在地上，从破损的程度看，都是人有意砸烂的。连续登

余有丁墓道文保牌

登山的小径

上几块台地，到达了石台阶的终点，再往上连羊肠小道都没有，只能寻找台地上的缺口。但几个缺口长满植物，想从中穿过去很不容易，好在有周慧惠的连拉带拽，再加上我用手抓住缺口上的藤蔓植物，总算一级级地登了上去。

在这荒野之上，我无意间发现了多个监控摄像头，想来这是有关部门为防止古物被人偷走而设置的。在这寂静而空无一人的山林里，突然看到这样的现代化设施，我还是有些诧异。其中一根监控摄像头的立杆竟然就处在高大的石像生旁边，两者叠合在一起，给人以时空错乱的滑稽之感。

路遇颇具萌态的
石兽

　　走到台地的尽头，依然看不到余有丁墓，看来确如指路者所言，他的墓早已被毁掉了，否则文保牌上不会只把余有丁墓道作为重点文物来保护。眼前所见，是跟山体融合在一起的一个巨大土堆，以我的想象，这里应当就是余有丁墓的原址。

　　关于余有丁墓道究竟经过几层台地，其实当时我并未细数，回来后查到了秦弓所写《隐学岭访古》一文，此文对余有丁墓道有如下说法："墓道共七级，石像生是成对排列的。第一级华表，仅存东边的。第二级是石笋，都已拦腰折断，上段横在地上。第三级是石羊，四腿卧地。第四级是狮子，蹲踞。第五级是石马，东边的碎作若干段，散落在荆棘中；西边的分为三段，腹部立着，头颅屁股落地。第六级仅存底座，不知何物。第七级为石人，着文官服执笏。羊、马、狮高与人齐，石人高一丈有余，乌黑的背上爬满了细蔓小叶的青藤。"

　　按照此文所言，余有丁墓道竟然有七级之多。而当时我

余有丁墓道文保牌背面的说明

跟周慧惠只是考虑着如何登得上去还能走得下来，因此对这些细节未曾留意。关于石像生被砸烂的原因，秦弓在文中写道：

> 墓道原先有两座石牌坊，一座在华表前面，豪华；一座在远处河边。牌坊的消失很简单，当时修湖岸，要石料，村里人就用绳子把石牌坊拉倒了，老汉是其中之一。我问卖了多少钱，他说没卖几个钱，十几元吧。现存的华表是东侧的，西侧的华表是20世纪50年代让台风吹倒的。石马的粉碎更简单，孩子们常来骑，来回跑，把中间的庄稼糟蹋了，自留地的主人恼怒了，有一天弄来炸药，把石马炸飞了。

如此想来，现在文物保护的意识都增强了，有关部门在旁边安装这些监控摄像头也确实有道理。否则的话，这些精美的古代石雕还不知道会面临怎样的命运。

拍完余有丁墓道，沿原路下行，又回到了文保牌前，这次我特意走到文保牌后面，果真看到后面刻着"说明"。此说明中称这些石刻"气势庄严，雕琢水平高超，具有鲜明的时代特色"。

探访完余有丁墓道，我们继续开车寻找余有丁五柳庄遗址，跟

村边的小溪

着导航前行，行驶到了一个院落的大门前。大门是典型的几十年前国家机关的大门的式样，如今大铁门上着锁，我注意到此门正对面还有一个院落，于是先到此院拍照，但这里同样上着锁。

荒废的院落

转头我又回到了那个时代特色鲜明的大门之前，正准备举起相机拍照，突然从里面走出了一位面带怒容的老人，他大声地问我要干什么，我向他询问这里是不是海军疗养院。他瞪着眼睛喊出了一句："不是！"这种状况看来很难再进行对话，我们二人只好上车继续向前行驶。开出百余米后，又遇到一个大铁门，透过铁门向内张望，能够感到这里早已无人居住，看来海军疗养院已经迁往他处了。遗憾那位看门人很反感有人前来拍照，没办法向他问明情况，而这处院落又没有人可问，只好继续向前开行。大概开出一千米后，我看到了"郭家峙"村牌，在路边向村民打听，终于问明白大铁门里的那个院落就是当年的海军疗养院。

过门而不能入内一探究竟，于我而言终究是个遗憾，于是我们开车原路返回，又转到了该疗养院的另一侧，这一侧也有一个村庄。以我的直觉，沿此村庄继续上行，应该能走到疗养院的后墙。于是我们找一个地方把车停下来，步行走入该村，沿着山坡向上走，而后进入了一条小巷，在里面听到了多家狗的狂吠。穿行而过，来到山坡之上，果真看到了疗养院的后墙，可惜那些墙太过高大，我无法看到当年的五柳庄究竟还有没有痕迹在。

申时行

状元宰辅，玉蜻奇案

中午就餐之时，温治华问我要不要去申时行的墓园拍照，因为他在我的寻访名单上未曾看到这个名字，温兄强调申时行在苏州当地名气极大，其主要原因还是近二百年来《玉蜻蜓》一剧的多次被禁演。聊到《玉蜻蜓》，我二人的话当然多了起来，同行的缪鑫磊先生和百合女史也对此大感兴趣，聊古人的"八卦"没有心理负担，也没有什么需要顾虑的。

我对申时行的了解也是源于《玉蜻蜓》，虽然他曾是苏州当地的著名状元，但按照历史规律，考取状元的人，大多属于四平八稳的性格，没有特别突出的个性，这样的人也难在工作上做出多大的业绩。申时行也是这样，他所处的明万历年间虽然也发生了一些重大事件，但他却未被挟裹其中。这既可以视为他的智慧，也可以解读为状元难做出大成就的实证。

然而申时行官至宰相，从历史上看，状元出身又能位极人臣者，似乎也并不多见，这一点又似乎说明申时行非同一般。可惜的是，我虽藏有申时行的著作，但对他的藏书事迹未曾留意，这也是我未将他的墓列入寻访目标的原因。而今听闻温治华所言，我也觉得既然距离这位状元的归宿之地已经很近，那当然应当前往瞻仰一番，于是在午餐结束后，我们四人重新上车，直奔申时行墓园而去。

以我的想象，申时行墓园应当在苏州郊外的山上。我曾在李根源所撰《吴郡西山访古记》中看到对申时行墓园的描写："申文定公墓，地广二百亩……头门三间立'明太师申文定公神道碑'，阴镌应天巡抚王应麟等恭建，高丈五。门内石羊、石虎，飨堂五间，两壁建丰碑八……石马二、武士二，吴中名墓翁仲（石人）皆文像，此为武装，亦属仅见。吴中古墓宏大恢皇，完善无缺，此为第一，置之全国实罕其匹。"

此墓园占地二百亩，李根源认为申时行墓园之大，保存之完整，可以排在苏州第一，他甚至觉得此墓的规模放在全国范围内，也少有大臣之墓能与之匹敌。读到这些文字后，我本能地将其墓想象成一大片山地，但来到现场时，发现该墓处在山脚下的平原之地，且墓园就处在一条公路的路边，而此路的对面已经建起了一个面积很大的新式住宅小区。望着小区内一排排的白色楼房，不知这些楼内的居住者们是否每天也像我等一样，谈论着《玉蜻蜓》的故事。

申时行墓文保牌

墓园的大门从里面上着锁，看来入内不易，我透过栅栏门向内拍照，温治华却在那里坚持不懈地敲着门，他称自己多年前曾来过此地，也知道这个地方不对外开放，但他认为我到苏州访古没能拍到申时行墓，应当是一个大遗憾，而他坚决不想让我留下这个遗憾。

温兄的耐性让我特别佩服，在十几分钟的敲门时间内，我等三人早已泄了气，纷纷劝温兄不要再敲击了，因为墓园太大，里面的人可能根本听不到。温兄不为所动，他边高声喊话，边继续用力敲门，我则继续跟百合与缪兄聊着《玉蜻蜓》。正说得起劲时，门从里面打开了，走出一位约六十岁的管理员，一脸严肃地问我们要干什么，温兄马上跟他说我们想参观墓园。此人称：这里不对外开放，要想参观，必须要有苏州某文管部门的介绍信。

温兄不为所动，与这位管理者攀谈了起来，我听不懂吴语，但从此人的脸色上，感觉到温兄的话渐渐起了作用，而后他犹豫了一下，又坚定地对我等说："那你们赶快进内拍照，尽快出来。"这句话让我听来，有如因犯意外得到了特赦般惊喜，百合和缪兄也有同感，大家千恩万谢地穿过那扇小门，快步地走入这处著名的墓园。

放眼望去，墓园的面积确实很大，但我并未看到李根源在近百年前所描绘的情形，而今的墓园更像一处行人稀少的植物园，这种情形虽然给拍照带来了便利，但却少了许多的历史感。我们边走边夸赞着温兄的耐心，他以实际行动诠释了"精诚所至，金石为开"。

前行三十多米，看到了一排仿古建筑，里面是碑廊，这条碑廊建成了屋宇的形式，左右两边各有四块高大的石碑，这应当就是李根源所说的"飨堂"，他当时见到的就是这八块丰碑。他在文中提到的石马和武士我却未曾看到。还是百合眼尖，她说在飨堂的后方看到了我所要找的石翁仲。

沿着飨堂后侧的道路继续前行，果真看到了立在路边的石雕，李根源说这样的石雕合计有"石马二、武士二"，而我们所见的有一匹残马，那一对武士也已经无头无臂了。李根源说苏州一地著名墓

餮堂

园所摆放的石翁仲都是文官像，唯有申时行墓前是两位武士。这让我有些奇怪。申时行是文状元出身，从他的任职经历看，也没做过武官，为什么会在他的墓前摆放武士呢？说不定别有讲究，而今这对武士已经没有了头颅，我只能通过他们的铠甲来想象从前的英武之姿。

石翁仲之后三十米处，在神道的正中修了一个面积不小的水池，这种修建位置我在别处未曾看到过，众人也不明白在墓园中修水池有怎样的讲究。水池之后仍然是神道，神道的两侧有着上百亩的竹林，在苏州地区能够看到这么大片的竹林，于我而言，多少有些震撼。同来的三位当地人看到竹林后，也露出欣喜之色，看来自然之美是人人心中的净土。

无头武士

墓前的水池

神道的尽头就是申时行墓，此墓的形制有些特别，我也是第一次见到。中间的墓丘做过整修，体量并不大，左右两侧立着小型的屋宇，屋宇与墓丘中间立着两根相对来说高高的方形望柱。我不知怎么来理解这种墓葬制式，看来状元之墓就是与众不同。墓碑立在墓丘的前方，上面刻着"明太师申文定公墓"，从字迹和石色上看，显然是后补刻的，有些石构件也是破损后又黏合在了一起，它们以这种破损向我们诉说着曾经历过的劫难。

从申时行的个人履历来看，他足可以用来作为励志的榜样。申时行出身并不富裕，十二岁时母亲就去世了，而后他跟着继母黄氏生活，当时家中没有什么经济来源。申时行二十岁时考中秀才，有了做家庭教师的资格，于是他靠坐馆来补贴家用。虽然家里清贫，但申时行并未志短，只要有时间就刻苦读书。为了能静下心，申时行常到寺院去读书，而他的这个行为也成为后世演绎故事的由头。

明嘉靖四十年（1561），申时行考中了举人，转年参加廷试，因为"词札兼美"，被钦点为状元，这一年他二十八岁。能够考中状元，无论在哪个朝代都是极其荣耀的一件事，古人所向往的"人生四大美"，其中第四美就是"金榜题名时"。申时行能够高中状元，当然也十分兴奋，他的文集《赐闲堂集》中就收有一首《及第作》，可见他当时的风光：

御笔亲题冠士髦，胪声唱入五云高。

千寻日观悬金榜，十里春堤度彩旄。

仙仗许乘珠勒马，中官擎赐绛罗袍。

清时幸得同仪凤，不负生平学钓鳌。

申时行的金榜题名也让苏州当地人为之骄傲，为他立起了状元牌坊。《吴县志》卷二四有载："状元坊四：一为正统四年施槃，立东洞庭山；一为成化八年吴宽，立鱼行桥北；一为弘治九年朱希周，立吴趋坊；一为嘉靖四十一年申时行，立清嘉坊。"

据说这个牌坊后来迁移到了其他的地方，可惜我还未曾见到。然而按照资料的记载，当年考中状元的人是徐时行，并不姓申，这是什么原因呢？

其实，申时行祖父那一代就已经姓徐。他家的祖姓虽然姓申，但申时行祖父申乾在幼年之时过继给了舅家徐氏，故而改名为徐乾，

高广大碑

申时行墓

此后到了徐乾儿子士章一辈仍然姓徐。所以，申时行原本叫徐时行，当年考中状元时，名字就是徐时行。他在朝中任职两年之后，向皇帝提出希望能够归宗，也就是恢复本姓，得到了皇帝的允准，从此以后，直至其八十岁去世，均被称为申时行。而这个改姓的过程，也给后世的"八卦"留下了说辞。

关于申时行在朝中任职的经历，《明史》卷二一八载："万历五年，由礼部右侍郎改吏部。时行以文字受知张居正，蕴藉不立崖异，居正安之。六年三月，居正将归葬父，请广阁臣，遂以左侍郎兼东阁大学士入预机务。已，进礼部尚书兼文渊阁，累进少傅兼太子太傅、吏部尚书、建极殿。张居正揽权久，操群下如束湿，异己者率逐去之。及居正卒，张四维、时行相继柄政，务为宽大。以次收召老成，布列庶位，朝论多称之。然是时内阁权积重，六卿大抵徇阁臣指。诸大臣由四维、时行起，乐其宽，多与相厚善。"

申时行得到了宰相张居正的欣赏，张居正回乡葬父时，特意提拔了一批人，其中就有申时行。自此之后，申时行一路高升。张居正去世后，张四维任宰相，此后申时行又官至宰相。当年的张居正行事风格颇为霸道，凡是持不同政见者，大多被撤职，而申时行上台之后一改旧貌，从政氛围一时宽松。

申时行的做法受到了朝官们的称赞，但任何事情有其利也必有其弊，《明史》卷二一八中又称："四维忧归，时行为首辅。余有丁、许国、王锡爵、王家屏先后同居政府，无嫌猜。而言路为居正所遏，至是方发舒。以居正素昵时行，不能无讽刺。时行外示博大能容人，心故弗善也。帝非乐言者讦居正短，而颇恶人论时事，言事者间谪官。众以此望时行，口语相诋诖。诸大臣又皆右时行挂言者口，言者益愤，时行以此损物望。"

人性之奇怪、之难以捉摸正在于此，当年张居正打击异己不遗余力，大家都盼着能够有一种宽松的从政氛围，但申时行当上宰相之后，顺应民意广开言路，这些曾经受到打击的人却又开始飞短流

长，恶语相向，朝廷的政事也因此被荒废了下来，人们却把这个责任都推到了申时行的头上。

可能也正因如此，几年之后申时行坚决提出辞职，虽然受到了皇帝的挽留，但最后还是衣锦还乡。对于他的这些经历，吴格先生整理点校的《嘉业堂藏书志》中，在申时行《赐闲堂集》一篇中说道："公之祖育于外兄徐翁所，遂从其姓，通显后始请复申姓。相神宗十有四年，惩江陵之严急，悉反其所为，致生宽假循玩之弊。观于附名建储，复密揭立异，衡以清议，殊难自解。"

应该怎样评价申时行的政治所为呢？《四库全书总目》在"赐闲堂集"条目中称"相业无咎无誉，诗文亦如其人"，这句评价倒是很中庸。四库馆臣认为，申时行一生在政治上无所作为，既没有什么优点，同样也没有什么缺点，而这种风格也表现在他的诗文方面。

从历史上看来，四库馆臣的这句评价几乎可以用在每一位状元的身上，但细看申时行的一生，这种评语恐怕难称公允，因为他所处的万历一朝，乃是中国历史上少有的特殊时期，他能在那种纷乱的政局内平衡各种关系，维护朝廷的正常运转，已然是很不容易的一件事。他的这些作为可由《申文定公集》中看到一些端倪，武新立编著的《明清稀见史籍叙录》谈及此书时称："是编由《外制草》十卷、《纶扉筒草》四卷、《纶扉奏草》四卷共三种组成。《外制草》所收为代笔诰命文。《纶扉筒草》所收为入阁后的应答文。"

对于此《集》中的《纶扉筒草》，武新立称："时行由万历六年入参机密，历时九年，此编乃万历十九年归田后，由儿辈们于'筒中搜获旧草'得而辑成。《纶扉奏草》所收为辞疏、乞休疏、谢疏诸文。意为'宣主德，明臣节'，以昭示于同代与后代人。"该书中抄录了《纶扉筒草》中的一折，此折的前半段为：

谨题：今日蒙发下文书内，有江西巡抚陈有年题《减瓷器》一本。该文书官刘成口传圣旨：

"这瓷器不准减免，照旧烧造。钦此。"臣等钦遵明谕。拟票间，因将原本仔细看详，看得陈有年所奏，非无故请免。原因先次奉有明旨：烧造难成及不系紧要的，着查明裁减。故有此奏。今若拟旨不准，则与前奉明旨全不照应，非所以重王言、信海内也。大凡天下之事，责人以所能，则令行而人服；责人以所必不能，则令亵而人慢。

此折中所谈乃是关于御用瓷的烧制，这倒是一段重要的瓷器史资料。当时江西巡抚给皇帝所上奏章中请求减免一种瓷器的烧制，因为这种瓷器制作难度太大，从没有制成过，这令当地督导烧瓷的官员泄了气，但皇帝却要求江西巡抚继续烧制。为这件事，申时行提出了不同意见，认为巡抚陈有年所说的减免，本就是皇帝之前的意思，

（明）胡广等辑、（明）申时行校正《申学士校正古本官板书经大全》十卷，明闽芝城建邑书林杨氏刻清康熙二十六年（1687）清白堂藏板本，卷首

而今皇帝可能忘记了当初所言，所以他劝皇帝收回成命，以做到前后言行一致。

事情虽小，却可看出申时行并非一味地顺从皇帝，对皇帝不合理的谕旨也能提出反驳意见。反驳之后，他又提出了怎样的建议呢？他在奏章中接着说道：

> 今据本内"鲜红"等项器皿，从来烧无一成，则虽严旨督责，终无完结之期，徒使明旨竟成空言耳。况今江西见报灾伤，人情汹汹，烧造一事，委难督责。臣等愚见，谓宜将烧造有成者，责令解进，从来无成者，姑准停止，或照嘉靖年间事例，改用"矾红"，或用别色。然后诏令可信，人心允服。谨拟票进览，伏乞圣裁施行。

当时皇帝要求烧制出鲜红色的器皿，按照那时的烧造工艺，显然这件事难以完成，于是申时行提议将"鲜红"改为"矾红"，这样既能满足皇帝的要求，同时也不会浪费太多的钱财，只是不知皇帝是否同意了申时行的建议。

关于申时行的藏书与刻书，虽然没有明确的史料记载，但通过一些间接的资料，仍可知道他家不但藏书，同时还刻过书。瞿冕良编著的《中国古籍版刻辞典》中称其："刻印过宋沈枢《通鉴总类》二十卷，陆应阳《广舆记》二十四卷，自撰《纶扉奏草》四卷。万历四十四年，其后裔刻印过他的遗著《赐闲堂集》四十卷。"

看来申家也刻过不少的书。关于《通鉴总类》，按照《"国立中央图书馆"善本序跋集录》一书的著录，该书的版本为"明万历乙未太监孙隆吴中刊本"。申时行在给此翻刻本的序言中也称：

> 是书初刻于宋嘉定间，再刻于元至正，岁久漫漶，浸以讹舛，读者病焉。司礼三河孙公博雅好文，以公暇遍观史籍，得

是编而善之，乃手自雠校，付之剞劂而属余序。余拙且衰，归田且数载，不能如宪敏公有所纂辑，而披读是书，其于观省鉴戒之义，明着深切，有足以发予之蒙蔀而警其偷惰者，乃略陈其端，俾作者与刻而传者，后世咸有述焉。

申时行在序言中简述了《通鉴总类》一书的版本源流，看来他对目录版本也颇为熟悉。而后他说到了司礼监的太监孙隆雅好文史，工作之余对《通鉴总类》一书进行了校刊，同时予以重新翻刻，之后又请申时行给这部书的翻刻本写了一篇序言。由此可证，《通鉴总类》一书的万历刻本并非申时行所刻，但他个人的文集《赐闲堂集》却的的确确是申家所刻，可惜到此书刊刻之时，申时行已经去世了。

对于《赐闲堂集》的刊刻者，焦竑在给该书所写的序言中称："公薨逾年，子太仆用懋以其遗文名《赐闲堂集》者属余为序。"申时行去世后过了一年，其子申用懋搜集了父亲著作并编为该书，而后找到焦竑，请其写了这篇序言。焦竑在序言中大夸申时行文章之佳："公自弱冠，对策简于上心，由金门上玉堂，非如嵁岩羁士，穷愁无聊，第以怪奇自见者。故抒其斧藻于天下极盛之时，荐告郊庙，澄叙百官，发挥事功，挞伐夷虏，冶金伐石，极文章翰墨之用。呜呼！盛矣！尝闻文章大家，一代不数人，至能自致于大用而以文章华国者，自唐宋以来，唯欧阳六一、王半山、周平园、杨东里四公。虽人品事业或不尽同，而要皆以文人致大用。以及于公，千数百年裁数人而止，虽其甚盛，而岂不为难哉！"显然，焦竑太过夸张，他认为申时行的文章可以跟"唐宋八大家"中的欧阳修、王安石有得一比。

在这里且不评论焦竑的赞语是否名实相符，至少可以知道申家有自己的专业刻书人员。何以知道该书不是申家后人找他人代刻的呢？江澄波先生在其所著的《古刻名抄经眼录》中著录了明万历刻本《赐闲堂集》，江先生在该文的第一个段落中称：《赐闲堂集》四十卷。明长洲申时行撰。万历四十四年吴门申氏家刊本。每半页九行，行十八字。白口。首有万历丙辰焦竑、冯时可、李维桢、邹元标等人刻书序。目录下题'男用懋、用嘉校'。凡赋诗六卷，文及杂著三十四卷。乾隆时收入《四库全书》，提要称其'相业无咎无誉，诗文亦如其人'。但不久又被列入禁书，理由是'卷二内《清秋出色图》一首，语多驳杂，应请抽毁'（见《禁书总目》）。"

江澄波先生是苏州著名古籍书店文学山房的第三代掌门人，对同乡申家所刻之书颇为了解，所以他在该段中明确地说，这部《赐闲堂集》是"家刊本"。以此可证，这部书乃是申家自行刊刻，并非请其他书坊代刻。此书在清乾隆年间被查出了违碍字句，致使该书成为禁书，也因此而流传甚少，直到今日我都未能得到该书。

江先生既然是申时行的同乡，当然知道《玉蜻蜓》的故事，他在文章中简述了这件事："关于他的身世，有说其母实为某庵尼者，父死庵中，其母守节抚之，遂到鼎贵。后人编有《玉蜻蜓》弹词演其事。书中'厅堂夺子''庵堂认母'情节动人。可见清初以来吴中已盛传其事，至今'申元宰'（元宰系古代宰相之别称）之名，尚家喻户晓。虽然弹词小说内容都属不根之谈，但经查《明清进士题名碑录》，嘉靖壬戌科状元为徐时行，明刻《状元图考》亦然。《明史》和《吴县志》列传都未提及复姓归宗之事，确是大可怀疑。"看来回护乡贤也是一种美德，江先生否认这样的一个传闻。

《嘉业堂藏书志》中也提到了这件事："吴下相传，公生于尼庵，明末有人制为《玉蜻蜓》《芙蓉洞》等词，歌楼北里，弹唱至今。按卷十家传，公父古愚由贾而儒，列名博士弟子员，年四十四始卒，与所传绝不相涉。或因传中有读书萧寺却奔女一事，嫉之者因附会其词，以淆观听。然而文定之名，反因之脍炙人口矣。"显然，董康在撰写这篇书志时也不相信实有其事，但董康认为正是这样的传闻，反而使得申时行的名字更为世人所熟知。

关于《玉蜻蜓》一事的本末，谭正璧在《弹词叙录》中讲到了故事梗概，此弹词中的"申贵生"影射申时行之父徐士章。弹词中称，申贵生乃是位富家子弟，看上了一个尼姑，于是抛家舍业住到了尼姑庵中，之后生了个孩子叫申元宰。这样的故事情节当然令到群众喜闻乐见，且该剧写得颇接地气，这里摘录一段唱词如下：

贵升（生）是同行暗处思啰嗆，三太聪明向大路抄。芍药阶前风淅淅，牡丹轩外竹萧萧。穿过花厅兜曲径，早来到一间静室实蹊跷。纱窗里面藏推板，磨切方砖光又潮。不是云房非客座，花梨衣架凳长条。

[生白]三太，这是甚么所在？[小]大爷，这是浴堂。[生]吓，这是浴堂，如此没，三太也在此浴的了？[小]正是。[生]这个衣架做甚么？[小]是浴身时搭放衣服的。[生]这条长板凳呢？[小]脱着衣服坐的。[生]嗳唷，可恶！待小生来打他几下。[小]为何要打板凳起来？[生唱]吓，他占尽春光人莫晓，我申贵升到不如板凳运儿高。贴身消受风流腿，着肉抚摩

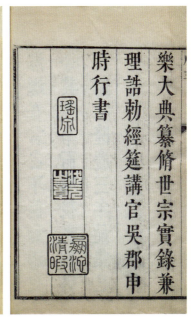

（元）窦汉卿撰《疮疡经验全书》十三卷，清康熙五十六年（1717）浩然楼刻本，申时行序

舞媚腰。玉洞桃花流美味，琼宫瑶草探新苗。我欲来生为板凳，娇尼个个有相交。[小白] 大爷不要取笑。那边去。

这一段是写申贵生来到了尼姑庵，在洗澡间看到了一个长板凳，而后知道这个长板凳是尼姑更衣入浴时所用，由是大为艳羡，恨不得自己变成那个板凳，天天能够占尽春光。

如何知道这位申贵生就是申时行的父亲呢？这当然出于该剧中所提到的那个私生子申元宰。怎么知道申元宰就是申时行呢？《续修四库全书总目提要》有"《玉蜻蜓南词》十集"提要，该提要先简述了《玉蜻蜓》的故事梗概：

> 此本南词，未题撰人，亦无序跋。凡十集，不分回，共二十卷，演苏州申贵生，游虎邱法华庵，与庵尼志贞通，私生一子，名元宰，为徐姓所得，由徐氏抚养成人。状元及第，官拜文渊阁大学士，后卒归宗，还申姓。相传所谓申元宰者，盖即明万历时阁学申时行也。考《明史本传》，申时行一生事迹，旅进旅退，毫无事业，不过庸庸伴食而已。至其为私生子，则无可考，惟顾鼎臣《状元图考》一书，则题名确为"徐时行"，是知时行幼为徐氏抚养，殆实事也。

此提要中引用了明王世贞在《觚不觚录》中的一段记载："诸生中乡荐与举子中会试者，郡县则必送捷报，以红绫为旗，金书，立竿以扬之。若状元及第，则以黄纻丝，金书'状元'，立竿以扬之。其他则否。万历戊寅，吾郡申相公入阁。报至，抚按兵道创'状元宰辅'字，金书于黄旗，揭竿于门，入云表。闻此公知之，颇不乐也。"

对于这段记载，《续修四库全书总目提要》中评价道："是知元宰非申公真名，因当时黄旗高展，'状元宰辅'四字，已深入一般人之心目中。故此本作者，括取'元宰'两字，以为其名也。"由此可知，申元宰就是申时行。

《玉蜻蜓》中把申时行的父亲说得如此不堪，又把申时行说成是尼姑的私生子，当然令申家后人大为不快，但这件事究竟是不是真的呢？平步青《霞外捃屑》卷九"玉蜻蜓"条在引《听雨轩笔记》全文后，又加了一段按语："文定登第时徐姓，弹词作徐元宰，以娄东门客撰时，文定当国故也。（此句疑有脱文）今吴门申衙前犹禁演《玉蜻蜓》，知事出有因，固非子虚依托者矣。"

看来后世学者也认为《玉蜻蜓》的故事并非全是子虚乌有。既然如此，这是谁跟申家有仇，而编出这样的唱词诋毁申家呢？邓之诚所撰《骨董琐记》卷六中有"玉蜻蜓"一条："万历间，吴县申时行、太仓王锡爵两家私怨相构，王作《玉蜻蜓》以诋申，申作《红梨记》以报之，皆两家门客所为，相传至今。"

申时行跟王锡爵家结仇，于是王锡爵的门人写了篇《玉蜻蜓》来诋毁申时行，而申时行的门人也写了篇《红梨记》予以回击，这倒是个有意思的说法，可惜邓之诚没有说出这个结论的历史出处。尽管如此，民间对这类的事情却宁信其有，于是《玉蜻蜓》就在苏州地区广为流传了一百余年。

在这个流行过程中，申家后人也不是没有反应，柯继承在《苏州望族秘事》一书中，专门有一节"明代申氏与弹词《玉蜻蜓》的恩怨"，该文中称："《玉蜻蜓》的故事情节曲折动人，非常受欢迎，民间又对此故事多将其附会为申家故事，偏偏申氏后裔又对此故事多所忌讳，主动'对号入座'后屡次向官府指控并要求禁演《玉蜻蜓》，这就更加引起了民间的好奇，也导致《玉蜻蜓》更受欢迎，从而形成了怪圈：申家越指控《玉蜻蜓》，民间就越认为《玉蜻蜓》确是影射申家，就越要探个究竟，越对《玉蜻蜓》感兴趣；而《玉蜻蜓》越引人注目，申家就越加恼怒，就越要申诉和指控，越加要求禁演，申时行行状因此也就越被误解地四处传播。"

早在清中期，申家后人就开始状告此事。清嘉庆十四年（1809），

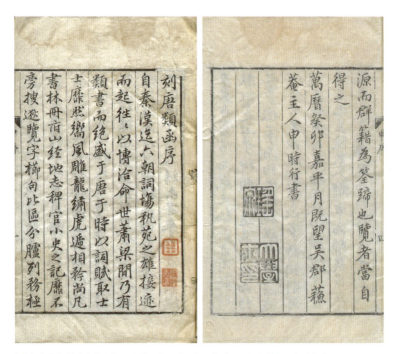

（明）俞安期辑《唐类函》二百卷，明万历三十一年（1603）自刻本，申时行序

申启向苏州府衙投递诉状，称《玉蜻蜓》诽谤申氏祖先，要求官府禁演。此时的申家仍然是苏州一地的望族，府衙也不愿意得罪申家，于是就批准了申启的投诉，贴出了禁演弹词《玉蜻蜓》的告示，此告示中称：

> ……为崇敬先贤，禁止弹唱《玉蜻蜓》事……郡属先贤申文定公，身掇巍科，望隆鼎铉，文章相业，一代名臣，崇祀名宦，府志昭然，敬梓恭桑，即在属细民所当凛。外间向有《玉蜻蜓》小说流传，毋论法华秽迹，诬蔑清名，即弹词淫句，亦关风化。现据申启等呈称：街坊近有弹唱人等，殊属不敬。本府严行查逐外，合并通晓各书铺，务销毁旧版，弹唱家亦不许更唱《玉蜻蜓》故事。如有违抗，一经查禁，一并重处不贷！

但是此剧的内容太有吸引力了，《玉蜻蜓》被禁演当然让观众觉得不过瘾。清道光年间，有位叫陈遇乾的艺人对《玉蜻蜓》进行了改编，将剧中的"申贵生"改名为"金贵升"，同时将该弹词的名称改为《芙蓉洞》。

对于此剧，谢雍君笺正的《傅惜华古典戏曲提要笺证》一书中引用了《续修四库全书总目提要》："此本南词，凡十卷，共四十回，述苏州金贵升游虎邱法华庵，与庵尼志贞通，私生一子，名元宰，为徐姓抚养成人，状元及第，官至文渊阁大学士，后卒归宗复姓。按无名氏旧有《玉蜻蜓》南词一本，即演此事，已著录。此本则系遇乾重编者。关目情节，两本相同。惟此本改申贵生为金贵升，以南词唱家，多为苏人，而申姓又世为苏州望族，不敢直指其事，故讳申姓，而言金姓也。"

可见，《芙蓉洞》的故事情节跟《玉蜻蜓》完全相同，只是改了个名称而已，故而到了清同治七年（1868），《芙蓉洞》也被禁演。但是《玉蜻蜓》仍然在民间悄悄流传。清光绪年间，申氏后人再次投诉到苏州府衙，府衙再次贴出禁演公告。这时苏州的弹词艺人已经有了自己的组织光裕社，此社为了维护会员们的利益，于是跟官府进行了交涉，指出修改过的《玉蜻蜓》已经将申贵生改为了"金贵升"或"金桂升"，故而与申家无关。这样的说辞竟然起到了作用，于是府衙采取了一种折中的办法，要求《玉蜻蜓》不能在城内演出，但在苏州城外演出却并不禁止。

到了民国期间，该剧又被禁演了两次。1920年的那次禁演，是因为有位叫申振纲的申时行后人当上了苏州警察厅厅长，动用全力使得《玉蜻蜓》禁演。后来《玉蜻蜓》又再次被禁演，并在1931年9月19日的《苏州明报》上刊登了禁演公告。一出弹词，竟然能在问世后的两三百年里反复成为公案，让人们津津乐道，而申时行的名字也因之反复被人们提起。遗憾的是，对于这位状元我查不到他更多的藏书事迹。

毛晋

汲古阁名远，刊书传天下

　　几年前有位书友给我发了一组毛晋墓址的照片，我的寻访计划中有一个专题就是寻找藏书家之墓，这个专题当时已经结集交给了出版社。尽管已经交稿，但看到毛晋墓址仍然存在的证据，心里还是大为感动，毕竟毛晋在中国藏书史上太有名气了，于是我把已经结集的寻访藏书家墓址之文视为"阶段性成果"，而这毛晋墓，只要有机会，我一定前往探寻。

　　受常熟图书馆李烨馆长之邀，我准备前往常熟去办讲座，这个过程中跟李馆多有联系，李馆对当地的各类藏书掌故特别熟悉，能够做到问一答十。他告诉我说汲古阁遗址已经没有了痕迹，但他经多次探访，基本确定下来了大概方位，并且当地居民时不时地能从下面挖出一些老的砖瓦块，所以他正跟有关部门商议，准备在汲古阁遗址上立文保牌。这个事也令我特别兴奋，但李馆建议等把那里做了初步处理之后再邀我前往，而毛晋墓址他已经安排好了知情人带我前往探看。

　　2016 年 7 月 23 日一早，我来到了常熟图书馆，李烨馆长带着两位先生正在门口等我，因为天气大热，李馆未做介绍就让这两位先生上车。陪我前往探寻者除了司机师傅，还有图书馆的工会主席兼办公室主任袁俊老师，以及馆内的资深专家叶黎侬老师。因为前一天的探访，我已经与这两位老师变成了熟人。袁主任上车后给我介绍说，这两位先生中，年长的一位名叫陶桂生。

这个名字很耳熟，我想了起来：李馆曾在电话中多次跟我提到他，说陶桂生是一位退休老师，对毛晋墓特别熟悉，为此还写过一系列的研究文章，但不知什么原因，前一天商议毛晋墓行程时，陶老师却关了机。我本以为此次无法见到陶桂生先生，而李馆却称无妨，因为他们二人很熟，且两家住得很近，所以他决定晚上到陶家去找他。这天早晨没顾上跟李馆说话，但此刻见到了陶先生，看来前一天李馆与他见了面。

陶老师看上去七十多岁，有着老知识分子的儒雅，言语不多，但讲到毛晋，顿时精神就提了起来。他跟我说的第一句话就是："我是毛晋墓的发现者！"他递给我一张打印的纸，上面满满列着他所写的研究文章，这些文章的名称，一半都跟毛晋有关，列在最上面的一篇，就是关于毛晋墓的发现。我对这篇文章很感兴趣，陶桂生说此文的样刊他手头已经没有了。一同上车的那位年轻先生看了一眼目录后跟我说，发表此文的杂志正由他来主持，他下午就把这两期杂志找出来送给我。

闻听此言大喜，我从心里感谢李烨馆长的安排，看来他已经料想到我需要找什么人、看什么资料，并提前把这些都帮我安排好了。聊天中知道这位年轻人名叫李前桥，是博物馆杂志编辑，对当地的人文掌故颇为熟悉。与这样几位知情人同行，我们一路上聊得很开心。

我向陶老师请教，他是怎么发现毛晋墓的？陶老师告诉我，他当年在那个村上小学，学校大门旁不足二十米处有一个很大的坟，直径至少有二十米，两边各有一棵大树。坟主是谁，他跟小伙伴们都不知道，但他们下了学就会跑到这个坟上去玩耍，因为可以在这大树下面乘凉。

陶桂生后来离开了这个学校，但是他的老家距此不远。1960年初，他路过这一带，偶然看到一位在河边洗衣服的妇女用两块方形的石头在捣衣。因为陶桂生爱好文史，他本能地觉得这两块石头不普通，于是上前仔细辨认，竟然看到了"毛晋"的字样。他知道这是毛晋的墓志铭，墓志铭后面的落款竟然是"钱谦益"。他意识到这是有用的文物，于是立即把这件事报告给了大队，大队又把这件事汇报给了文管会，于是这两块墓志铭石碑被收了回来。之后陶老师才了解到，墓志铭石碑就是出自那个不知名的大坟。

经过专家研究，这两块墓志铭石碑不完整，于是专家们继续在当地打听寻找，果真还有另外两块，但这两块被另一户人家拿去做了砌猪圈的材料了。将这两块墓志铭石碑收回来时，上面已经残损了几个字，后来文管会就在毛晋坟的旁边立了块文保牌，那块文保牌至今还在，就是我在网上看到的那张照片。但这块文保牌为什么是竖形，而非寻常所见的横的呢？李前桥马上告诉我：以前的文保牌并没有统一的制式，现在的横式文保牌是后来有了规定才定下的制式。

陶桂生说因为有了他的这个发现，当地的文管会才立上了此牌，自己也从那时开始对毛晋有了兴趣，此后的几十年，毛晋就成了他的重点研究对象，后来有不少人前往探看毛晋墓址，大多是由他来带路。陶桂生也讲到了郑伟章先生，他说郑先生研究毛晋时也曾向他请教过问题。昨天李馆也跟我讲，郑伟章为了研究毛晋，曾在常熟住了许多天，并且将常熟图书馆的古籍一部部地翻看，以此来寻找相关的蛛丝马迹。如今郑伟章研究毛晋的大作已经结集，等到出版时，这里还要举行首发式。

郑伟章先生对藏书家的研究既深入又透彻，他的大著《文献家通考》是我寻访之旅的主要参考书，他对毛晋的研究成果肯定也有许多内容是发前人之所未发。李馆说确实如此，关于毛晋祖上的情况，终于让郑伟章先生探究出来了。

　　汽车出城不远，驶入了一条较窄的路。袁俊说这一带是城乡接合部，以前就是农村，所以街区与道路都没什么规划。虽然路较窄，但地面已经做了硬化，我们的车停在了一个小广场上，陶桂生说前面汽车无法通行，于是大家下车徒步走上一条小街。

　　前行了二十余米，陶桂生指着一幢二层小楼说："就是这里，这座楼的一半就是建在毛晋墓上。"而后他向众人讲解着原本两棵大树的位置，他告诉我说在墓旁种树是当地人的风俗，目的是让后人能够辨认出墓的位置。我好奇这是怎样的两棵树，陶桂生说的树名我没有听说过，李前桥立即掏出手机检索，原来这种树的学名叫"枫杨树"，俗称"元宝树"。看到他手机中显示的图片，我终于想起来在北京的达园内也有几棵这样的大树。

　　转到这座房子的后侧方，此处正在垒围墙，墙的下方有一个铁皮的工棚，工棚的角落里露出了半个刻石，上面刻着"汲古阁主人毛……"，下面的部分被堆起的装修垃圾遮挡住了。陶桂生让站在旁

毛晋墓址原来的位置

边的那个施工人员将碑的下半部分刨出来，这个人坚决不干，陶老师要跟他理论，我马上将他劝住，因为担心一旦闹起来，恐怕拍照都成了问题。

　　眼前所见，除了这一块石碑状的文保牌，已然看不到任何旧迹。陶老师听到我的感慨后说："旧房子前面还有。"顺其手指看过去，果真在侧方的新房中夹杂着一座青砖灰瓦。陶老师带我等走到了近前，他说这就是自己曾经上过的小学。但我从资料中得知，毛晋墓的旁边原本有一座教堂。陶老师马上告诉我，他所上的这个小学原本就是教堂，教堂的名称叫"若瑟堂"，后来教堂迁到他处，这里就成了小学；再后来小学迁走后，这里就成了队部；之后队部搬进了新房，这里就变成了外地人的租住处。

　　眼前所见，只是传统的江南民居，完全没有教堂的影子。陶老师说这里原本有钟楼，只是后来被拆掉了。如今只是在一块平地上立着一个门洞，陶老师告诉我这片空地原本是生产队的打谷场，毛晋墓被平掉也有可能就是为了扩建这个打谷场，因为这个小广场已经做了水泥地面的硬化，与后面的破烂房屋形成了一些反差。后面

毛晋墓址的侧前方就是若瑟堂旧址

的一排房屋已经没有了门，只是用一些苫布做了遮挡。走进室内，里面堆放着的全是废旧物资。袁俊说，看来这里的租住户是位拾荒者，陶老师则证实了他的猜测。

穿过这间房屋，进入后院，后院的情形比前面更显得破败：当今的住户在院落中潦草地种着些蔬菜，后面的正房仅剩下高大的木框架，房顶已经大半不存，并且在室内长出了两棵碗口粗的大树。看来，这个房屋可能在几十年前就倒塌了。

房屋中仍然堆放着大量的废弃物，这些废弃物上长着一些藤蔓植物，显然这里已经有一段时间没人打理。屋内有一辆摩托车，我用手摸了一下此车的座椅，竟然没有灰尘，想来这里已然是某人的领地。我在另一侧听到了狗叫声，循声探看，原来有四只年幼的小狗紧靠在一起，惊恐地望着我，可惜我的身上没有带任何食物，无法对它们进行安抚。这四只小狗看我走近，拼命地钻进了破布堆下方的一个小洞，它们竟然在很短的时间内全都钻了进去，想来里面别有洞天。

这一日天气太热，天气预报说是41℃，但车上的温度计却显示已经达到 46℃，我不知小狗们钻进这破絮堆中是否酷热难耐，但至少我已经被晒得大汗淋漓。昨夜因为热而没睡好觉，到白天仍然昏昏沉沉，但眼前的情形反而让我来了精神。袁俊主任说："看得出，你来到这里就困意全无，因为我看到你两眼放光。"可能是这样吧。我无法感知自己的神态，但我更多地还是惦记着毛晋墓，于是我向陶老师了解着更多的细节，他边讲解边带我等回到了那个文保牌旁。

进入院落之后，陶老师一声不响地找来了一把铁锹，开始挖文保牌旁边的垃圾，他边挖边念叨着这里人对文保牌的不重视，我劝他动静小一点儿，把房主惊动了就麻烦了。怕什么来什么，果然没一会儿，从房的另一侧走过来一位中年妇女，她问我们是什么人，看得出她一脸的不高兴。陶老师满不在乎，他一边继续挖一边跟这位妇女说："这是北京来的专家，你们把文保牌搞成这个样子，这太不像话了。"

也许是陶老师的气势把这位妇女镇住了，妇女愣在那里，竟然不知如何接话，还是叶黎侬老师比较温和，他轻声细语地跟妇女讲："这里是一位名人的墓，因为要写书，所以这位专家前来考察。"而后他问妇女是不是这里的房主，妇女说是。叶又问她贵姓，妇女只是说她男人姓朱，又告诉叶老师说，前一段时间市长也来这里查看过，她为了垒围墙，才把渣土堆在了这里。

在这个对话过程中，陶老师一直没有停下手中的劳作，等说完话后，文保牌的下方全部露出来，我方看清楚上面刻着的大字是"汲古阁主人毛晋墓"，右侧的小字则写着"常熟县文物保管委员"，我猜测后面还有个"会"字，只是那个字可能已经没入了水泥中。文保牌的竖立时间写着"一九六〇年九月"，上方被人刷上了通下水道、安空调的联系电话。看到陶老师累得一头大汗，我特别过意不去，但他却认真地跟我说："你这么大老远来了，一定要让你看到全貌。"他的这几句话让我心里特别感动。

李前桥不愧是博物馆工作人员，他围着这个房子转了一圈，而

残存的院门

后说："此屋是完全建在了毛晋墓址之上，因为这个房屋比四围的地基都高出了不少。"而后他问妇女知不知道这里本是名人墓，妇女说知道，并称她家建房时，这个文保牌就在这里，他们未曾挪动过。她在说这几句话时，透出了一切不在话下的神色，她定然是彻底的无神论者。

毛晋墓址的具体地点，是江苏省常熟市戈庄村毛家浜若瑟堂东南，以我的感觉，这个地点距常熟市中心最多十几千米。在这里拍照完毕后，我们很顺利地返回了城内。当天下午是常熟图书馆安排我讲座的时间，讲座的地点安排到了虞山脚下的尚湖之滨。关于此湖名称的来由，几位老师纷纷告诉我跟姜太公有关，因为姜太公的大名叫姜尚。但姜太公是否真的来过这里，众人皆不能肯定，也许

院落情形

常熟一地名迹太多，令人无暇一一作出考证。但不管怎么说，尚湖远山近水，确实是一处美丽之所，有一座水榭式的建筑名为望虞台，而今望虞台的一部分成了常熟图书馆的分馆，这也是讲座安排在这里的原因吧。

在讲座之前，李前桥先生特意送给我两本《常熟文博》杂志，他说这两期杂志上刊载有陶桂生所谈及的文章。我感谢了李先生的惦念，等讲座之后回到酒店翻看，这两本杂志分别是 2002 年第 1 期和 2009 年第 1 期，前者刊载有陶桂生所写的《汲古阁主人毛晋墓志铭发现记》，该记中关于毛晋墓有如下段落："我老家藕渠戈庄村（现属虞山镇辖区）有个大坟叫毛家坟，至于墓主人是谁，谁也说不清。但它的规模，方圆十里内可能找不出第二个来。毛家坟占地十多亩。

墓前的两棵枫杨树，树龄有三百多年，它地上的枝干围径，要有八个成年人手拉手才能把它围住；虽经数百年风雨，倒也枝繁叶茂，郁郁葱葱，树荫覆盖千余平方米，三五百人在树下聚会，还只占了一个角。后来，因为各种需要，今天锯了一个树枝（也要装上几条船），明天又砍下几个枝丫，慢慢地那里只存了坟地；再后来，又是一个命令，墓也平了，翻成了种蔬菜的坑地，之后又成了农民的宅基地。"

根据这个段落所言，毛家坟原本是一片墓地，而非仅一座坟，否则不太可能占地十多亩，有可能最大一座的主人是毛晋，可惜文中没有说明是否如我所猜，但他说的那两棵枫杨树，却比我想象的要大得多。而今所见，不仅毛晋墓没有了痕迹，整个毛家墓地也都变成了民居。毛晋墓平于何时，该文中未曾提及，只是说了句："这些，都发生在20世纪五六十年代里。"

关于发现毛晋墓志铭石碑的过程，陶桂生在文中有如此的叙述："一九六一年初春的一个早上，十七岁初中毕业当上了生产队小会计的我，路过许家浜的一个河滩，发现河滩水站上有两块样子特别的青石块，其中一块在平整的石板面上露出一行行文字。我好奇地走近它。看到开头几个字体较大一点儿，写的是篆体字。我虽不全认识，但经仔细辨认后，发现石碑上写的是'隐湖毛君墓志铭'几个字。"这段话是从1961年春讲起，这跟当天上午陶桂生在车上所言时间比晚了一年，因为我记下来的时间是1960年春，当然，这一年之差也可能是我的误记。

总之，毛晋的墓志铭石碑就是无意间被发现的。而后文中又叙述到了他向大队干部报告的情形，以及常熟县文管会调查后将墓志铭石碑运走的经过。对于这个发现的价值，陶桂生在文中总结道："由于毛晋墓志铭的发现，使毛晋墓址在何处有了确凿的物证。以前的常熟文史资料，对毛晋墓址没有确切的说法：一说在戈庄；另一说，毛晋墓在虞山北。毛晋墓志铭记载得很清楚：'毛晋卒于己亥岁之七月二十七日，年六十有一。越三年，辛丑十一月朔，葬于戈庄之祖茔。'这就无可争议了。"

陶桂生的这篇文章中还提到了毛晋墓内陪葬了不少的雕版："听平坟的许多当事人说，毛晋墓的墓室四周，陪葬着不少他为之付出毕生心血的雕刻木版。有的虽已朽坏，但文字还是清晰可见的。这些珍贵的雕版，当时没有一个人知道它的价值，只当木柴和垃圾处理掉了。现在想想，真是痛惜不已！"看来陶先生下笔很谨慎，他只说自己是听到他人如此叙述。但即使如此，让我想来也很是壮观，因为我从未听闻过某人将书版陪葬，这倒是很有价值的一段印刷史轶闻。

按照以往的传说，汲古阁的书版大多都归了毛晋的儿子毛扆，毛扆是毛晋的第五个儿子，也特别痴迷于刻书事业，但是到了毛扆

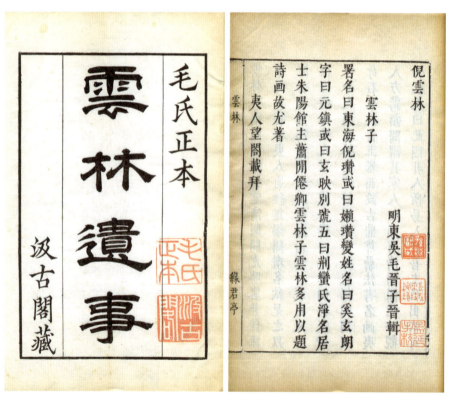

（明）毛晋辑《云林遗事》一卷，明毛晋绿君亭刻本，书牌、卷首

儿子这一辈，似乎就对这个行业没有什么兴趣了。相传毛扆有个儿子特别喜欢喝茶，某天他得到了洞庭山碧螺春茶，觉得好茶应当用好水，于是就取来了虞山玉蟹泉的水。但好水有了，他还想用好柴来烧水，于是就拿家里的书版来做柴薪。据说以书版烧出来的水，味道极佳。

如果这个传说属实，那就说明汲古阁的书版并没有全部陪葬进毛晋墓中。当然，当年汲古阁刻的书版数量巨大，也许毛晋墓中的陪葬只是一小部分，但事情的真相如何，我未见到当年挖掘毛晋墓的人，也只能做随意的猜测了。看来有机会时还要再来虞山，想办法请李烨馆长帮我找到当年的挖墓人，希望能够把汲古阁书版的归宿落实下来。

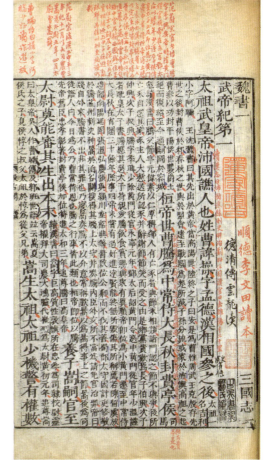

（西晋）陈寿撰《三国志》六十五卷，明崇祯十七年（1644）毛氏汲古阁刻本，卷首

祁彪佳

精心营造，视死如生

    2017 年 10 月底，我再次到绍兴寻访，几天前我已寻得了祁彪佳之墓，方俞明先生告诉我，当地还有与祁家有关的遗迹，是祁彪佳夫人商景兰家旧址以及祁彪佳自尽处。按照方兄规划的路线，我们一行人先去看寓园遗址，因为这里是祁彪佳生前费尽心血建造的园林，也是他的殉节之处。

    寓园遗址处在绍兴的寓山，方俞明说几百年来这个地方没有改过名称，至今仍然叫寓山。然而作为江南名园的寓园早已被毁，当地政府原打算将这处遗址恢复起来，出于资金的原因，这项工程包给了鉴湖大酒店。当时的条件是：酒店可以建在寓山之旁，同时要把寓园恢复起来，建成一所具有文化传承意义的开放式公园。

    然而，章利刚、朱新学两位先生带我来到寓山之时，这里除了满山的绿色，竟然看不到任何亭台楼阁。方兄说，鉴湖大酒店虽然建成了，但寓园修复工程却至今未能开工，不知道何时才能够恢复这处著名的景点。

    虽然寓园未曾恢复，但附近的停车场却建造得颇为正规。汽车停稳之后，章利刚立即向寓园的侧坡上走去，那里有一块碑刻，看来章先生是想看看刻石上的文字，而我本能地认为，那上面应当是寓园的历史介绍。

走到刻石的近前，方看清楚这是某单位的绿化纪念碑，这令我们大感失望。方先生没有受到众人情绪的感染，他从容不迫地从书包中拿出一本书，上面有寓园的老地图，图上标示出这里确实有刻石，但肯定不是这块绿化纪念碑，从地图上还能看到当年寓园里建有很多亭台楼阁，且在山坡上有一座小亭。

站在山下向上仰望，寓山不高，我估计其不足百米，山体十分平缓，看上去像个大大的斗笠。当年，祁彪佳为了建造这处园林，颇费苦心。按照江南的园林基本特色，名园均是以曲为美，凹凸有致才最符合人们的审美情趣，所以当年的寓山应该不会这样平平板板没有曲折。朱新学称正是如此，朱先生家就住在寓山附近，他对这一带的变化颇为了解。他简要地向我讲述了寓山这些年的变化，告诉我原来寓山附近还有一些池塘。

这个结果令我大感意外，以我的想象，祁彪佳乃是明末著名的英烈，他的自尽处应当是后世景仰者的凭吊之处，应该有一些纪念性刻石建在池塘边。朱新学说那个池塘同样也被填平了。

朱先生带我们来到了寓山的侧旁，指着眼前的一片空地说，这

方俞明向我展示寓山全景图

就是当年的池塘位置。说完这番话，他不等我质疑，就从书包内拿出一本的名为《祁彪佳与寓山园林论述》的书。他打开其中一页，里面有一张老的寓园示意图，显示我们所站位置前方果真是一个池塘。

祁彪佳乃是明代大藏书家祁承㸁之子，明天启二年（1622）考中进士，而后在宦海几起几落，明崇祯八年（1635）时他得罪了权臣周延儒，于是辞职返乡。回到绍兴后，祁彪佳在寓山脚下建造了一所藏书楼，此楼就是著名的远山堂，遗憾的是这座藏书楼如今在寓山已经没有了任何痕迹。

可能是建造藏书楼的原因，祁彪佳喜欢上了寓山的景色，于是他又在这里建造起了寓山别墅，再后来，可能是受到江南士大夫纷纷兴建园林的影响，他又决定在寓山建造一处对外开放的园林。崇祯十五年（1642），他又受召入京掌河南道事。崇祯十七年（1644），皇帝自尽于煤山，祁彪佳则进入南京福王政权，被任命为大理寺丞，擢右佥都御史转苏松督抚。南明弘光元年（1645），因为受到马士英、阮大铖的排挤，祁彪佳再次辞职回家。这个阶段，祁家对于寓山的建造一直未曾停止。

弘光元年五月，清军占领南京，六月福王被执，而后潞王监国，后来清军又占领杭州。清计六奇在《明季南略》中称："贝勒既驻杭，遂散布官吏至浙东招抚，且令剃发，召乡绅谒见。"

这位贝勒实行了安抚政策，他也听闻祁彪佳的名望，派人带着招聘书去见祁彪佳。祁彪佳坚决不从，绝食三日之后来到了寓园，在此自沉而亡。我脚下所站之处，正是他殉国的那个池塘。

对于这件事，张天杰点校的《祁彪佳日记》中所附《祁忠敏公年谱》有如下说法："明万历三十年壬寅十一月，己卯之寅时，先生生于山阴之梅墅，是为二十一日也。父夷度公已举于乡，年四十矣，先生为第四子，祷而孕，生有奇征，肌理如玉，夷度公甚喜，知非常儿。先生婶金太恭人梦异僧趺化金盆，方掬水浴之，俄报王太夫

这条河道乃是当年祁彪佳乘船前来必经之地

人将娩，觉曰：'是必男子之祥也！'及洗儿，宛如所梦。先生究心理学，旁通宗乘，固知为再来人，及殉节时，乃跃逝浅水中，亦预谶云。"

由此可知，祁彪佳出生在绍兴的梅墅，是祁承爍的第四子，一出生就大异于常人，因为他的皮肤洁白如玉，尤其是他出生之前，姊姊还梦到有位僧人在金盆内洗浴。这个梦似乎预示着祁彪佳沉水殉节的结局。

对于祁彪佳殉节前的详情，祁熊佳在给祁彪佳所写的《行实》中首先称："时见朝政日乱，奸邪日进，先生自分一死，预为椁，置之山中，意欲自决太翁墓前也。"此时的祁彪佳暂住于云门山舍，已经预感到天下会大乱，于是做好了一死的准备，提前预备好了棺材，决定事不可为时在父亲的墓旁自尽。

观察了几天，祁彪佳感到明朝政权大势已去，《行实》中记载

朱新学称，前方即是祁彪佳自沉的池塘，如今池塘已变为绿地

了他如下的举措："初五日，携子理孙出山抵家，已绝粒三日。绐家人曰：'吾当至杭面辞。'遂饮啖，神色恰和，举家咸不疑有殉节事。至寓山，顾谓子理孙曰：'昔文信国临终贻书其弟，嘱以文山为寺，吾亦欲捐此为净业地。汝其善承吾志。'晚命具酌，绐其子暨坐中弟侄曰：'其就寝。为夙兴西渡地。'童仆皆散去，止留契父祝季远款语，乃步廊下，星月微明，望南山笑曰：'山川人物，皆属幻影。山川无改，人生忽一世矣。'复谓季远可归卧，季远倦且寝。梦中闻启户声，急执烛视案上，乃告别祖宗文也，季远遂号恸曰：'先生今夕

殉节矣！'时子理孙虽遵命假息，转展不成寐，惊起擗踊。有顷东方渐白，见梅花阁前水际露角巾寸许，亟就视，先生正襟跏趺而坐，水才过额，衣冠俨然，面若有笑容，盖绝笔中有'含笑入九原，浩气留天地'句，先生预志之矣。理孙痛绝渐苏，跪开遗书，诗文书嘱共七通，皆书于是夕谈笑中者也。"

祁彪佳绝食三天后，带着儿子祁理孙走出了云门山返回家中，同时又开始进食。他跟家人说：自己准备前往杭州，亲自去推辞贝勒对他的任命。因为他神态正常，家人没有怀疑他要殉节。此后，他又来到了寓山，当晚写了多封遗书，而后趁家人睡觉时，走出房屋坐在池塘内自尽。家人找到他时，他虽然已经离世，却面带笑容，一代英豪竟然就这样离开了人世间！

1954 年，祁彪佳后人捐赠给浙江省博物馆一份《祁彪佳绝命书册》，其中就有祁彪佳在去世前的晚上所写的《别叔婶书》。该封信的内容为："别叔婶书：侄男彪佳，遭时不造，为北师聘命所迫，念臣子之谊，之死靡他，今且永诀矣。但叔父、婶母高年在堂，不及奉养，不及瞻别，虽在九原，此心耿耿。望叔父、婶母颐养宽慰，勿以侄为念。吾家累代簪缨，今有侄殉节不为祖宗之辱，此叔父、婶母可以为喜也。已令理孙拨送田十亩，作秋宇府君祭产，少展为孙之意，方伯公墓前望柱，乞叔父成之。吾家祭产多不清理，并望叔父留神。五哥、七弟不及另书，只此致意，侄男临书可胜哽咽。叔父、婶母大人尊前，侄男彪佳再拜具。"

祁彪佳在此信中明确地说，因为时运不济，清人强迫他出仕，但他觉得自己是明廷之臣，当然不能接受这样的任命，故而决定离开人世间。他认为，祁家历代清白，他的殉节也绝不会辱没祖宗。令人诧异的是，此时他还冷静地安排好家中祭产等，实在令人唏嘘不已。

祁彪佳喜欢写日记，他的日记一年一卷，每卷都有不同的名称，留存至今者，总计有十五卷，故后世对祁彪佳的研究，也多从这些日记入手。翻看这部日记，让我感受到祁彪佳有三大爱好：一是藏书，二是戏曲，三是造园。

祁家乃是藏书世家，祁彪佳从父亲那里继承了大量的藏书。从日记中能够看到他对这些藏书的态度并非只是守成，他确实有着发自内心的爱。比如他的日记第五卷名为《归南快录》，所记乃是明崇祯八年他辞职返乡后的经过，以及回到家中的情形。

祁彪佳是在崇祯八年的四月九日离开北京，之后一路南行，到六月二十九日，他回到了家乡。在他回家后的第二天，就立即开始整理家中的藏书："七月初一日，予到家方两日，屏绝诸应酬，独与郑九华于大楼整理书籍，值周海门之孙周先之至，以鸡黍相饷，去，复整书。晚与两仲兄及翁艾弟酌酒聚谈。初二日，送郑九华入城。与兄弟出，祝十八嫂寿。因至两婶家。归复整书，得焦猗园《经籍志》，欲仿之，分诸书作四部，且条为诸目。"

祁彪佳离开家乡已有四年时间，回来后当然有很多的应酬，他却推掉这些应酬，只在书楼内整理书籍。遇上有推托不开的聚会，结束之后，他仍然来整理书。同时，他想仿照焦竑的《国史经籍志》来整理家中的藏书。可见，他对家中藏书有着宏大的计划。

接下来的初四日，他在应酬之余，仍然是"午后整书"。转天是初五日，"予向有书籍藏之先子楼上，取以编入四部。于是史与集之类颇多，时方溽暑，焦灼如甑中，予手编日较，终夕忘倦。是日得商恬轩及徽州二守许符廷书"。

七月的江南十分湿热，正值酷暑，祁彪佳在书楼内，感觉自己像是坐在蒸笼内被火烤着一样，即便如此，他仍然在那里努力地编目，"初六日，程氏两文学来晤。去则整书，是日已稍有次第，盖所藏已十余箧矣"。

祁彪佳的努力颇有成效，经过几天的整理，他对家中的藏书基本上理出了头绪。接下来的几天，"初八日，整书插架完，乃扫除紫芝轩以为书室，午后移居之"，"初九日，旧书有为蠹鱼侵蚀者，重为装订"。

祁彪佳不但会整书编目，还会装订书，但从他的日记中看不出来他是自己动手还是指挥别人代劳。比如九月八日，他仍然在装池书籍："初八日，郑九华入城，予至邻家卜藏舟之所。归于楼上简迩日装演书籍，以前所分之四部条为诸目，大约仿先人所藏书，而予书未及其半，故归并条目以就简约。"

江南地区很少使用北方常见的布函套，不清楚祁彪佳给其藏书做了怎样的装池。他对家中所有的藏书都做了系统的整理，他在九月十三日的日记中写道："十三日，与郑九华所整者为前代及国朝文集，至此而四部已就绪矣。晚取章奏、诗稿及诸书之散辞者，汇而为帙，不欲片纸供覆瓿也。"

任何小纸片他都不想随意地扔掉，由此可见，祁彪佳对藏书有着特别的挚爱。他跟那个时代的藏书家也有着密切的交往，比如他在崇祯九年（1636）一月份的日记中写道："二十三日，方欲入城，适虞山毛子晋、李孟芳两兄过访，出钱牧斋、王康宇二札，子晋且惠以所刻《甲乙集》《孝经注疏》数种。与之驾舟游柯园，并偕止祥兄至寓山，归酌于澹生堂，复移舟桐山之阳，谱韵牌为乐，小饮至夜分，就宿紫芝轩。"

祁彪佳跟常熟大藏书家毛晋也有交往。毛晋见到他时，向他出示了钱谦益的手札，同时送给他自己刻的《甲乙集》等几种书。幸运的是，该书的初印本我也藏有一部，该书是由白绵纸刷印，按照陶湘的研究，凡是用白绵纸刷印的汲古阁本都应当是该书的初印本。想来，我所得应该跟祁彪佳所得为同一版本。祁彪佳还特意带着毛晋等人去看他所建造的寓园，请毛晋等人在自己的藏书楼澹生堂内吃饭，可见他们的交往颇为投契。

祁彪佳跟毛晋的关系确实不错，他的日记中至少有五处两人交往的记录。在崇祯十五年六月的日记中，祁彪佳写道："十三日，得许孟宏孝廉书，赠予《宋元通鉴记事》及《仪礼经传》，又得毛子晋

临河而居的人家

文学赠予《十三经注疏》，又得任正则文学书，赠予岕茶，皆力疾报之，且为任正则作书与张太羹。"

祁彪佳时常能收到朋友所赠之书，尤其是毛晋，竟然送给他一整部《十三经注疏》，这样大部头的书在那个时代价格应当不便宜，此书之赠表达出了毛晋对祁彪佳的看重。

关于祁彪佳所造的寓园，相应的研究文章确实不少，从这些文章中可以知道，他建造此园费了不少的心血。中国古代造园，大多会给园林起上许多美妙的名称，相比较而言，以"潇湘八景"之类的命名最为常见。北大哲学系赵海燕在《"潇湘八景"与中国古典园林——从祁彪佳的〈寓园十六景词〉分析》一文中做了仔细的分析，列出了"寓山十六景"的具体名称：

"寓山十六景"分为内八景：远阁新晴、通台夕照、清泉沁月、峭石冷云、小径松涛、虚堂竹雨、平畴麦浪、曲沼荷香；外八景：柯寺钟声、镜湖帆影、长堤杨柳、古岸芙蓉、隔浦菱歌、孤村渔火、三山霁雪、百雉朝霞。

对于这些名称的来由，曹淑娟在《流变中的书写——祁彪佳与寓山园林论述》一书中认为："寓山十六景的拟定，有意模仿山水名胜的成名胜景，如杭州有西湖十景……"看来，寓山十六景有着模仿西湖十景的因素，但两者在数量上有所不同，寓山的景观比西湖还要多。

其实在祁彪佳眼中，寓山的景致不但比西湖多六个，比他列出的十六景还要多上许多。祁彪佳在《寓山十六景小引》中写道："寓山之胜凡四十有九，亦既谱之诗歌矣。然而朝暮云霞之递变，四时花木之相辉，则有摹写所不尽者。友人仿西湖南浦之制，更次第为一十六景，前八为内景，后八为外景，各赋词一阕，词寄蝶恋花，征到词章三百有奇，抡选再三，仅存若干首，妍雅交至，浓淡都宜，亦可以俪美兰畹、夺席花间矣。"

小小的寓山在祁彪佳眼中竟然有四十九景之多，而今我站在寓山的脚下，眼前所见除去一些种植的小树之外，却一景也看不到。时代的变迁，真令人无语。

祁彪佳去世后，他的夫人商景兰根据丈夫的遗命继续操持着家中一切。她在管理家务的同时，还能把家中的女性都培养成才女。《两浙輶轩录》中记载："夫人有二媳四女，咸工诗，每暇日登临，则令媳女辈载笔床砚匣以随，角韵分题，一时传为胜事，闺秀黄皆令入梅市访之，赠送唱和甚盛。"

商景兰带领两位儿媳妇及四个女儿，走到哪里就作诗到哪里，吸引了很多人来与之唱和。这些儿媳及女儿都是谁呢？商景兰在《琴楼遗稿序》中有着这样的说明："余……平生性喜柔翰，长妇张氏德

八字桥文保牌

蕙，次妇朱氏德蓉，女修嫣、湘君，又俱解读书。每于女红之余，或拈题分韵，推敲风雅，或尚溯古昔，衡论当世，遇才妇淑媛，辄流连不能去。"

赵一清在《东潜文稿·外氏世次记》中也讲述到了这段风雅事："而祁氏之先参政公讳承者，构澹生堂，藏书甲海内。忠敏公以儒雅饬吏治，阀阅侔高，公子理孙、班孙，文章世德，号称学者，王母尝为某辈言，少时见诸姑伯姊，岁时过从，笺题酬唱，娴令有则，风规礼法，彬彬盛矣。"

正是因为商景兰的号召力，才使得绍兴地区出现了多位才女，以至于让毛奇龄在《西河词话》中写道："徐仲山夫人系商太傅女，善文，与其女兄祁忠敏夫人，俱以闺秀为越郡领袖。"

商景兰是名门之后，对于她的遗迹，方俞明告诉我，他之前查找多年都没有线索，恰好在半年前，终于落实下来：绍兴老城区内八字桥旁的天主教堂就是商家旧址。转天，方俞明带着我和绍兴图书馆古籍部的唐微老师，以及《绍兴晚报》记者王敏霞女士一同前去探看商家旧址。

因为老城区内停车不便，我们四人步行穿行在绍兴市的古老街区里面。按照王敏霞手机上的计数，我们一个上午竟然走了一万六千多步，这可是我近些年步行的最高纪录。我们四人踏上一条古老的桥，走到了桥对岸，路旁有一块景观刻石，上面刻着"世界遗产：中国大运河"。在我的观念中，古代最著名的运河是京杭运河，杭州应该已经是运河的终点，而绍兴在杭州的东南，难道运河又延伸到了这里？为此，方俞明兄又给我普及常识，原来这里是运河的支流。

我们边探讨着大运河的起始边向前走，前行不到二百米就看到了教堂的大门。从外观看，这个大门乃是中西结合的建造手法，门楣上写着"天主堂"的字样，侧墙上则有绍兴市政府颁发的文保牌。商家乃是明末时期的大户，其旧居后来变成了天主堂，这个转变的过程中肯定有着更多的故事。

明万历四十八年（1620），祁彪佳与商景兰结婚，这在当时而言，可谓是郎才女貌。朱彝尊在《静志居诗话》中称："商景兰字媚生，会稽人，吏部尚书商周祚女，祁公彪佳配。祁、商作配，乡里

天主堂正门

天主教堂文保牌

有金童玉女之目，伉俪相重，未尝有妾媵也。"

祁、商两家可谓门当户对，商景兰的父亲商周祚曾任吏部尚书，所以祁彪佳和商景兰被当地人称为金童玉女。两人结婚后，直至祁彪佳四十四岁去世，祁都未曾纳过妾室，可见两人感情极深，这也成了后世议论的话题。

意外的是祁彪佳跟柳如是也有着交往。当年柳如是曾经想嫁给陈子龙，而陈子龙之妻家里势力很大，陈无法将柳娶回家，两人在崇祯八年被迫分开。此后的三年，柳如是得到了徽州富商汪然明的照顾，正是在汪的引荐下，祁彪佳见到了柳如是。

两人的相见令祁彪佳很高兴，他在给汪然明的信中谈及见到柳如是的兴奋心情："是日得晤如是，兄凤华映带，令人茫然若失，小巫神尽，弟之谓矣。"

可能是这个原因，使得祁彪佳特别感谢汪然明对柳如是的照顾，其在信中夸赞汪然明说："柳娘独立鸡群，固当铩翎，焚琴煮鹤，岂惟今人大抵世界迫窄，忌嫉转多，赖仁兄善为护持，得吟咏无恙，世人皆欲杀，吾意独怜才，一片热心，真堪不折，鄙陋如弟，晤对何期？"

祁彪佳为什么对柳如是如此欣赏呢？杨艳琪在《明代祁彪佳与文学女性》一文中说，这是因为祁彪佳认为柳如是的诗不同流俗。杨艳琪引用了祁彪佳写给汪然明的信："读柳如是诗，使人魂消意释，近来闺阁中多染钟谭习气，惟此真得晋魏一派，淡远处不失王孟，定当以作手名海内，惜以竹头木屑之役，不能放棹西陵，然倘天假之缘，会晤或有待也。《寓山志》一部，乞转奉，中已有闺秀诗，须如是一诗压卷，外具扇头，并乞妙翰，望仁兄转求之。"

祁彪佳认为柳如是的诗没有染上竟陵派钟惺、谭元春的习气，所以很希望见到这位佳人，为此他寄了一部《寓山志》给汪然明，请汪转给柳如是。同时他也希望柳如是能给他所造的寓园写一首诗，柳如是没让他失望，她作了一首《湖上草——题祁幼文寓山草堂》：

> 悬圃凉风物外姿，石楼丹栋总相宜。
> 家通洛浦琪云接，人倚湘君放鹤迟。
> 花满晓临珠盖拂，莺啼春入玉衣吹。
> 伊余亦有怀园引，笛里青霞渺桂旗。

柳如是是否来过寓山，我未查得史料。但是祁彪佳的确与柳如是见过面，可惜他们见面的细节未曾被记录下来，否则的话，又能增添许多文坛佳话。这样的佳话非但不会贬损他的英名，反而更让人觉得这位英烈是有情有义之人。

龚佳育

两世递藏，无目难详

也许是机缘未到，龚佳育的墓尽管处在繁华的西湖景区周围，我却两次都未曾找到，第一次在 2012 年，第二次在 2016 年。直到 2018 年 5 月 28 日，在盼盼的带领下，我才终于访到这位清初的藏书先贤。

其实从各种文献中，大多都能查到龚佳育墓所在的位置，甚至一些西湖的游览图中也标明了此墓处在六和塔景区的山坞内，可是我两次走到附近问过多人，他们都不知有这样一座古墓，甚至有人告诉我，西湖周围的墓葬早就被迁走了，说不定我查到的是老资料。这种说法听来倒是有些道理，但是我在网上明明白白地搜到别人近几年拍到的龚墓照片，说明该墓至今确实仍然在西湖边上。

西湖的周边永远是游人如织，为什么没人知道有这样一座古墓呢？后来我终于发现了问题所在，原来墓主龚佳育名中的第一个字是"隹"而不是"佳"，而我第一次打听时，说出来的却是"龚佳育"，所以第二次前往寻找龚墓之时，就改口说要寻找龚佳育墓，可是依然没人知道有这样一个去处。看来找不到龚墓，不单纯是读错字的问题。

本次的杭州寻访，我得到了盼盼的大力协助，我事先将自己的寻访目标发给了她。盼盼是位认真的人，在我成行的前一天，她逐一告诉我落实后的结果，然而这些结果中唯有龚佳育墓未能问明具体情况。盼盼安慰我说，六和塔景区她很熟悉，到了现场一定能够打听得到。

这天寻访的第一站是余杭的王蒙遗迹，探访完毕后返回市区用餐，而后再一次参观了潘天寿纪念馆，接下来就是前往六和塔寻找龚佳育墓。可能是盼盼手机导航的版本比较新，上面竟然能定位到龚佳育墓。于是由我开车，她来导航，拐来拐去，导航把我们指挥到了西湖边的某处，然而根据导航来到的目的地却是一处停车场。

这个停车场位于西湖与一座青山之间，停在那里探看一番，没有看到古墓，于是我决定驶入旁边停车场到附近探寻。此时从旁边的一个商店走出一位妇女，她说这是内部停车场，我们不能停在这里。我告诉她自己只是寻找一座古墓，应该不会用时太久。此妇女开价二十元，称可以不限时停车，但对于古墓她并不了解，只是告诉我们沿着斜坡向上走有一个纪念馆，说不定我们的寻访目标就在那附近。

按其所言，我们沿着山路一路上行，在山腰的一块平地上果真看到了一座新建筑。远远望过去，这座不大的建筑门前拉着横幅："铭记光荣历史，传承红色基因。"走近之时我注意到，这处建筑的门楣上嵌着"杭州市见义勇为事迹陈列厅"的铭牌。

因为担心自己听不懂当地方言，我请盼盼进馆内了解一下情况。不一会儿盼盼从厅内走了出来，她说里面空无一物，也看不到人影。我在门口等候时注意到后院有个人在那里扫落叶，我觉得对于上了年纪的当地人，还是用当地话与之交谈更能问明情况，于是再请盼盼去向他请教。虽然听不懂他们所言，但我从盼盼脸上绽放出的笑意，揣摩到应该是好消息。果真盼盼告诉我，她问清楚龚佳育墓的具体走法了。

原路下山，回到停车场后，我们沿着湖边路继续前行，来到了六和塔景区的入口处，到此门前不进入，此门的侧旁有一条登山小径，由此小径向山上走去。这条石板路景色颇佳，尤其路旁潺潺的流水清澈见底。今日的杭州一直阴着天，时不时地还会下一点儿小雨，但六和塔景区可能是因为有山遮挡，我们走到这一带时感觉十分闷热。虽然我带着瓶装水，但还是想倒掉瓶中的温水来接溪水饮用。盼盼阻止了我的鲁莽，她担心喝生水引起肠胃不适，故我只好忍着继续前行。

沿着小路向前走出不到二百米，就看到了禁止入内的告示，这是寻访中最不喜遇到的状况，我本想绕开继续向前，没想到旁边闪出了一位保安制止了我的行为。我马上走过去向他解释自己要找龚佳育墓，保安却跟我说："你找的是龚佳育墓吧，从旁边的小路右转。"看来，当地人还是读此字为 jiā。在这个岔口处我看到了路名牌，上面写着"六和塔牌楼路"。但我不确定是禁止入内的路叫此名，还是旁边的小岔路叫此名，然而我跟盼盼还是沿着岔路一直向山上走去。

就景色而言，这条岔路更为幽美：小路是沿着一条溪水蜿蜒上行，溪水两侧的植物生机勃勃。我边走边注意着路两侧的指示牌，沿途有不少的小岔路，几乎每个小岔路都有特制的标牌，可见西湖景区在硬件建设上下了不少功夫。每当遇到这样的标牌，我都会细看，却始终没有看到龚佳育墓的字样，这种状况令我心生忐忑，开始担心我们又走错了路。

彷徨间，迎面一位妇女骑车从山上冲下来，自行车左右两侧挂着两大桶水，因为道路狭窄，我跟盼盼躲到路旁给其让路。这位骑车人还是将速度慢了下来，盼盼立即问她龚佳育墓是否在前方。因为惯性，这位妇女的车子越过我们二人十几米后才停了下来，她认真地告诉我们说，要继续往前走，看到一块平地就是龚墓所在。

路途的正确令我二人有些高兴，于是继续向前走，果真在路边看到了"龚佳育墓景点简介"。站在简介牌前展眼四望，却完全看不

一路上行

到古墓的痕迹。此时又有两位打水人从山上走下来，我马上迎上前请教，对方称龚墓还要继续向上走。

沿着石板路继续前行，时不时地能够遇到担水之人。小径的前半段虽然有坡度，但石板路没有台阶，走到后半段时台阶渐渐多了起来，打水人都是将电单车放在台阶之下，而后徒步走到泉眼把水从那里担下来。我在一个泉眼处继续向打水人请教龚佳育墓所在，他同样能告诉我墓的具体位置。由此我得出了一个经验：这些到山上打水之人对这一带更为熟悉，因为这是他们常来之地。我还注意到他们是将一段硬塑料管接到泉眼上，再由此管把水注入桶中。

上山的小径因为处在峡谷之内，使人觉得更加闷热，我忍不住把矿泉水瓶递给那位打水人，请他帮我灌满一瓶，我已顾不得盼盼

站在介绍牌前却找不到墓

的提醒，接过瓶就痛饮起来。果真甘甜如霖，但瞬间就觉得肚子疼起来，这么快的反应应该不是细菌问题，估计是水温太低所致，这瞬间让我想到了近期流行的中年人手中的保温杯。

喝完水继续前行，刚走出不远，就听到了标准的提示语音，定神细看，原来在一个平台上立着纸板，我们的走近触动了它的感应器，它提示进山之人要禁止一切野外用火。就在这个提示板的右侧，我终于看到了龚佳育墓文保牌。

前往龚墓的山路上已经修造好了层层的台阶，沿着台阶一路上行，大约经过七个平台才走到了龚佳育的墓前，这些台阶越走越陡，墓的位置已经接近山顶。在路的两侧看到了几对石像生，其中一座石牌坊的横梁雕造得颇为精美，我感觉有些部件近期作过修补。张建庭主编的《西湖全书·西湖八十景》中对龚佳育墓给出了这样的

走到了平台上

介绍:"龚墓坐东北朝西南,墓区面积约960平方米,墓道长62.7米,依山势砌筑成七个台基,远远望去,有绵延不尽、深邃肃穆之感,气派威严。墓前方的华表、牌坊、碑亭、石羊、石马、石虎、石翁仲均保存完好。尤具艺术价值的是第四台基上的碑亭,共有两座,形制相同,分置于墓道两侧。全亭均用石条、石块砌筑而成,亭顶为重檐歇山式,檐角高翘,亭脊正中为葫芦形宝瓶,两旁各盘有一龙,龙须刻出三角形锯齿纹,这是清初瓷器中的龙纹装饰特点在建筑中的反映。整座碑亭形制奇特,优雅美观,在杭州极为罕见。"

这段话只是介绍了龚墓的大致情况,对于此墓的整体情况,该书中又有如下说法:"因龚墓原有景观效果较差,道路破旧,溪流景观杂乱,与附近六和塔景点不和谐。为此,从保护文物、整治环境入手,2002年开始实施龚佳育墓保护工程。在整修墓道、拆迁住户

形制奇特的碑亭

的基础上，工程充分利用山石、水体、植物等载体，结合山林清泉等组景，巧妙布局，塑造和体现自然和人文景观。同时以原有的园路为主游步道，其间穿插开辟次游步道，与弯曲的小溪若即若离，使龚佳育墓与六和塔两大景区串联成片，成为濒临钱塘江畔的西湖风景名胜区重要景点。"

　　看来我眼前所见乃是 2002 年整修后的结果，但基本上能够看出，当年的整修工作颇为专业，龚佳育墓所有的石构件都本着修旧如旧的原则。对于这些石构件的价值，我还是引用专业人士的说法吧。1985 年第 3 期的《杭州师院学报》载有陶水木所撰《清初光禄寺卿龚佳育墓调查报告》，该文对此墓进行了详细的丈量和解读，比如我所看到的那座石牌坊，该文中的介绍是："第二台基宽 14.6 米，进深 14 米，高 2.5 米，上置华表和牌坊，华表通高 5.23 米，原

碑的材质与
碑亭不同

立于牌坊前两侧，现已倒在地上，石盖及云板也已失散。华表的制作并不十分考究，只有顶部刻出卷云纹，牌坊全用石条砌筑，面宽4.05 米，台基平面至小额坊高 3.1 米。牌坊望柱，下为方形，中部起变为小八角形，大额坊以上刻出云纹，望柱顶上仁立'望天犼'石兽，张口呈怒吼状，这是清初石牌坊与望柱相结合的特殊形制，这种形制在北方地区较为普遍，这次发现，为江南地区提供了实物例证。"

　　龚佳育是南方人，为何他的墓葬却是北方制式呢？沈建中在《龚佳育：慎以持躬，勤以莅事》一文中对龚的生平有如下简述："龚佳育，初名佳胤，避康熙帝皇太子名，改名佳育，字祖锡，晚字介岑。祖上自曾祖至父亲，'皆隐居不仕'。龚佳育出生在明朝末年，他出生的前一年，明熹宗朱由校即位，而努尔哈赤建立的后金政权也已在他出生前六年创立。同时，明末农民起义风起云涌。明崇祯末年，龚佳育流寓北京昌平，亲历了明政权的灭亡。"

因为战争，龚佳育从杭州来到了北京的昌平。虽然没有功名，可是他努力上进，之后做到了甘肃巩昌府安定县县令，两年之后又回京为官，先后任户部主事和员外郎，之后又做到了山东按察使司金事和安徽布政使，而布政使已是从二品的高官。龚佳育在京时娶了顺天大兴人李氏为妻，清康熙十二年（1673）李氏病卒，五年之后，龚佳育将李氏之墓移到了西湖边的月轮山麓。康熙二十四年（1685），龚佳育病逝，转年他的儿子龚翔麟扶柩南归，葬父于母墓旁。陶水木在文中讲到了这一点：

> 龚佳育妻李氏，顺天大兴（今北京大兴）人，生于明崇祯三年三月，清顺治元年十五岁出嫁，康熙十二年卒于京师。卒后五年，移柩钱塘（杭州）葬于今月轮山麓。十七年后，龚佳育卒，第二年其子龚翔麟运柩杭州合葬于月轮山。龚妻于康熙三年（1664）初封"孺人"，康熙九年（1670）进封"宜人"，康熙十八年（1679）赠一品夫人。龚夫人性"庄静而明敏"，她"抚子女极慈爱，然教之特严"。她还是龚佳育的助手，志载：龚佳育在各地为官"悉以廉称，夫人实赞之，至斥卖钿珥不靳也"。

如此说来，龚佳育在北京成家，其妻又是北方人，所以他的墓为北方制式。龚墓的碑亭制式更为少见，陶水木在文中写道："第四台基宽27米，进深5米，高4.3米，两侧各置碑亭一座。碑亭面宽2.6米，进深2.38米，通高7.05米，两碑亭相距8.23米。碑亭全用石条石块砌筑而成，各构件互相衔接处都采用榫卯结构。四角重檐歇山顶，并雕有筒板瓦陇，勾头滴水，翼角高翘；四个脚柱，下为方形，宽30厘米，栏板以上柱子转角刻出弧度。角柱间栏板宽28厘米，外侧面都刻有三片荷叶纹，置于一宝瓶形器物上；碑亭阑额也凸雕二狮舞球。亭顶正脊长 1.65 米，正中刻制 28 厘米的葫芦形宝瓶，两端正吻刻出龙纹，两龙首相对，口中衔有宝珠；龙须刻出三角形锯齿纹，这是清初瓷器中的龙纹装饰特点在古建筑中的反映。吻高 47 厘米。碑亭雕刻精致，形制美观而又特殊，为杭州市所罕见，这次发现为研究杭州地区明末清初的建筑提供了宝贵的实物资料。"

眼前所见的碑亭确实有些独特，亭内的碑石与石亭所用的材质不同，其颜色发白，远远看过去我还以为是新近翻刻的，细看碑面的风化程度，却的确是老碑，不知道为什么在建墓之时没有使用同一种石料。碑亭所在之地坡度有些陡峭，也不知道当年的那些建墓人员是用什么方式将这些巨大的石材运到山上的。

墓两侧的石像生也基本保持完好，主要原因还是此墓处在少有人能够走到的山谷之内。正如陶水木在文中所言："西湖区文物普查工作队根据群众提供的线索，发现了清初光禄寺卿龚佳育及原配一品夫人李氏墓。龚佳育墓规模较大，构件保存完好，是迄今为止杭州市发现的构件保存最完整的古墓。"如此说来，20 世纪 80 年代初期，杭州有关部门做文物普查时尚不知道在山谷内还有这样一座大墓，他们是根据群众提供的线索，才发现了龚佳育墓。我猜测文中提到的群众，很有可能就是前来这里的打水人。

墓道的尽头已经接近山顶的位置，在此处看到了重新整修过的龚佳育夫妇合葬墓。墓接近于正圆形，以石块砌成，墓碑的落款是 2004 年，看来这是龚墓的最后整修时间。墓的顶端长满了绿植，盼盼说按照江南习俗，当地人每到扫墓之时都会将墓顶的草除去。江南雨水丰沛，估计一年的时间又会变得郁郁葱葱。既然如此，那为什么不将墓顶用石块封闭起来呢？想来其中必有讲究，只是我还没能搞清楚其意义所在。

虽然有完整的台阶，但一步一步地走到这里已经令我双腿发软。站在墓前回望，能够清楚地看到自己走过的路，咬牙坚持的结果还

龚佳育墓处在近山顶的位置

是能够给自己带来些许的成就感。龚墓背山面水，风景绝佳，想来也是十分难得的风水宝地，然而这样的福泽却没能体现在他的儿子身上，真不知道如何解读其中的因缘。

　　龚佳育之子龚翔麟清顺治十五年（1658）出生于北京，康熙二十年（1681）成为副贡生，而后进入仕途，三十六岁时成为陕西道御史。龚翔麟在御史任上弹劾过不少的名臣，比如《清史稿》卷二八二中有这样的记载："康熙三十三年，考选陕西道御史，遂疏请以诸税口交府县征收，著为令。寻命巡视西城。大学士熊赐履以误拟旨罢，复起为吏部尚书。翔麟疏劾：'赐履窃讲学虚声，前因票拟错误，嚼毁草签，卸过同官。皇上从宽，放归田里。旋赐起用，晋

位冢宰，毫无报称。其弟赐瓒包揽捐纳，奉旨传问，赐履不求请处分，犹泰然踞六卿之上。乞赐罢斥。'"

大学士熊赐履乃是康熙帝十分看重的名臣，龚翔麟照样对他进行弹劾，可见他跟父亲一样也秉持着廉洁正直的为官之道。正因为如此，《清史稿》讲龚翔麟的结局时写到了这样一句话："官御史十年，乞归，贫至不能举火，萧然不改恒度。寻卒。"

龚翔麟做过这么大的官，并且一做就是十年之久，辞官归里后却穷得吃不上饭，不免让人叹息。厉鹗在《东城杂记》中也有所记载："（龚翔麟）以贡士起家，历郎署，至南床。未几，罢归，贫甚，至举家食粥，未尝于监司郡邑有所干请，士论高之。晚年移家白洋池畔，自号田居。"

这至少说明，龚翔麟在为官之时没有任何的贪污腐败行为，同时还说明，其父龚佳育未曾给他留下丰厚的家产，否则他不会穷到这种程度。龚氏父子都有藏书之好，为此顾志兴先生所著《杭州藏书史》中专有一节的题目为"龚佳育、龚翔麟父子玉玲珑阁藏书"，对于龚佳育的藏书情况，顾志兴在文中写道："性喜藏书，曾见江宁学宫明德堂北，有藏书板残阙，佳育选诸生加以整理，补成完书数百卷，又雕《钦颁四书讲义》以行，藏书多达万余卷。"

关于龚翔麟的藏书状况，顾志兴在《浙江藏书史》中又称："玉玲珑阁藏书，除继承龚佳育万卷藏书外，翔麟喜金石书画，每有所获亦庋藏阁中。翔麟曾以家藏图籍为底本，刊《玉玲珑阁丛书》。"看来，龚翔麟是继承了父亲的藏书，而后又发扬光大，增添了自己的藏书。关于其藏书堂号的来由，顾志兴在其所著的《钱塘江藏书与刻书文化》中又称："家藏图书，人称甲于浙右。翔麟居杭州横河桥沈氏庚园，为杭州私人园林胜处，园中有玉玲珑石，为宋花石纲故物。翔麟购得沈氏庚园后，遂名其藏书处为玉玲珑阁。"这种说法也应当是本自厉鹗在《东城杂记》中所言："玉玲珑，宋宣和花纲石也。上有字纪岁月，苍润嵌空，叩之声如杂佩。本包涵所灵隐山庄旧物……后归龚侍御翔麟，因以名其阁焉。"

宋徽宗时，几位奸臣为了讨徽宗欢心大肆搜刮民财，其中以花石纲的采集最为著名，水泊梁山好汉的聚集就是由这件事而引起。当年大量的太湖石聚集到了开封，建成了著名的艮岳，金人打下开封后，艮岳上的太湖石大部分运到了北京，其余的就失散了，此后的文人雅士们均以能够得到其中一石为标榜。龚氏父子能够得到其中的一块，不知道当年花了多少价钱购得。对于这块石头的体积和来由，清姚礼在其所撰的《郭西小志》中称：

玉玲珑因石而名也。石本宋宣和花石纲物，上有字纪岁月。高数丈、大十围，苍润嵌空，扣之声如乐佩。向在包涵所，灵隐北庄青莲峰中。沈庚庵用夫数百牵挽之，历两月余始达其园。后归龚，遂以名其阁。龚为太常卿佳育子，风流淹雅。少日喜为乐章，出入梅溪、白石诸公。太常开藩江左，署有瞻园，即徐中山王府第也。禾中朱检讨彝尊、李征士良年、上舍符、沈明府皞日、上舍岸登皆在宾馆，酒阑棋罢，相与唱和。刻《浙西六家词》行于时。又嘱王山人翚写《瞻园旧雨图》。后以贡士

起家，历郎署，至南床。未几罢归。贫甚，举家食粥，未尝于
监司郡邑有所请。士论高之。晚年移家白洋池畔，自号田居。
园已易主，后归汪瀛波。展转今归豫章王观察。园中青皮松尚
存，犹沈氏故物也。然园虽屡更主，而玉玲珑之名终播于词人，
传之海内矣。

玉玲珑竟然达数丈之高，其体积之大令人咋舌。当年沈庚庵雇用了
几百人历时两个多月才把这块巨石运到园中。这块石头后来归了龚
翔麟，他当然对此十分喜爱，于是就将自己的堂号起为玉玲珑阁。
想来这块巨石应当价值不菲，龚翔麟能够买得起此石，说明他当
年也相当富有，但为什么晚年败落了呢？其中的缘由，值得深入探
讨。丁丙所撰《武林坊巷志》中在写到他所看到的《碧溪诗话》一
书时称：

> 龚蘅圃先生初居武林门内田家湾，故自号田居。其后得横
> 河沈氏之居，谓之玉玲珑山馆。所著《田居诗稿》十卷，予仅
> 见汪氏振绮堂有藏本。近从朱青湖案头得《田居诗续》三卷钞本，
> 末有一跋，乃乾隆癸未所题，不著姓氏。青湖云：此册得之陈
> 无轩学博，无轩又得之守愚明经，而未详其姓。录毕，以原本
> 归无轩。

如此说来，龚翔麟不仅买下了玉玲珑石，还同时将摆放此石的庄园
一并买了下来。能够摆放如此巨石的庄园，必是那个时代的豪宅，
龚翔麟能将其拿下，怎么会到晚年穷得吃不上饭呢？如果他把此处
庄园跟那块玲珑石一并售出，应当会得到一大笔银两，这就不可能
到达食粥不继的地步。事实是这处庄园的确售予他人了，清代大藏
书家吴骞曾写过一首与此有关的诗，该诗的题目颇长："横河舟次，
仲鱼出元椠本左克明《古乐府》共读。卷首有《玉玲珑阁图记》，盖

龚蘅圃侍御故物也。蘅圃旧居即在横河之侧。玉玲珑本宋花纲石，今尚无恙，而居址则数易其主矣。仲鱼索诗，漫题卷后。"

某天，吴骞跟藏书家陈鳣共同乘舟到横河去访书，陈鳣拿出一部元刻本的《古乐府》让吴骞欣赏。此书前绘有《玉玲珑阁图记》，可证是龚翔麟旧物。当年龚翔麟能藏有这么好的书，足见其藏书质量不低。吴骞在诗中称，他们所乘之船路过了龚翔麟的故居，那块玉玲珑石仍然在故居的院中，但这处院落的主人已经换过几次了。两人感慨着时移世易，陈鳣请吴骞为此写一首诗，吴骞就以此为题写出他那一刻的感慨之情：

> 射洪手持书一卷，谛审乃是田居藏。
>
> 篷窗相与吟且泛，悠悠直至横河旁。
>
> 河滨遥指千樟树，中有玉玲珑阁处。
>
> 碧瓦朱阑照夕阳，牙签缃帙纵横布。
>
> 夕阳奄忽下西山，异书流落还人间。
>
> 郐侯三万手未触，买得翻教增浩叹。
>
> 神仙不待脉望变，儿孙迸共烟云散。
>
> 只道门庭尚如昔，谁知几易新台观。
>
> 盛衰倚伏果何常，此阁此书空断肠。
>
> 凭君更制新乐府，与唱玲珑花石纲。

关于龚翔麟的藏书之好，除了父亲的影响，还跟他与一些藏书家的交往有一定关系。张明华在《黄虞稷和千顷堂书目》一书中写道："俞邰曾在江宁龚方伯（佳育）家坐馆，教其子蘅圃（翔麟）读书。龚方伯，杭州人，亦是一位'性喜聚书'的藏书家，人称'龚家藏书甲浙右'，康熙五年任江南布政使司布政。龚方伯又喜刻书，'江宁学宫明德堂北旧有藏书板残阙，公（方伯）选诸生磨勘，补完成书数百种，又雕《钦颁四书讲义》以行'（《碑传集》）。俞邰在龚家，见到不少未睹之书。当时的龚翔麟是个孩子，俞邰向他开蒙，便有足够的时间用来看书和校书了。"

黄虞稷是著名的藏书家，曾经在龚佳育家做家庭教师，学生就是龚翔麟，想来黄的藏书观念也会影响到龚翔麟。有一段时间朱彝尊也在龚佳育的幕中，朱彝尊既是一位著名的词人，同时也是极有成就的藏书家，想来他在这两方面都会对龚翔麟有所影响。朱彝尊教给龚翔麟作词之法，同时也鼓励龚翔麟刊刻词集，于是就有了《浙西六家词》之刻。此书收录了朱彝尊《江湖载酒集》三卷、李良年《秋锦山房词》一卷、沈皞日《柘西精舍词》一卷、李符《耒边词》二卷、沈岸登《黑蝶斋词》一卷和龚翔麟《红藕庄词》三卷。

关于龚氏父子的藏书规模及其藏书特色，因为没有书目流传下来，至今难知其详，但通过其他的文献也可以间接了解到一些信息。他们曾经收藏到一些难得之本，丁丙所撰《松梦寮文集》中有一篇《云林寺〈贝叶经〉跋》，这篇跋语颇长，讲述了一个曲折的故事，该跋中首先称：

> 忆咸丰己未八月九日随杨枌园师奉香三竺，归憩灵隐，登借秋阁，瞻礼《贝叶经》。肌理莹滑，梵文奇古。数之，仅四十三番。所传第八十七面有小楷横书"咸平三年七月十九日进"，未获睹。亟询阁主，乃出戴鹿床侍郎题一笺云："某日阁中僧雏戏，将'咸平'二字剪去，且析叶为二。迨师见怒责，已无及矣。今以纸裹此残叶，聊存旧迹云尔。络系崇祯马钱，亦为人易去。"（《龙泓歌》中"上下平齐夹轻木，纽以绀文昔代钱，马奔阴缦铜姿活"，指是也）护经木面之腹粘纸尚存（上左书"贝叶经"三字，下右书"古佛弟子冯武敬藏"。下扣冯武私印字"立陵"。龙泓尝称其字印气韵妍雅，当是明季人也）。

云林寺即今之杭州灵隐寺，清咸丰九年（1859），丁丙在灵隐寺看到了用梵文书写的《贝叶经》，他曾经听说此经上有汉文书写的咸平年号，但是见到这部经时，上面的汉文年号却没有了。藏经阁的管理者告诉他，是一位不懂事的小和尚把这个年款剪掉了。这真可谓暴殄天物。此经还附有一册后人的题跋，其中有篆刻家丁敬在六十六岁时所写之跋，称"但愧懵昧梵字"，遗憾于自己不通梵文。

丁丙在此跋中又谈到了太平天国战争对当地文化的大破坏。清同治三年（1864），战争结束后，他再到灵隐寺内："比至借秋阁，则荒秽不容趾。屋角卧一残僧呻吟中，叩其遗弃，始知龙泓诗册稿卷与剪残二叶皆毁失。而所谓四十三番之贝叶，神物拟呵，焕然俱在。因略舍佛前钱，嘱善护之。仲冬之朝，忽一僧持此经来言，所见病僧已化去。临寂时言，此经与一居士先后□缘，嘱以经归余，而乞余任集药饵龛葬之资。余悚然如其嘱，而收其经。暇日乃检砚林遗稿及诸老诗歌，求袁爽秋孝廉补录长卷，钤以龙泓刻印，置之稿本故匣中，仍付阁僧，与经并弆，如婆人失珠复得云。病僧名字，忽忽失记。没其守护之功，罪过罪过。越翼日，捡箧藏咸平元宝钱为经策之绦系，聊以补沙弥剪残之憾云。癸卯重阳既成此卷，将归云林，忽忽未果，仍藏寒居。"

太平天国战争中，虽然灵隐寺被破坏得很严重，但是这部梵文所写的《贝叶经》却被一位僧人保护了下来。僧人因为受伤而躺在那里痛苦地呻吟着，丁丙拿出些钱施给此僧，并请他认真保护好这部珍贵的《贝叶经》。后来，有一位僧人拿着此经来见丁丙，丁丙才知道那位受伤的僧人故去了，去世前感念丁丙对他的帮助，故而让另外的僧人拿此经来给丁丙。丁丙将此经仔细修整一番，而后想到了龚翔麟的诗集中也谈到曾见此经之事，于是写道：

去冬得龚蘅圃侍御《田居诗稿》，中有《妙香阁观〈贝叶经序〉》云："经凡四十四叶。叶长尺有二寸，广寸许。横书梵字于上。计字二万二千有奇。其末真书'咸平三年七月十九日进'。中穿一孔，以韦编之。流传阁中不知几何代矣。曾有番僧见之云，此西方《妙法莲华经》也。焚香作礼，跽诵一遍而去。"诗云："贝叶韦编世罕传，虫书鸟篆迷依然。分明有笔疑非墨，顿司无言主是禅。万里流沙来净渡，千秋遗教露真诠。过江岁月知多少？只识咸平入洛年。"始知为《妙法莲华经》。龙泓老人自谓懵昧梵字，未辨摄自何藏，殆未睹此诗欤。

龚翔麟在此诗序中明确地说，这部梵文所写之经乃是《妙法莲华经》。龚翔麟是怎么知道该经的名称呢？难道他认识梵文？但既然他说得如此肯定，想来不会有错。由这段跋语可知，龚翔麟对藏书之事颇为上心，每到一地都会去探寻善本真迹，并且进行研究。可惜的是，他究竟藏过哪些书，到如今难知其详了。龚翔麟的遗迹我无处探寻，他所刻的《绝妙好词》寒斋倒是藏有一部，此书刊刻的字体颇近明末惯常所用之体，看来在刻书方面他也有坚持传统的一面。龚佳育的旧物我却未曾得到，故只能通过这样三次寻访，来表达我对他的敬意了。

李馥

收书江南，印讖而散

陈康祺在《郎潜纪闻》中对李馥的藏书事迹有如下记载："泉州李中丞馥，抚吾浙时，收书极富，一时善本，齐入曹仓，每册皆有图记，曰'曾在李鹿山处'，后缘事颂系，群书散逸，人以为印文之讖，然亦达已。"

明清时期，江南藏书最盛，李馥任浙江巡抚，如此高官，在当地收书当然最为便利，故对其藏书情况，陈康祺以"极富"二字来形容，并且说当地出现在市面上的善本基本上都归了李馥。陈康祺还特意点出李馥有一方藏书章的章文为"曾在李鹿山处"，鹿山为李馥之号，由此可见，李馥的藏书观颇为通达，有着"曾经我眼即我有"的洒脱。

李馥后来因为涉及官司，所藏大多散佚，陈康祺将此与"曾在李鹿山处"这方藏书印联系起来，认为是章文不吉，一语成讖，既然是"曾在"，就意味着李馥在钤盖此章时，就有着终有一日散去的心理预期。事实是他确实不幸而言中了。

其实有不少人都刻过类似的章文，比如大藏书家周叔弢就有一方"曾在周叔弢处"章，后来寒在堂故物大多归了公馆，也的确符合了这方章的本意。其实拓宽来讲，哪位大藏书家的旧藏之物不是基本上都归了公共图书馆呢？如果把此语视为印谶的话，那么它并非李馥独有。

更何况，李馥的藏书章并非仅此一方，王长英、黄兆郸编著的《福建藏书家传略》中转引了记者林秋明的考证，文中提及现存于福建师范大学图书馆的李馥《居业堂诗稿》清稿本中，就钤有多方李馥的藏书印："钤有李馥的藏书印章不仅有'曾在李鹿山处'，还有'鹿山李馥''信天居士''居业堂''过眼云烟''不贪珍宝''生事不自谋''舍书百不欲''书魔惑''见客惟求转借书''福州李二使''官贪心其安''笔山阁藏书记''玉融翰墨'等印章。"

陈康祺所言经常为后世所引用。其实无论什么宝物，都难有只聚不散的道理，当年赵明诚、李清照伉俪搜集了大批古物，后来南渡时也是损失大半，李清照在《金石录后序》中说："然有有必有无，有聚必有散，乃理之常。"

我特别佩服李清照的达观态度，有与无相对，她形象地解读了老子在《道德经》中所言："故有无相生，难易相成，长短相形，高下相倾，音声相和，前后相随。"一切都是比较而言，没有无哪里来的有，反之亦然。所以我效仿前贤，也刻了一方类似的藏书章"曾在韦力家"，然我却并不担心印谶之说。我最为喜爱藏书家孙文川的那方长达一百七十字的藏书印，这里且录出来与大家一起欣赏：

> 宝翰垂千秋，人无百年寿。
>
> 展玩聊自娱，岂计收藏久。
>
> 我闻唐杜暹，撰铭书卷首。
>
> 鬻借为不孝，惟属后人守。
>
> 又闻赵吴兴，作诗题卷后。
>
> 但禁他室买，戒以弃勿取。
>
> 二公诚爱书，而我意则否。
>
> 子孙为凤麟，嗜古意必厚。

我爱彼更珍，搜采成丛薮。

何待我留贻，彼自能寻剖。

子孙若豚犬，压架已孤负。

摧烧或化薪，弃置更覆瓿。

尤物遭轻亵，贻者执其咎。

不如付赏音，什袭重瑶玖。

品题增光辉，益令传不朽。

由来天下宝，不妨天下有。

但祝得所归，勿落俗士手。

正如孙文川所言，有些历史典籍流传到自己手中之前，已经在诸多前贤那里流传了几百上千年。人很少能够活过百岁，但是人们对未来总有美好的期待，大多数藏书家都希望自己辛苦搜集来的珍贵典籍能够长长久久地流传于后世，所以有不少的人会把青铜器上常见的一句铭文"子子孙孙永宝用"，作为章文钤盖在书上。

就典籍的流传来看，大多数藏家之藏都是一世而散，像天一阁那样能够在一个家族内延续四百六十余年之久，既是藏书史上的奇迹，也是孤例。这正说明了聚散乃是常态，有聚也必有散，只要典籍能够一直流传下去，何必在意哪个环节到了谁的手中。这也正如孙文川所言天下宝天下共有之，自己心爱的藏书落入不肖子孙之手，还不如让它们流散出去，流入一位爱书人之手，也是书之幸事。李馥能有这样的藏书情怀，正是其值得赞赏之处，无须以印谶来解释之。

徐珂《清稗类钞》中对李馥藏书亦有记载，其小节题目为"李鹿山藏书多善本"，可见其藏书水平之高，被后世广泛关注。徐珂的这段文字并不长："泉州李中丞馥抚浙时，收书极富。一时善本，齐入曹仓。每册皆有图记，曰'曾在李鹿山处'。"这段话基本是抄自《郎潜纪闻》，但徐珂恰恰去掉了出处中的印谶之言，此亦可见徐珂的达观，说明他并不相信陈康祺所言的印谶。

关于李馥的生平，乾隆《福州府志》载："李馥，字汝嘉。福清人。康熙甲子举人。任工部员外，转刑部郎中。以治九门提督陶和器狱，有声，出守重庆郡。经流寇乱后，田赋无考，馥履亩清丈，侵占弊息。迁河东运使，调苏松常镇道、晋江苏按察。制府擒治奸民，株连百余人。馥察其冤滥者，尽白释之。转安徽布政，巡抚浙江。时亢旱，请截漕二十万，民不知饥。又，漕米例用白粮。馥疏请兼用红白，民便之。以失纠属员去任。馥家素封，义所得为，必勇为之。在官以廉慎称，家遂中落，归田二十年。借屋以栖，怡然自然。与士大夫文酒还往，年八十余，重宴鹿鸣。又数年卒。"

这段记载主要是关于李馥的政事，嘉庆《大清一统志》对于李馥的记载，也是他的政绩，可见他是一位能吏。关于李馥为何惹上官司，大多资料都语焉不详，李客山在《送李鹿山先生归福州序》中有如下说法："鹿山李先生，既解浙抚之任，则寓居吴门。时奉世宗皇帝命偕侍郎黄公协修松江海塘。先生贷藩库钱应役，以产入官，不足于偿，遂留滞不克归。今天子即位，邀恩宽免，得起官，而先生且治装返故里。盖先生年七十余矣。先生籍闽之福清，为巨族，饶于资。通籍后历宦，所至携家困以给食。既解组复多赔累，迨海塘工竣，资磬竭焉。呜呼！先生可谓穷于宦矣。"

李馥原本是福清望族，却因贷款修建松江海塘而破产，为公家做事借的钱，竟然要由个人来偿还，以至于让家族衰落。好人得到这样的结果总是令人感慨，好在李馥为人达观，即使是因公破产，依然能怡然自乐。李客山在《送李鹿山先生归福州序》中写道："先生智识超旷，于禄位升沉不少介意，虽蹈轊轲履艰危，无戚戚之色。在吴门日，尝终日不举火，而啸歌自若，手一编不释。果一日过先生所，有顾君受基在座，先生顾之曰：'今日未知何处索米。'因相视而笑。"

那时的李馥已经穷困到连吃饭都成问题，却依然终日手不释卷，可见他对书是何等之痴迷。对于他的藏书心态，《福建藏书家传略》

中写道:"李馥在浙江任巡抚期间,留心搜访流失于民间的善本书籍,一时善本齐入他家。至李馥罢官归里时,他两袖清风,箱子中唯书籍而已。他对图书极其痴迷,在其诗中多有表现。如'草满窗中总不除,囊空抵死欲营书。斯文结习难消化,多恐前身是蠹鱼。''白首穷弥坚,青灯老终矢。''阅世冷看三尺剑,斋心静对一床书。'李馥曾游历山河,即使是在旅游的途中,他也注意收罗、购买古籍善本。"

正史中很少提及他藏书之事,好在《重纂福建通志》中谈到了:"与福州知府顾焯倡平远诗社,文酒往还,怡然自乐。好藏书,多善本。重宴鹿鸣,年八十四卒。"郭柏苍所辑《竹间十日话》中亦提及李馥藏书之富:"李馥,字汝嘉,福清人,郁之弟也。郁五子科甲。康熙甲子举人,历官浙江巡抚,为人和厚谦谨,所至有贤声,家居藏书甚富,乾隆甲子重宴鹿鸣,年八十四,有《李鹿山集》。"

李馥因家财耗尽,只能长期滞留于苏州地区,直到晚年得到皇帝宽宥,再次被起用为官,但此时的李馥已经七十余岁,只能辞职返乡。虽然藏书大多已经售出,但毕竟还有不少的留存,他将这些旧藏带回了家乡。返乡之后,李馥重整旧居,又建起了藏书之所,其中一个堂号为笔山阁。而关于他返回家乡建藏书楼之事,高熠、张美珍在《李馥及其藏书》一文中写道:

> 但《中国藏书家辞典》却称他"留在吴中十四年,游于九仙乌石、南江西峡之间,收罗古籍善本"。一字之差,谬之千里,因九仙、乌石,即福州三山中的二山,且"游九仙乌石南江西峡之间"句,原文见沈文悫《送李鹿山大中丞归里序》,全句为"一旦仍返故乡,遨游九仙乌石南江西峡之间,其乐何可涯量!"

对于这件事,叶昌炽在《藏书纪事诗》中引用了沈文悫在《送李鹿山大中丞归里序》中所言："福州李公，弱冠为名孝廉。既仕官西曹，以守法称。出任宪副于蜀，移辕江左，旋任臬事，晋方伯，开府于浙。解组去官，留滞吾吴十有四年。丁巳夏归福州。公去家三十年，一旦仍返故乡，遨游九仙乌石南江西峡之间，其乐何可涯量！"

由此可知，《中国藏书家辞典》中所说乃是本自此序，只是作者未曾留意这是李馥回到福州后的事情。

关于李馥的藏书状况，因为没有书目流传下来，今日难知其详，叶昌炽在《藏书纪事诗》中将李馥与郑杰、刘筼川并为一首诗：

> 打鼓排衙花簠铺，闽然文采老於菟。
> 达人何必推书谶，琐琐昌英二十厨。

叶昌炽在诗注中提到李馥散出之书有一些为郑杰所得，并举出了元刻本《晏子》一书。对于李馥藏书的进一步情况，《李馥及其藏书》一文中有如下列举："李馥一生藏书有多少，现已无考，史载他因事讼系时，书多散佚，但从他留传至今的善本不比与他同时代的林佶少看，他当时收藏的书也应不比林佶少。与林佶不同的是，他所收集的书，大多是外省前辈藏书家的藏书，这对我们福建能多增加一些善本书籍作出了贡献。这些书有：明嘉靖四年（1525）刻本《新序》十卷、明嘉靖间刻本《全蜀艺文志》十四卷、续编五十六卷（缺卷二十至卷三十一）、明万历三年（1575）刻本《洪武正韵》十六卷、明万历二十三年（1595）刻本《尚书日记》十六卷、明万历刻本《檀弓辑注》三卷、明内府刻本《书传大全》十卷、明崇祯汲古阁本《焦氏易林》四卷、精钞宋嘉定十四年（1221）许兴裔刻本《复斋易说》六卷等十多种。"

返回家乡的李馥在清乾隆九年（1744）去世了，终年八十四岁，在那个时代他属于长寿之人，而经过了那些磨难，还能够如此长寿，也足见其胸怀之宽广。他的墓虽然遭到过破坏，好在仍有遗迹留存。

毛胤云编著的《史迹福清》写道："李馥墓位于福清市三山镇安前村圆满自然村西安水库旁，墓为三合土构成，平面呈'凤'字形，面朝东北。大墓在中华人民共和国成立后已遭受破坏。据当地老人回忆，当年墓室被打开，墓内的随葬品金银器、玉器及少量的瓷器当场被瓜分，现已不知所踪。"

2019年4月9日，经中共福建省委党校林怡教授安排，我们前往该地探访李馥墓，一同前往者还有该校的林星教授。我们从福州开车前往福清，先到三山镇东埔村西里自然村去看李氏祠堂。此前，林怡老师已经跟中共福清市委宣传部的周梅女士取得了联系，故我们到达该祠堂时，周梅已经与该村的相关人士做了相应接洽工作，经周梅介绍，我们在祠堂门口见到了多位李馥后人，因为人数太多，一时未能记下姓名。

从外观看过去，李氏宗祠是新近修复的，屋脊上的彩绘颇为鲜艳，上面的图案绘制得很细腻。走入祠堂之内，众人先搬出了一块刻石，他们告诉我，这是李馥的墓志铭。这块墓志铭的刻法与他处不同，我感觉更像碑记，刻石的碑额上用篆书刻着"皇清诰封赠通奉大夫崇祀乡贤凤坡李公偕"。

屋脊上精美的彩绘

李馥墓志铭的形制

墓志铭上刻的字迹较小且浅，辨识文字颇费眼力，于是马上有人拎来一桶水，用抹布擦拭此碑，上面的字迹立刻清晰了起来，墓志铭下方的文字介绍了李馥的生平。

看完墓志铭我们又参观了祠堂，但从里面的情形看，这座祠堂的建筑格局颇像几十年前乡里的大礼堂，因为祠堂的正前方不是祖宗牌位，而是一个面积不小的舞台，祠堂内也画了许多壁画，图案颇为喜庆。祠堂虽然是钢筋水泥建筑，但里面的立柱被涂成了红色，看上去像是古代建筑中的顶梁柱。有些柱子上写着对联，比如有"承尊祖训仁义智信文章华国恒裕厚康；建基垂统忠孝贤良鸿才菽起瑞呈祯祥"，想来是当年祠堂立柱上的原句。

参观完后，众人一同前往李馥墓。走出祠堂，看到门口停着多辆车，刚才来时这里还是空的，没有留意何时开来了这么多车，而后众人纷纷上车，一同向村外驶去。为什么要这么多人陪同前往，我颇感诧异。乡里的几位老者向林怡解释了一番，当地方言我一句也听不懂，林怡听完后翻译给我听，她说今天正赶上李氏后人给李馥扫墓的日子，所以他们邀请我们一同前往。

这样的巧合当然令我很兴奋，这些年来我还真没有遇到过给藏书家扫墓的场景。此刻我坐在车上，前瞻后望，想要看看他们沿途有哪些举动。前行不到两千米，车队停在了路边。展眼望去，这一带是视野开阔的丘陵地带，零星地长了一些低矮的小树。众人下车后，空旷的丘陵上一下子多了几十人，使得这片略显荒凉之地顿然有了人气。他们打开每辆车的后备箱，从里面搬出一箱箱的物品扛在肩上，而后走入田地中。我马上问是什么情况，林怡立即问当地人，而后告诉我说，他们扛的是鞭炮以及祭品和矿泉水。

我们三人也跟随着队伍走入田地中，远远望去，田地的另一头有几棵高大的树，想来那里就是李馥墓所在。走在半途中，遇到了一个直径两米的土丘，我感觉这也应当是一座古墓，墓顶上长着一棵绿色植物，上面结着一些奇怪的果实，看上去有点像无花果，却比无花果大许多，细看树叶也和无花果不同。我向村中老人请教这是什么树，但老人家也不清楚该植物的具体名称。我的好奇引来了几个村民围观，他们纷纷说这棵植物长在这里已经多年了，村里人都不知这是棵什么树。林星用手机拍照后予以识别，但拍了几次却出现了几个不同的结果。林星又把照片用微信发了出去，之后告诉我说此树名薜荔，又名凉粉子、木莲等。众人纷纷质疑这个结果的准确性，林星不紧不慢地跟众人说："我问的是我先生，他是研究植物学的，并且就在相关部门工作。"她的话顿时令众人安静下来。

村民们终于知道了这棵植物的名称，既显出满足之色，也有满足后的失落之情，于是我们边议论边继续向丘陵的深处走去，走到丘陵的顶端后又下行，前行不远，就看到了重新修复好的李馥墓。此墓的正前方有一个小型水库，从风水上看，李馥墓背山面水可谓绝佳。

走近水库时，我远远地看到水中站立着几个人，等走到水边，方看清是几个石像生立在水中。村民们告诉我原来这里的石像生更多，但前几年被人盗走了一部分，偷盗的方式竟然是派吊车前来操作，后来村里人对此多有留意，之后就再没有发生被盗事件了。

他们所说的这件事，《史迹福清》中也有记载："大墓上的石头，包括墓道碑、墓碑及石供桌等都被抬去修建水库。现大墓仅剩三合土框架，墓穴内杂草丛生，墓埕也被开垦为农田。墓前50米处原为大墓的墓道，后被修成水库。2010年4月文物普查时，水库中仍然遗存有石翁仲二尊（文、武各一尊），高约2.5米；石马二尊（其中一尊倒在地上），高约2.2米；石虎一尊，高约1.2米。2013年2月武官石翁仲遭窃。"

书中还配有相应的照片，其中一张照片显示在水中立有一尊武官石翁仲，如今这尊武官石翁仲确实没了踪影，但水中的石马却仍然立在那里，这匹马的身后还立着一尊石翁仲，只是他的下半身已没入水中。

在我们探看水库的过程中，李馥的后人拆开一箱箱的鞭炮，将鞭炮一条条地展开，平铺在草地上，远远望过去，像是在李馥墓前拉起了一条条红彩带。每条鞭炮的长度至少有十几米，想来每一条都有万响之多。我站在旁边，等着鞭炮燃放时发出的巨大声响，忽然间就想起了阿Q等着竹杠落下来敲到头皮上的那一瞬间。

以我的想象，来了这么多人，又带来了大量的祭品，祭祖仪式也会繁复而隆重，我很想看看祭祖仪式有哪些环节。然而他们操作的方式比我想象得简单许多，他们并没有进行集体祭拜，也没有人

李氏后人回到李馥墓前

喊口号让众人做整齐划一的跪拜，仅是让其中的几位年轻人点燃鞭炮，很快李馥墓前鞭炮声响成一片，滚滚浓烟迅速扩散开来，使得这片空旷之地"硝烟弥漫"。

鞭炮响完之后，浓烟渐渐散去，宽阔的田野又恢复了往日的平静，我的听力也渐渐恢复。这时李氏后人纷纷围拢在李馥墓前的平地上，扛过来一箱箱的食品，同时拿出几个铝盆，将一些食品倒入盆中，其中有肥肉、蛏子、蛤蜊，还有一些切开的面包，而后拿出一些一次性木筷，众人纷纷夹起盆中的食品塞入面包内，而后大快朵颐。这种吃法有些像三明治或者热狗，也有点像北方流行的驴肉火烧，但是在面包里夹海鲜，我还是第一次见到。

我原本以为这些带来的食品要首先给李馥上供，进行集体祭拜之后再食用，但如今的李氏后人似乎完全不在意这些繁文缛节，他们边吃边聊天。虽然我听不懂他们的方言，但从表情上能够感觉到他们聊着愉快的事。这一刻让我想到了电影《少林寺》中那句著名的台词：酒肉穿肠过，佛祖心中留。我觉得这种拜祭方式很值得赞赏：形式并不重要，重要的是祖先永留心中。

因为我们是客人，所以有几位李氏后人夹好食品递了过来。我一时还不能适应面包夹海鲜，虽然说面包夹肥肉我也没吃过，但至少可以将其假想为肉夹馍，只是那厚厚的肥膘让我担忧自己的血脂会升高，故对递过来的肉夹馍一再谦让。见此情形，林怡走到我身边悄悄说：这种场合一定要将其吃下去。我觉得她的话肯定有道理，于是发扬了"大无畏"精神，努力地将这个奇特的食品几乎不咀嚼地一口口吞咽下去，以此来表达我对李馥的

李氏后人扛着整捆的鞭炮

敬意，而我的行为得到了李氏后人赞许的目光。

祭拜完李馥墓，我们跟随车队回到村中，村中的几位老人又带我们去探看李馥故居遗址。周梅女士介绍说，现在该村已经迁到了旁边，原本的村落基本已经废弃，她带着我们步行穿入老村落中，在这里看到了大批倒塌的房屋。走到西里 19 号院时，其中一位妇女颇为激动地说，这就是她们家的旧居，于是我请她站在旧居门前拍了一张照片。透过镜头，我看到她一脸笑容，她的情绪感染了我，让我觉得这些破败之物看上去的确很美，但是入内观看时，我觉得在居住舒适度上，还是没有新居便利。

旧村中的很多房屋都是用不规则的石块砌成的，看上去颇具画面感。我跟林怡老师感慨，如果能将这些旧居改造成古村落民居，想来会有不少的城里人来此休闲度假。周梅女士则说，这样的改造会涉及一些产权问题，而这些问题并不容易解决。一同前往的村主任则解释说，旧居改造不如直接盖新居省事。看来有很多问题貌似简单，但要想做出更多的改变，仍然需要顶层设计。

穿过旧村，来到村子的另一侧，这一带有一片几亩大的空地，

修复后的李馥墓

空地上长满了杂树，村主任解释说，这里就是李馥故居遗址。我走到近前，能够看到一些石块砌起的残垣断壁，我围着这块空地探看一番，已经看不出旧居原来的形制。在返回的路上我还看到了一座小庙，村主任介绍说这是违章建筑。我在小庙的旁边看到一些水泥柱础，看来这里仍然计划进一步扩建。

参观完李馥旧居遗址，我们向众人道别，感谢他们的热情接待，同时也感谢周梅女士的周到安排，之后驱车回返。在返回途中，我们看到半山上有一座新建的庙，于是决定到那里探看一下，看看是否与李馥有关。

走到近前，我看到这座寺的外观跟李馥祠堂颇为相像，门楣上刻着"鹿山寺"字样。李馥号鹿山，不知此号是否与该寺有关。乾隆《福清县志》中载有李馥父亲的善举：

> 李日燦，字尔弨，西李人。性任侠，乐于施予。邑文庙学宫圮，日燦捐资修葺，殿庑门墙，闳崇焕发。启圣祠、明伦堂一时并举。复新名宦、乡贤祠，建兴贤、仰圣坊，费三千有奇。又省中第一楼东有文昌阁，地久为民所侵，日燦赎还，建雕墙

李馥故居原址

鹿山寺的外观与李氏宗祠颇为相像

峻宇，遂为会城壮观。康熙壬午，邑绅士佥请列宪，崇祀乡贤祠，后以次子馥贵，累赠资政大夫。三子，国学生郁，居家孝养备至。郁子九人，长若泌，童年登科；次若采，登进士；三亨，四若庚，五大廉，俱登科，五桂齐芳，为一时称盛云。

李日燦捐款建造了那么多公益建筑，但此文中并未提及他建造有鹿山寺。寺门紧闭，我们无法入内探看里面有没有相应的介绍，意外的是鹿山寺门楣旁竟然也有门牌号，上面写着"埕边村西安80号"。寺旁边的空地上立有《重建鹿山寺碑记》，两块碑中间有一个方洞，想来曾被作为他用。我在上面寻找一番，未能找到李馥之名，似乎该寺乃是清嘉庆十八年（1813）后重建，从时间算，该寺与李馥无关。但他为何号鹿山呢？这件事只能等待我找到进一步的史料再解惑吧。

裘曰修

长于治水，书归柯氏

裘曰修在清乾隆三十八年（1773）十一月任四库馆总裁，然而查看相应的史料，关于裘曰修在四库馆的作为却少有记载。其中的原因，陈晓华在《〈四库全书〉与十八世纪的中国知识分子》一书中写道："颇为遗憾的是，裘曰修于乾隆三十八年二月十一日入四库馆，旋即去世。因此，袁枚的诗作很少言及裘曰修与四库修书有关之事。裘曰修的入馆即终，也体现出四库馆为乾隆示意恩宠之所的特征。清代文臣以入翰林为荣，翰林以入馆为耀。"虽然裘曰修去世得早，但也不能说他在修撰《四库全书》方面完全没有贡献，当年戴震入四库馆就是他举荐的。

当时汉臣能在四库馆任正总裁，那必定是在学术上有着声誉的高官，裘曰修能任此职，足见乾隆帝对其何等之恩宠。

从裘曰修一生的经历来看，他考中进士在朝中为官，虽然所任之官职责不同，但他也参与了重要书籍的编纂工作。袁枚为他写的《太子少傅工部尚书裘文达公神道碑》中说道："公本以文学受知，始终与书局相终始。与纂《西清古鉴》《钱录》《石渠宝笈》《热河志》诸书。而最后为四库全书馆总裁。上以书法近宋臣张即之，以内府张书《华严经》残本，命公足成之。有奏疏、诗、文若干卷。"

对于裘曰修的生平履历，经学家戴震为他写过一篇《光禄大夫工部尚书太子少傅裘文达公墓志铭》，这篇墓志铭简明扼要地介绍了裘曰修一生的重要事迹，比如谈到裘曰修学业方面的事迹，该铭写道："公自少能文章，虽操笔疾书，而气象容与往复，得宋欧阳氏之度。兄弟四人，公为季。性笃孝。为诸生，举优行，荐博学鸿词，中乾隆己未进士，由编修迁侍读学士，充讲官，历詹事，命南书房

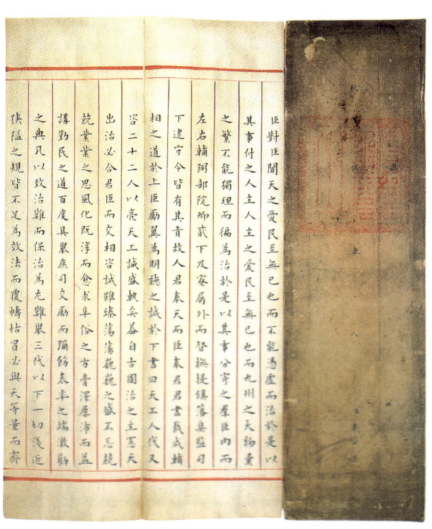

裘曰修殿试卷

行走，而余与公同直内廷，于今三十年。"

裘曰修年轻时就是位写文章高手，写作速度很快，文风有着欧阳修的气度。因为他的好名声，所以他曾经被推举去参考博学鸿词科，而后又考中了进士。又因为他工作勤勤恳恳，得以在朝中一路高升。关于他的任职经历，墓志铭中有如下论述："公迁内阁学士、兵部右侍郎、吏部右侍郎、入军机处，历户部左右侍郎、仓场侍郎、顺天府尹、礼部、刑部、工部，三侍经筵。中间丁卯典湖北试，壬申、己卯两典江南试，庚午、癸酉两典浙江试，丙戌充会试总裁。公受上特知，一出塞至巴里坤，又屡奉命往河南、山东、江南经理河渠。"

官场向来凶险，裘曰修何以能如此顺遂，未曾受到打击呢？墓志铭中透露出这样一个信息："公素乐易有大度，自号漫士，人亦易亲之。生平未尝言人过，见失意者即恻恻于怀，必曲折代筹，俾得其所。在户部久而囊橐萧然，所入辄随时施与，尝质衣物度岁，人不知也。"

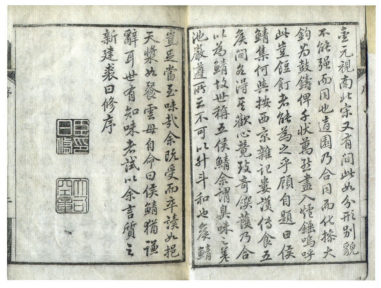

（清）李友棠撰《侯鲭集》十卷，清乾隆静香阁刻本，裘曰修序

　　裘曰修人缘好跟他的性格有很大关系，因为他能够谦让他人，平生只说别人好而不道他人的短处，并且尽其所能帮助失意之人。更为重要者，裘曰修还是一位清官。虽然他做过多个部门的高官，却常常将所得或帮助或施舍他人，以至于某年过年时缺少费用，悄悄典当衣物度岁。

　　裘曰修的最大政绩主要表现在治理河道方面，我所查到的资料，大多对此有着详细记载。比如《清史稿》卷三二一载：

　　　　曰修至山东，偕巡抚鹤年疏请培馆陶、临清滨运河诸州县民埝，官给夫米，令实力修补。

　　　　……

　　　　曰修复至安徽，议浚颍州府境与河南连界者六水，在府境者四水，加疏宿州境睢河，并宽留清口坝口门……二十五年，授仓场侍郎。

　　　　……

　　　　二十六年，河决杨桥，命如河南勘灾赈，并议疏泄。曰修请广设粥厂，饥民便就食；量增料价，料易集，工可速蒇：上皆可其奏。上遣大学士刘统勋、兆惠督塞河。

　　墓志铭中也对此有着大段的描写。裘曰修何以在治水方面有如此多的经验呢？其实裘曰修并非这方面的专家，他能取得治水的成就，主要是能够听从有经验者的建议。墓志铭中称："公治某水，有田夫如欲有言者，突至前，官属呵退之，公呼之进，与语，竟得地势高下之宜，后久而不败，凡公之善纳舆论类如此。"

　　某次在治水过程中，一位农夫突然走上前来，好像有话要对裘曰修说，可能是农夫的行为有些唐突，他立即被随行的官员们喝止住了，裘曰修听到了外面的争吵，将农夫请入室内，仔细地倾听了农夫的建议，并按其所说的方式，对水利工程进行了改造，果真这

裘曰修雕像

次修造的工程起了作用，多年之后仍然能够抗洪。由此也说明了裘曰修是能够"察纳雅言"之人。

对于裘曰修的形象以及他所编之书，墓志铭中有着如下的描绘：

> 公年才六十有二，礼貌清癯，神采奕奕，以文学侍从之臣，遍历六部，更兼司撰述，充会典馆总裁。奉敕撰《热河志》《太学志》《西清古鉴》《秘殿珠林》《石渠宝笈》《钱录》等书，最后充《四库全书》总裁。公自著有《诺皋集》并诗、文、奏疏若干卷，评江右后四家制义，以继艾、陈、章、罗四家在前者。

裘曰修是位儒生的模样，他长得清瘦，但却很有精神。他在六部均担任过官职，还参与编纂过多部重要的著作，此外，他的书法还特别精妙，墓志铭中称："公泽躬尔雅，喜诱奖后学。道滁州，得欧阳

袁曰修书法刻石

公画像，乞上题，人亦谓公文行近欧阳公。公书仿张即之，上以内藏即之书《华严经》残本令公补书，人莫能辨。"

在当时，很多人把他比喻成欧阳修，然而他的书法水平却在欧阳修之上，因为他的笔风跟宋代书法大家张即之颇为相像，恰巧皇宫内藏有张即之所书《华严经》，这部书法作品残缺了一部分，于是皇帝让裘曰修仿照张即之的笔体将此经补完。等他补写出来后，很多人都无法辨识出哪里是原作哪里是补作，可见其在书法上造诣亦十分精深。

可惜的是，裘曰修如此有才又如此敬业，却天不假年，六十二岁时就去世了。他的去世令好友袁枚特别悲伤，特意为他写了神道碑。袁枚的《随园诗话》中对他跟裘之间的唱和交往也多有记载。比如《随园诗话》卷十二中载：

又十年，余入都补官，裘典试江南，相逢荏平道上。见赠云："车中遥指影翩翩，忽讶相逢古道边。粗问行藏知大概，谛观颜色胜从前。南来我愧山涛鉴，北去君夸祖逖鞭。后会分明仍有约，归程期在暮春天。"是夜宿旅店，见余壁上有诗，和其后云："漫空飞絮揽春情，十日都无一日晴。水断虹桥迷古渡，云埋雉堞隐孤城。故人已别心犹惜，旧壁来看眼忽明。我正耸肩闲觅句，不劳津吏远相迎。"已卯秋，裘又典试江南，到山中为余诵之。

由此可知，裘曰修也颇好作诗。然而关于他的藏书情况，相应的史料中，我仅查得裘曰修的六世孙裘文若所写《纪先世秘藏元明清初人文集孤本》一文，该文中称：

先五世祖文达公曰修，以文章受清高宗知遇，屡司文柄，典江浙湖北乡试。经学家休宁戴震、史学家嘉定钱大昕，皆出其门。公性喜藏书，当时士大夫争以书籍为羔雁。除版行者不计外，尚有元明清初人诗文集一千余种，多系世间孤本。以胡中藻文字之狱，公曾牵连获遣，故未敢进呈，贮于南昌德胜门外之私第爱日堂。经先高祖恭勤公行简、先曾祖传胪公元善，世守勿失。迨咸丰初年太平军起……所有藏书完全散失。及至光绪中，番禺徐绍桢以道员随江西巡抚鄂城柯逢时到南昌，以三万元从某绅处购得此项抄本，但只八百余种。柯亦好搜罗秘本，愿以原价向徐求让。徐不得已割爱赠柯。民国间，徐转告武昌刘禺生，嘱向柯家物色。询之柯逢时之孙柯继文，则藏书甚多，抄本固在。时刘方奔走于孙中山、萧耀南之间，因建议萧氏购此，设湖北图书馆。议以二十万元全部收购。事机不秘，被日本浪人得知，竟以二十万元专购此抄本八百余种，捆载以去。刘、萧闻之，徒以呼负负而已。吾国古物文籍，流于日本者多矣，此亦其中之一，特为记之。

看来裘曰修也特别喜好藏书，尤其对别集感兴趣。按照裘文若的说法，裘曰修所藏的别集有一千多种，并且大多是世间孤本。既然裘曰修藏有这么多的秘本，那么开四库馆时，乾隆帝要求各大臣贡献底本，裘曰修为何不把这些珍本贡献出来呢？对于这件事，裘文若认为，这是因为此前发生了胡中藻文字狱，所以裘曰修不敢进呈，担心皇帝从这些别集中发现违碍字句。

乾隆二十年（1755），皇帝发现胡中藻所作《坚磨生诗钞》中有句"一把心肠论浊清"，在"清"字前面加"浊"字，乾隆帝认为这是故意蔑视清朝，于是将胡中藻处斩。这件事显然吓到了裘曰修，所以他不敢将自己的藏书呈上去，他去世后，这些藏书由子孙们世守，直到清咸丰年间因为太平天国之乱，才渐渐散了出来。

清光绪年间，湖北藏书家柯逢时在南昌花三万元买到了八百种裘曰修的旧藏。这件事被刘禺生知道后，向湖北督军萧耀南建议，从柯逢时手中买下这批旧藏，以此来作为创建湖北省图书馆的基础。可惜这件事被日本人听到了，他们先下手为强，以二十万元买下了这八百种书，而后将其运到了日本。

由裘文若的描述可知，虽然裘曰修不以藏书著名，但其所藏确实水平不低，并且有着自己的特色。因此说，裘曰修算得上是清代一位颇具特色的低调藏书家，因此范凤书所撰《中国著名藏书家与藏书楼》一书中，收录了裘曰修和他的爱日堂。

裘曰修墓位于江西省南昌市湾里区梅岭风景区内太平村附近。2012年11月30日，我前往寻访裘曰修墓，从白水湖乡开到梅岭风景区，约五十千米，这么远的路途内，竟然有一半的道路在维修之中，不得不绕来绕去。虽然浪费了不少的时间，但是梅岭风景区景致绝佳，眼前所见青翠满山，减少了因行车艰难而产生的焦躁。

我本以为进了景区很快就能找到，然而没想到，景区面积广阔，从景区的入口开车一路上行，竟走了三十多千米，才找到了太平村。在来此地之前，我一直未能查得裘曰修墓的具体位置，前几天跟江西省图书馆的何振作馆长提到此事时，他告诉我说："你询问裘曰修不行，因为人们不知道，你要去找皇姑坟，别人就知道了，皇姑虽然是裘曰修的夫人，但跟皇帝沾边所以比他名气大。"

如何馆长所言，我查找了一些文献，果真少有人提及裘曰修墓，相关记载讲的都是皇姑坟，有的也称皇姑墓。李乡状主编的《江西安徽行》在谈到皇姑墓时，有着这样一段介绍：

位于梅岭景区内，是江西省最大的地表皇室墓。据史料考

证，皇姑是乾隆的义妹，为江西省新建县人，姓熊，其夫袁日修少年得志，遭人嫉妒被陷害，蒙受冤屈，她千里赴京救夫，路遇皇太后，太后见她与死去的爱女酷似，收其为义女，她丈夫因此得救，死后他们夫妇合葬于此。

此处称皇姑墓为"江西省最大的地表皇室墓"，这种称呼方式颇为新奇，然而这段话中称袁日修曾遭人嫉妒而蒙冤受屈，我却未查到这

袁日修夫妇合葬墓全景

种说法的具体事实，有可能来自民间传说，但至少说明皇姑墓的确是裴曰修与其夫人的合葬之墓。原来，是因为妻子的名声盖过了丈夫，才鲜有人知道皇姑墓跟裴曰修的关系。

今日沿途所见，路牌果然以"皇姑坟"标示，但开到太平村时路牌却不见了，路边恰巧有太平派出所，于是我把车停在了派出所门口，进到里面去询问。一位年轻的警察接待了我，我问他皇姑坟所在，他告诉我就在派出所的后山上，并给我指了旁边的一条路，可沿此上山。我问他山上是否有岔路，他说有几个，接着他告诉我，遇到岔路后应该往哪个方向前行。在山上寻找目的地，最无奈的就是在歧路遇不到可询问之人，虽然这位警察给我讲解得颇为详尽，但我仍然担心在山上遇到岔路时，会一时忘记了具体的方向，因为这种情形在寻访途中遇到过多回。

因此，虽然他跟我讲解得十分仔细，但我还是不敢独自前行，于是我向这位警察提出，可否请他给我带路，前去寻找皇姑坟。他说上山的路太远，并且自己正在上班，不能离岗。想一想他所言也确实有道理，因为在派出所内，我仅见到他一人坐在岗位上。于是我感谢了他的指教，准备独自上山去寻找，可是还未出门，我突然感到内急，于是又提出可否借他们派出所内的厕所一用，他说可以。

等我从厕所出来，准备走出大门时，这位年轻警察突然喊了我一声，他态度热情地跟我说："司机说你是作家，能够宣传我们当地的历史名人当然是好事，我跟所长请了假，可以带你去找皇姑坟。"他的这几句话令我喜出望外，忙不迭地向他表示谢意，同时心中佩服这位司机真有办法。看来这位警察也是文艺青年，否则他不可能对百无一用的作家有着别样的热情。

跟着警察走出派出所，沿着侧旁的一条土路向后山走去，其实这条路仅是窄窄的田埂，根本称不上是路，并且在这田埂之上还有很多的岔路。在前行的过程中，一个人都没有遇到，我真庆幸有这位警察带路，否则的话很可能我走不出多远就不知道如何前行了。

到此时，我又开始感谢司机给我的那顶作家的桂冠。

前行了五百多米，在一块山间的平地上，我看到了一个新刻的石碑，上面写着简介：

> 皇姑墓
>
> 袁曰修及其夫人熊氏合葬墓，俗称皇姑墓。袁曰修（一七一二—一七七三）字叔度，谥号文达，江西新建双港袁家人。历任内阁学士、礼部尚书、刑部尚书、会试总裁、五典乡试正考官等职。熊氏，南昌县人，传说举止仪态酷似乾隆皇帝死去的妹妹，被皇太后认作义女，因称皇姑。
>
> 皇姑墓始建于乾隆三十九年（一七七四），是迄今江西省罕见的大型地表墓葬。一九八六年列为南昌市级文物保护单位。
>
> 一九九九年七月

由这段文字可知，袁曰修的夫人熊氏是被皇太后认作义女，而并非乾隆皇帝，且不管是谁认了义女，总之袁曰修因为夫人而成了皇亲，这样的殊荣他人难有。眼前的这块简介碑，四围用水泥仿制成了竹节状，倒是有些创意，可见有关部门对这里的维护也颇为用心。

简介碑的后面是登山的石梯，站在下面望上去，向上攀登的石台阶有三四百阶之多，令人望而生畏，但既然来到了这里，当然不能当着警察的面叫苦，毕竟他是一位热心的义务向导。于是我跟着他一步一步地向上攀登。

向上攀登了约五十米，就在台阶外的山坡上看到一对石羊，从色泽看，这是清中期的古物，如此说来，这应当是袁曰修夫妇墓前的原物，从位置看，至今没有变化。我跟这位警察说："上面应该还有三对。"继续沿着台阶向上攀登，果真在前行的两侧山坡上，又分别看到了石虎、石马与石翁仲，每对石像之间约隔五十米，警察看

裘曰修夫妇合葬墓墓碑

到我的预言——得以证实，脸上显出高兴的表情："看来您真是写书的！"我故意绷着脸跟他开玩笑："难道之前你觉得我像个骗子？"他不回答，只是哈哈一笑，看来警察的警惕心确实比一般人高许多。

四对石像生后，我们就来到了墓前的平台，平台全部用石条满铺，占地约三百平方米，墓丘的正前方写着"裘文达公 一品夫人熊太君合葬墓"，这块碑应该是新刻的。警察告诉我，裘家后人近几年每年都会来祭祖，墓曾遭到过破坏，裘家后人又进行过修补。总体而言，这在我寻访的古墓中算保护得比较完好的，因为这四对石像生还完整地立在原位置上。

关于皇姑墓，民间还有着另外的传说，李乡状主编的《江西安徽行》中记载有这样一个故事：

据传说皇姑墓前的元宝石是神仙送给熊氏赴京的路费，墓前的溪流是熊氏在丈夫入狱时曾避难于此，泪流而成。从山脚到皇姑墓有石阶百余级，名曰"百步金阶"，曾有四柱牌坊，两对华表，两旁林立着石龟、石羊、石狮、石马、翁仲，墓前是一石柱围栏的祭台。在墓旁有用石头围成的石室，传说袁日修蒙冤期间，熊氏于此避难，遇上大雨无处藏身，由于她的行动感动了玉皇大帝，就派大力神搬来了巨石为熊氏避雨。正于此，袁日修夫妇死后葬于这里。

且不管这段故事是真是假，至少说明皇姑墓的故事在当地早有流传，如今我也沿着山脚下的石阶一步一步地攀登到了这里，不知道能不能沾上袁日修的才气，让自己的文章写得更好看一些。想到这一层，我站在墓前向袁日修恭敬地鞠了一躬。

拍照之后沿途下山，警察告诉我他名叫谢涛，对传统文化很感兴趣，问了我许多袁日修的事迹以及当地还有哪些文化名人。这种对传统文化感兴趣的年轻人真是值得赞许，我尽自己所能把想到的相关人物一一向他讲述，同时答应他自己写出这部书后一定要送他一册。他谦虚地说："不用，只要你能把书写出来我就很高兴，我自己会去买。"

下山后，他坚持邀请我到他的办公室去喝茶，我看天色已渐晚，婉拒了他的美意，继续着自己的寻访。但他给我留下了美好的印象，直到几年过后的今天，在写下这篇小文时，我依然能够清晰地记起他的面庞。

伍崇曜

怡和商总，粤雅丛刻

伍崇曜原名元薇，字紫垣，商名伍绍荣，其祖上从福建迁入广东，清康熙初年入南海籍。

南海伍氏后来成为广东巨富。伍氏一族在商业上的发达，始自伍崇曜的祖父伍国莹。清乾隆四十九年（1784），伍国莹在广州创办了怡和行，而广州素来在中国对外贸易交流史上有着特殊地位，《明史·职官志》载："（明嘉靖元年）遂革福建、浙江二市舶司，惟存广东市舶司。"自此，广州成为中国唯一的对外通商口岸。

康熙二十三年（1684），清廷开放海禁，转年在澳门设粤海关行署，在漳州设闽海关（实在厦门），在宁波设浙海关，在镇江设江海关，形成四口通商口岸。初期的粤海关名义上在澳门，实际货物装卸处在广州。至乾隆二十二年（1757），朝廷废除四口通商，规定西洋商船只许在广州收泊交易，于是广州再次成为全国唯一通商口岸。

清廷为什么要废除其他几个通商口岸，仅开放广州呢？这与广州的地理形势有很大关系。当时从广州出海必须经过虎门，广州黄埔港到珠江口之间有一段易于通航的宽阔水道，到虎门时出海口收窄形成束口，两岸对峙形势险峻，于是清廷在这里设置多个炮台，将粤海关设在这里，有利于控制对外国商船的验放。仲振履在《虎门览胜》中说："虎门距省百八十里，洋阔水深，乘潮驭风，不过一夜可到。十三行往来贸易，凡四十余国，莫不以虎门为总汇焉。"

正因易于防守，广州成为唯一的对外通商口岸。王宏斌在《清代前期海防：思想与制度》一书中称："主要是因为多数官员强调海防安全，认为广州比宁波易于控制，政治压倒一切，海防安全比外贸利益更重要。"直至清道光二十二年（1842）签署《南京条约》后清朝开放五口通商，才结束广州的对外贸易垄断。

借了天时地利，全世界的商人想要与中国做贸易，就只能前往广州，广州因此成为当时中国第一大港。清嘉庆三年（1798），瑞典人龙思泰在《早期澳门史》中称："广州的位置和中国的政策，加上其他各种原因，使这座城市成为数额很大的国内外贸易舞台……中华帝国与西方各国之间的全部贸易，都以此地为中心。"

但广州一地的商人想要与外国人做生意，也要得到政府特许。张馨保著、徐梅芬等译的《林钦差与鸦片战争》中称："1755 年也就是建立保商制度的第二年，是上谕只许外商在广州这一口岸进行交易的前两年。显然，行商正式成立于 1686 年，即在广州建立粤海关的第二年。"

这段话中的行商就涉及了十三行。当时相关部门规定广州有

十三家行商有进出口权，这十三家被称为"十三行"。十三行又组成了公行，关于公行的概念，《林钦差与鸦片战争》中写道："1720年，广州商人组成一个垄断性公会，一般称之为公行，他们可以规定价格，以此来加强他们同中国官府和洋商打交道的地位。1760年，公行正式取得了官方批准和承认。在以后的年代里，作为政府的代理机构，它大大加强了权力。为加紧对外商的控制，1754年，广州当局建立了保商制度，规定每只洋船要有一家行商作保。洋船的行为及其出入口关税等等，概由保商负责办理。"可见公行具有垄断性质，十三行均为公行成员。

关于十三行的特殊地位，朱希祖在《广东十三行考》序中称："十三行在中国近代史中，关系最巨。以政治言，行商有秉命封舱停市约束外人之行政权，又常为政府官吏之代表，外人一切请求陈述，均须由彼辈转达，是又有唯一之外交权；以经济言，行商为对外贸易之独占者，外人不得与中国其他商人直接贸易。"

对于十三行是否就是实指十三家洋行，谭元亨在《十三行名渊源新考》中列出了其他几种说法，说法之一乃是十三行其实是一个地名，此观点以李国荣、林伟森主编的《清代广州十三行纪略》一文为证：

> "十三行"是地名。此名明朝便有，但不是因有十三家洋行而得名。据《广东新语》一书，"货语"461条"赎货篇"载：广东琼州府领十三州县，各种推销货物集中于此地，又称十三行货，所以人们将此地称之为"十三行"。在清代，对外贸易的机构往往称为"洋行"，而在"十三行"一带开展对外贸易最多，于是人们将"十三行"地名与"洋行"混在一起，称之为"十三洋行"。其实十三行与洋行多少并无关系，洋行时多时少，最多时有几十家，有时刚好十三家，最少时只有几家，所以说，"十三行"只是地名。当时的十三行地区，在广州西城门外，即

北至今天的十三行路，南至今天的西堤马路一带。

还有一种说法，认为十三行指的是十三个行业，屈大均所著《广东新语》中收录有一首《广州竹枝词》："洋船争出是官商，十字门开向二洋。五丝八丝广缎好，银钱堆满十三行。"此为迄今最早提及"十三行"之名的文献。梁嘉彬在《广东十三行考》中引用了屈大均此诗，说明康熙二十六年（1687）之前，也就是《广东新语》流行于世之前，就已经有了"十三行"这个名词，他推测十三行起源于明代，可能与三十六行有关。梁廷枏在《粤海关志》中也持这种说法："国朝设关之初……令牙行主之，沿明之习，命曰'十三行'。"

但是，更多的研究者认为十三行乃确是指十三家洋行，只是后来随着贸易的兴盛，十三行逐渐被赋予了更多的含义，从最初代表外洋行和行商，又逐渐代表商馆区、街道等，具有了多重含义，甚至一度成为清代广州的城市坐标。

十三行中以潘、卢、伍、叶诸姓势力最大。但是高利润的行业也必然有着高风险，张馨保在专著中说："随着广州贸易制度的逐渐正规化，行商的职责也愈来愈重。行商责任重重，其命运自然也就风云难测，常有破产者。例如到1781年，只剩下四家行商；到1790年，仅存五家；其他几家估计由于破产而销声匿迹。"

乾隆五十四年（1789），伍国莹因欠缴广东海关巨额关税，被公行开除。伍国莹的次子伍秉钧接手经营怡和商行，伍秉钧是位经营高手，用了几年的时间就使怡和商行再次振兴。乾隆五十七年（1792），怡和商行再次成为公行成员。

嘉庆六年（1801），伍秉钧去世了，此时的怡和行贸易额已经位居广州商行中的第三位，他去世后，由其三弟伍秉鉴继续主持怡和行的经营。就经营能力而言，伍秉鉴的水平不在其兄之下，到嘉庆十二年（1807）时，怡和行的贸易额提升到了行商中的第二位。嘉庆十八年（1813），行商设立总商，潘有度被任命为总商，大约一年后，潘辞去此职务，由伍秉鉴接任，由此确立了伍家在商行中的领袖地位。

道光六年（1826），伍秉鉴卸任，由其四子伍受昌接任行商总商。道光十三年（1833），伍受昌病逝，由伍秉鉴的五子伍崇曜接任行商总商。在伍崇曜的经营下，怡和行的势力更为壮大。张馨保写道："但那些历经市场波动、政治危机、官方勒索和其他种种压力而能幸存下来的行商则可以大发其财。其中名声最大的是浩官，估计1834年时，他的财产多达2600万美元。据H.B.马士认为，浩官可能是当时世界上最大的富商。"

当年伍国莹开设怡和行时，以他的第三子伍秉鉴的乳名亚浩为商名，故而洋商称其为浩官。按照洋商的习惯，他们认为浩官是伍家的姓氏，所以伍氏家族中凡是经营怡和行业务者，不管是父子还是兄弟，洋商都称他们为伍浩官。当怡和行到伍崇曜手中时，被当时的英国人认为是世界上最大的富商。

怡和行能有这么高的成就，当然与他们的经营策略和为人有关系，同治《南海县志》卷十四《列传》中记载：

> 伍崇曜，原名元薇，字紫垣，邑廪生。先世自闽迁粤，父秉鉴，多财善贾，总中外贸迁事，手握货利枢机者数十年。性喜施予。道光初，曾与侄婿卢文锦共捐银十万两，将桑园围改筑石堤，粤督阮元亲撰碑文纪其事。

伍秉鉴不但善于经营，还乐于行善，曾为家乡捐出大笔银两。在经营方面，英商认为他是行商中最可靠的人，当年英商行号有上百万的期票存在怡和行，伍秉鉴都能给予计息。伍秉鉴和一些外国商人也有很好的私交，例如有位波士顿商人欠伍家七万二千元无力偿还，为此不能回国，伍秉鉴了解到详情后，当其面将债券撕毁，这个举动使得他在外商那里赢得了很好的口碑。同时他利用雄厚的资金给一些资金周转困难的英国公司放债，从嘉庆十六年（1811）到二十四年（1819），怡和行放债额高达二百余万元。此外，怡和行与英商、美商每年的营业额都有数百万元。

伍崇曜十二岁中秀才，文才受到了广东学政翁方纲的赏识。道光年间，伍秉鉴以伍崇曜的名义捐银三万三千两修筑南海县桑园围堤。道光十一年（1831），皇帝赐伍崇曜举人出身，在此后的十几年间，他四次进京参加会试，但均未取得功名。道光十三年，他在北京时，闻听哥哥伍受昌去世的消息，于是返回广州来经营家族产业。十年之后，伍秉鉴去世，伍家财产由伍崇曜继承。

十三行能够成为巨富，除了垄断进出口权外，还秘密放行洋船私带来的鸦片。道光元年（1821），朝廷以伍秉鉴隐外船夹带鸦片，摘去了他议叙的三品顶戴。该年十月十四日两广总督阮元给朝廷所上奏折中，讲述了鸦片的三个来源，而后提到为什么鸦片屡禁不止：

> 惟向来臣与监督衙门传谕各国大班，事件俱发交洋行商人，照缮夷字，转为传谕，全借该商等钦遵办理，敬布天朝法度，使知畏惧，不宜但以奉文转行了事。盖洋商与夷人最为接近，夷船夹带鸦片即能瞒臣等之耳目，断不能瞒该商等之耳目。

那时的官员认为直接跟外国人打交道有失身份，所以凡是涉外交涉，都是委托十三行的商人来办理，朝廷与外商交涉的文书也由十三行找人翻译，而后由十三行的人前去交涉，所以朝廷的意见和态度，均由十三行的人了解后，再与外商办理。可见十三行既是商人，又兼具外交中间人的身份。外商很容易通过他们了解到内情，并且朝廷究竟是什么态度，外商也是听十三行的人来转述。而十三行在转述的过程中，难免会夹带私货，这就是鸦片久禁不止的原因。故而阮元在奏折中写道：

如果该商等不徇情面，遇有夷船夹带即禀明，遵旨驳回船货，不与贸易，且于鸦片未来之前先期告诫，晓以利害，夷人数万里而来，岂敢因夹带违禁物件，自断茶叶等项正经买卖。如此官商同心，合力办理，纵不能一时全行断绝，而远夷闻风忌惮，再历数年，竟可冀此风渐息。乃频年以来，从未见洋商禀办一船，其为只图见好于夷人，不顾内地之受害，显而易见。洋商内伍敦元系总商居首之人，责任尤专，各国夷情亦为最熟，今与众商通同徇隐，殊为可恶。

伍敦元就是伍秉鉴，阮元认为正是伍秉鉴没有真正用心去禁烟，才使鸦片屡禁不止。阮元接着提议："尽法处治外，应请旨将伍敦元所得议叙三品顶戴摘去，责令率同众洋商力为遵旨杜绝。如一二年内经理得宜，鸦片来粤绝少，当奏请施恩赏还顶戴。"

道光十三年，朝廷派钦差大臣林则徐前往广东办理禁烟事宜，伍崇曜向英国驻华商务监督义律通风报信，于是英国和美国的一些商人把鸦片船迁到了大屿山。转年三月，林则徐到达广州，召见了伍崇曜等行商，让他们传谕外商三天内交出全部鸦片。伍氏父子让外商交出了一部分，林则徐对此不满，将伍崇曜革去职衔关押入狱，摘去伍秉鉴的顶戴，戴上枷锁，前去跟外商交涉。义律答应由英商交出鸦片两万余箱，同时要求十三行事后赔偿原价，但是这件事并没有就此结束，后来还引起了不少的麻烦。

鸦片战争爆发后，林则徐被革职，伍秉鉴、伍崇曜再次受到朝廷重视，继续做清廷与英人之间的调停人。道光二十一年（1841），两广总督琦善带领伍家父子前往虎门与义律谈判。道光二十三年（1843），清廷令行商偿还《南京条约》中规定的外商债务三百万元，其中伍家承担一百万元，同时还逼迫伍家偿还当年的烟价余款。伍秉鉴为此极为愤怒，当年九月病逝于广州。

道光二十九年（1849），英国公使文翰提出英国人要进入广州城经商，两广总督徐广缙不同意这个提议，命伍崇曜给文翰去信，说明如果英人要强行入城，将停止中外贸易。这件事办好之后，徐广缙给朝廷写奏折表彰了伍崇曜的功劳，为此朝廷赐给他三品顶戴。

清咸丰四年（1854），天地会起事围攻广州，伍崇曜帮助两广总督叶名琛筹集军饷，不仅带头捐款，还向一些富商劝捐，使得叶名琛得以镇压两广天地会。为此伍崇曜得赐布政使衔二品顶戴，而他当时筹款的方式之一就是向外商借债，当时借得白银二十六万两，据说这是近代中国最早的一笔外债。

咸丰八年（1858），两广总督黄宗汉筹款镇压天地会，由伍崇曜代向旗昌洋行贷款三十二万两，以粤海关印票作为抵押。六年后，这笔借款本息已达四十七万两，朝廷竟然让伍家来偿还这笔钱，经过美国公使干预，改由粤海关偿还本银，伍家负担利息。由此可见，有钱而无权，仍然是任人宰割的羔羊。

伍崇曜所为记载于《番禺河南小志》卷外"人物"中，文中称其："自道光廿年后，地方多事，库帑支绌。崇曜凡捐赈捐饷，均摊假贷，盈千累万，指不胜屈。"

对于他跟洋人的交涉，文中写道："七年，西人攻城，不克而去。逾年合纵缔交，志在必得。崇曜侦知以闻。当道疑其挟敌自尊，恬不为意。洎西兵闯进，上下骚然。崇曜亲见酋长，责以大义，凶威稍戢。"

可见，伍崇曜虽然是一位商人，也与洋人频繁交往，但面对民族大义时，能够毅然站出来义正词严地与洋人交涉，这也使得伍家积累的财富受到很大损失；"然此数年间，粤东事岹连绵。艇贼乍平，继以红匪，红匪暂息，继以西师，西师略宁，突来发贼，发贼方灭，乱起客民。漏厄难充，来源易竭。"

清同治二年（1863），伍崇曜病逝于广州，终年五十三岁。他去世后，有不少人怀念他的善行义举，清光绪《广州府志》载："官吏及泰西官商咸往致祭，其得人心如此。"

但是，也有人认为他是大汉奸，为他的去世欢呼叫好。关于伍崇曜家究竟有没有经营过鸦片，英国《东印度公司对华贸易编年史》记载："没有一位广州行商与鸦片有关。他们无论用什么方式，都不愿意做这件事。"美商亨特在《广州番鬼录》中也说"没有一个行商愿意去干这种买卖"。

至少有些外商认为，不仅仅是伍家，整个十三行都没干过走私鸦片的事。但当时的现实情况是，十三行一直负责朝廷跟外国人的交涉，有些外事谈判甚至直接在伍家的藏书楼内举行，致使很多人认定他们勾结外商私贩鸦片，也许这就是所谓的众口铄金吧。

经营之外，伍崇曜也颇嗜风雅，比如他擅长画梅花，写过《茶村诗话》和《粤雅堂诗钞》，他的藏书楼除了粤雅堂外，还有远爱楼，这个楼名本自苏轼《扶风天和寺》中的诗句"远望若可爱，朱栏碧瓦沟"。关于他的藏书情况，谭莹在《远爱楼记》中写道："储书万签，贮酒千斛，相与命俦啸侣，送袍推襟，考川岳之图经，话生平之阅历。"

人们知道粤雅堂之名，更多的是因其刻书，从道光三十年（1850）到光绪元年（1875），伍崇曜历时二十五年刊刻了《粤雅堂丛书》，该丛书分正编、续编和三编，每编十集，收书二百零八种，为清晚期著名的丛书。这套书收录了不少罕见之本，比如四库馆臣从《永乐大典》中辑出的一些佚书，虽然这些辑佚都收录进了《四库全书》中，但《四库全书》仅抄了七部，其中四部仅供皇帝阅读，世间大多人难以得见，而《粤雅堂丛书》就收录了多种，此外还收录了阮元在嘉庆年间进呈的《四库全书》未收书。《粤雅堂丛书》所收各书之后，都附有署名伍崇曜的跋语，但这些跋语其实是由谭莹代笔。

此外，伍崇曜还刻有《粤十三家集》，关于该书的收录范围，该书的序中写道："仍具别裁，但取专书，止收遗集。其或微言大义，与诗文并录，悉本原钞。"

墓园围墙

　　伍崇曜还刻过一部《楚庭耆旧遗诗》，此书收录清代七十位岭南诗人的诗作。对于他的刻书之举，刘锦藻在《清朝续文献通考·经籍考》中评价说："崇曜既赐乡举，乃与名流讨论著述，刊有《粤雅堂丛书》《粤十三家集》《楚庭耆旧遗诗》前后集。是（指《岭南遗书》）于道光辛卯始付剞劂氏，续成六集。视李调元之《函海》、赵绍祖之《泾川丛书》，于乡邦文献，同爇心香，良可宝也。"

　　关于伍崇曜的墓，我在网上查得一篇《广州古迹之伍紫垣父子墓》，该文落款时间为"2019年6月21日"，此文被《看点快报》转载，作者在探访侧记中写道：

　　　　该墓位于六榕寺祖师墓围墙后方上将军岭的路口旁，墓主伍崇曜、伍绍棠据友人考证是十三行怡和行富商伍秉鉴的儿子、孙子。该墓形制比较简陋，好像是后代临时迁移过来。该墓最具特色的是墓后护岭上立有五块诰命碑，其中有些是用满文书写的，比较罕见。

文后附有多张图片，于是我以此为目标，于 2020 年 12 月 4 日前往广州寻访，这一天的主要目的就是寻找伍崇曜墓。然文中并没有伍墓的具体定位，于是我前往六榕寺询问。我从文中看到该墓在六榕寺的祖师墓后面，但到达六榕寺后，这里却看不到山。我请教六榕寺的师父，他告诉我说，祖师墓塔在白云山上，他向我描述了具体方位，但我对那一带完全陌生，只好谢过他的指点后，到白云山去碰运气。

白云山占地面积不小，此山的周边每个方向都有入口，我曾从东南口上去探看过东坡遗迹，所以确知那一带没有伍氏父子墓，故此次开车前往白云山公园的西门，但西门前没有停车位，只好在附近东转西转，停入一公交场地内。然而车刚停下，就被保安命令开出，正在此时，另有一开车之人也想停在这里，保安前去跟他交涉。我发现这个院落的里面还有一个院子，里面正在举行促销活动，于是我决定冒充参会者，把车开到了院落深处，将车停在了一个墙角。于此看到院落的后方就是白云山，在这里遇到两位工作人员，他们告诉我说，前方有围墙，从院内无法登山。我只好小心地转回院落，幸亏保安没有发现我。

步行十几分钟，走到白云山公园门口，再次买票进入，向检票员请教六榕寺祖师墓在哪里，检票员说不清楚，但他很认真地打了一个电话，而后走来一位年轻人，他告诉我祖师塔的大致方位。

沿着台阶登山，走出一段路，看到了岔道，我站在那里等了几分钟，没有行人从此经过，只好选左侧的路向上攀爬，但越走越荒凉，感觉不对，只好原路返回，然后沿着另一条岔路前行。这条路翻过一座岭后，越走越向下，渐渐进入一条峡谷内。

路越走越窄，继续走出几百米，远远地看到下方有一座小石桥，走到近前，看桥头上刻着"六榕桥"字样。见之大喜，看来走对了

白云山公园门前

地方。站在桥上四望，左侧就是我的停车之处，感觉这里距那辆车不足三百米，然而我却兜了一个大大的圆环。而其右侧是一峡谷，虽然是冬季，这里的植物却四季常青，站在这里更能体会到"鸟鸣山更幽"。

穿过石桥，前方有个院落，大门上着锁，这是我最怕见到的情形，隔着门向内探望，里面面积巨大，完全看不到墓碑。门的左侧嵌有文保牌，上面刻着"柯子岭六榕寺和尚墓塔群"。可我在网上查到该祖师塔是对外开放的，然在这荒山之上，我不知道到哪里能找到开锁人，于是以逆时针方向沿着侧墙向上走了一段路，山势越来越陡，我实在爬不上去，只能隔着墙向内望几眼，最终也未能看到伍崇曜墓。

天色渐渐暗了下来，我觉得一个人在山上有些危险，故只能按着原路慢慢往回走。看来下次再来广州时，需要找一位知情人，能够打开此门，让我真正得见伍崇曜墓。

补记：

此文在网络上刊发后，收到了广州书友黎润辉先生的留言，他

六榕桥

说自己寻找到了伍崇曜墓地，同时告诉我，此前我寻找的粤雅堂旧址不对，为此，黎先生特意寄给我一本王元林主编的《广州十三行与海上丝绸之路研究》，该书内收有黎先生所撰《广州十三行伍氏粤雅堂考》一文，此文称："传统观点认为，粤雅堂理所当然就在河南伍宅之内。"黄任恒在《番禺河南小志》中说："粤雅堂，在（河南）安海乡内，伍崇曜所建。"并附有伍崇曜好友谭莹写的《粤雅堂记》为证。黎先生说："这里似乎言之凿凿，但其实是自相矛盾！"他说如果细读《粤雅堂记》，就可排除粤雅堂位于河南安海乡的可能，因记中的"爰于西园""更直接指明粤雅堂位于广州的西关地区"！

至于粤雅堂位于西关何处，黎润辉引用了十三行发起成立的文澜书院资料，该书院印有《文澜书院众绅录》，其中记录了绅士成员的住址，伍崇曜住址一栏写明是"十八甫"，为此，黎先生又引用其文来证实此说："在 19 世纪各种西方人的广州旅行指南中，十八甫街又被称为 Howqua Street（浩官街），因伍浩官家族在此建有大型宅第而得名，更有旅行指南的地图上，直接在十八甫街标示了伍浩官的宅第。"

"浩官"是西方人对怡和行东家的称呼方式，怡和行创办人伍国莹为浩官一世，伍崇曜为浩官四世。

黎润辉认为粤雅堂所处的园林并非伍崇曜所建，而是从他父亲那里继承来的，其父伍秉鉴也是从他人手中买得旧园。泰和行行商颜氏家族后人颜嵩年在《越台杂记·磊园记》中写道："磊园在城西十八铺，先曾祖故宅也。弃养后，仲伯祖肇斋公时瑛继先业，承充洋商，广交游，矜气谊，好画工诗，将先人故园增其式廓，令画工黎光因地布置，先绘全图，用纸竹扎成，然后大兴土木。落成后，景致幽雅，无一凡俗，中多磊英石为山，故名。"乾隆四十五年（1780）颜时瑛生意破产，磊园被官府充公拍卖，后两度易主，颜嵩年写道："而旧日雅观荡然无存，今归伍紫垣方伯。"

关于磊园何时被伍家买下，黎润辉引用了谢兰生《常惺惺斋日记》道光三年（1823）四月二十八日所载："傍晚赴平湖（即伍秉鉴）磊园席，晚演剧至二鼓后。"黎润辉接着写道："道光三年前一年的十一月一日，广州西关发生特大火灾，大火连烧三日，受灾范围覆盖街巷六十多条，烧毁房屋一万多间，十三行商馆也遭到重创，损失价值高达四千多万两白银。不少行商损失惨重，此后潘长耀的丽泉行、黎光远的西成行和关成发的福隆行等相继破产。磊园可能就是在这一背景下，被一位资金紧缺的行商转售给伍秉鉴，而这个行商很可能就是面临破产的潘长耀。"

黎先生又经过一系列推论，确认伍秉鉴去世于1843年，所以他认为伍崇曜大概是在1843年至1844年间继承了他父亲的磊园，并改建成粤雅堂。

对于粤雅堂的结局，黎先生认为其与伍崇曜家族的兴衰息息相关，《南京条约》签署后，五口通商，广州十三行行商失去了原有的外贸垄断特权，此后经过两场战争，不少外贸份额转到了香港、上海等口岸，十三行商馆也被焚毁殆尽，加上伍家历年为清廷捐资报效，大量的开支致使其家族迅速衰落下来："伍崇曜后人不善经营，

柯子岭六榕寺和尚墓塔群文保牌

虽然家道中落，但仍算殷实。伍崇曜生前大规模投资美国旗昌洋行，因此伍家每年可从旗昌洋行获得数万美元的利息。但是后来旗昌洋行在与轮船招商局的竞争中落败破产，更于1891年被轮船招商局以二百二十万两白银收购，伍氏在旗昌洋行的资产自然也不能幸免。上海外滩福州路9号的旗昌洋行总部大楼及其毗邻地块，均为旗昌洋行租用的伍家产业，在1892年初竟被李鸿章、盛宣怀等人联手通过巧取豪夺占有。伍家从此失去了最重要的收入来源，加上伍崇曜的长孙伍垣孙奢侈无度，不思节俭，也开始陆续变卖家业。"

此后伍崇曜后人变卖家产："1894年冬，伍垣孙更将家宅粤雅堂放售，并于1895年8月21日完成交易转让他人。此后不久，购入粤雅堂的买家又将粤雅堂拆毁夷为平地，于1897年开辟成街区，粤雅堂从此荡然无存。"

虽然粤雅堂已荡然无存，但黎润辉经过实地勘察，最终确定下粤雅堂旧址的位置："1927年，十八前街被开辟成十八甫马路。筑路工程割去了奇和堂前部4米左右的地方，故粤雅堂南界（大门）为今十八甫南路102号以南约4米处。"

既然有了这么明确的地址，看来我下次再到广州时，将重新去

墓园大门

探看粤雅堂遗址的状况。同时我也感念黎润辉先生的指正，使我了
解到与粤雅堂有关的更多细节。

丁丙

勇救文澜，藏归江南

晚清有四大藏书楼之说，八千卷楼为其一，丁申、丁丙兄弟就是八千卷楼的主人。相比较而言，另外三大藏书楼的藏书量均在十万卷以上，为什么丁氏兄弟的藏书楼仅以八千卷的藏书量就成为四大藏书楼之一呢？这还要从丁家的先祖谈起，而这个堂号正可追溯其先祖。

丁家祖籍浙江绍兴，原本经营布业，顺治年间迁徙到了杭州，在此继续做生意，买卖做得十分兴旺，渐渐成为杭州的富户。丁氏兄弟的祖父名叫丁国典，此人富而好雅，知道北宋时的先祖曾藏有八千卷典籍，于是经商之余也开始购买书籍，而后将自己的堂号起名为"八千卷楼"，以此来表示不忘祖先。丁国典的儿子丁英也有藏书之好，其接过了父亲的收藏，而后继续购买，胡凤丹在《嘉惠堂藏书目》序言中说："尝往来齐、楚、燕、赵间，遇秘籍，辄以归，插架渐富。"

丁英花了大笔的银两，将藏书量扩大到了几万卷，晚年的丁英说："吾聚书多，虽不能读，必有好学者为吾子孙矣。"果真，他的爱好传导给了两个儿子，丁氏兄弟不仅喜聚，而且喜读。

可惜丁国典、丁英两代所聚典籍毁于太平天国战火。清咸丰十一年（1861），太平军忠王李秀成率部攻打浙江，年底攻破杭州城，浙江巡抚王有龄、将军瑞昌均战死，杭州城内一片混乱，丁氏兄弟逃到城外去避难，随身携带的仅有一部《周易本义》，余外八千卷楼所藏全部被焚毁。

兄弟二人出城后走散，丁丙在寻找哥哥的途中，遇到了意想不到的事情，俞樾在《丁君松生家传》中写道："至陶堰见其题壁字，始知其在留下，乃往从之。即于留下设肆鬻米，访求亲串之自城出者。留下市中卖物，率以字纸包裹，取视，皆《四库》书也。惊曰：'文澜阁书得无零落在此乎？'乃随地捡拾，得数十大册。"

丁松生正是丁丙。那个时代没有手机没有网络，走散后相互寻找很不容易，丁申想出了一个办法，他在某个显眼处的墙壁上题字，以便让丁丙知道他的下落。果然墙壁上的题字被丁丙看到了，于是丁丙按照墙壁上的信息前往"留下"去找哥哥。来到"留下"后，他无意间看到这里的人们买了东西后，用以包裹的纸张竟然很多都是文澜阁《四库全书》，这让他怀疑文澜阁已经被毁，于是他沿街捡拾，竟然得到了几十册库书。

文澜阁《四库全书》乃是杭州文人的骄傲，按照清乾隆四十七年（1782）七月初八日上谕："现特发内帑银两，雇觅书手，再行缮写《全书》三分，分贮扬州大观堂之文汇阁，镇江金山寺之文宗阁，杭州圣因寺内拟改建文澜一阁，以昭美备。"

皇帝下令将《四库全书》再抄写三份，在江南建"南三阁"，其中之一就是杭州的文澜阁。这部书的抄写费用由朝廷支付，但是阁内的设施则由江南商人和士子承担。上谕中写道："至杭州圣因寺后之玉兰堂，着交陈辉祖、盛住改建文澜阁，并安设书格备用。伊龄阿、盛住于文渊等阁书格式样，皆所素悉，自能仿照妥办。至修建书格等项工费无多，即着两淮、浙江商人捐办。伊等情殷桑梓，于此等嘉惠艺林之事，自必踊跃观成，欢欣从事也。"

皇帝安排了三位重臣来负责建阁及抄书之事，他们是闽浙总督

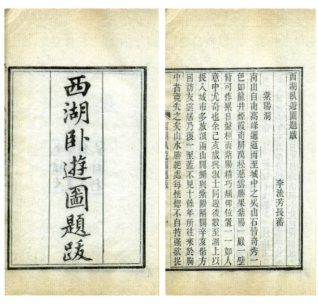

（明）李流芳撰《西湖卧游图题跋》一卷，清光绪钱唐丁氏嘉惠堂刻《武林掌故丛编》本，书牌、卷首

兼浙江巡抚陈辉祖、两淮盐政伊龄阿、浙江布政使署理杭州织造盛住。经过这几位大员的悉心张罗，文澜阁《四库全书》抄写装潢完成后，庋藏在壮丽的文澜阁内，从此成为江南士人的骄傲。

作为杭州文人的骄傲，文澜阁《四库全书》的失散让丁丙很难过，他找到哥哥丁申后与之商议，决定冒着风险去抢救《四库全书》。

那时正值战乱，他们当然知道自己的决定有着极大风险，但即便如此，他们也要抢救文澜阁《四库全书》。他们从家丁中选出了一些身体强壮、胆大心细的，趁着月色翻山越岭，进入了杭州城，而后找到已经被毁的文澜阁，摸黑尽量搜集尚存的阁书，然后再乘着夜色避开太平军的岗哨，把这些书背回到了西溪风木庵，因为这里有丁英的殡宫，找回的《四库全书》就暂存于殡宫之内。这样的活动进行了多次，终于抢救出几千册《四库全书》。

一个月后，战势仍然紧张，丁氏兄弟觉得将《四库全书》藏在殡宫内也不安全，又将这批书多次转移。俞樾在《丁君松生家传》写道："因自绍兴至定海，而上海，而如皋，仓皇奔走。犹托书贾周姓者，间道至杭州，购求书籍，其装订成本者十之一，余则束以巨绳，每束高二尺许，共得八百束，皆载之至沪。"

这个过程如此艰苦，但丁氏兄弟仍然继续抢救《四库全书》，他们还托一位姓周的书商偷偷地来到杭州继续收购《四库全书》。经过他们的不懈努力，总计买到了八百多捆库书，经过清点，总计有八千六百多册。到了清同治年间，战争平息，兄弟二人继续出资收购散失的库书，先后又买到了三百多册。

丁氏兄弟冒险所进行的文献抢救，陶济在《以国为重，以私济公——新论丁丙八千卷楼藏书文化近代化的价值取向》一文中，给予了这样的评价："丁丙通过他的好友、时任杭州知府的薛时雨，把存书及其编目暂存杭州府学内的尊经阁。丁丙不仅出任主管董事，而且投入维护费用。他专门聘请原文澜阁管理人整编残存库书，同时继续坚持不懈地寻求和搜购文澜阁《四库全书》。幸存库书总数多达九千六百册。丁氏兄弟惊人地创造了民间藏书家和藏书楼空前绝后的历史奇迹。"

尽管有了如此大的成果，但是抢救出来的这九千六百多册《四库全书》，还仅仅是原阁所藏的四分之一，想要恢复此阁原有的规模远远不够。除了继续收购外，丁氏兄弟又想出通过补抄的方式来弥补缺失的库书。

清光绪初年，浙江巡抚谭钟麟从鲍廷博的后人手中，买到了当年乾隆皇帝赏给知不足斋的那部《古今图书集成》，谭将此书捐给了文澜阁。光绪六年（1880），丁丙找到谭钟麟，商议重新修建文澜阁，此阁盖成后，接下来的大工程就是要补抄所缺之书，谭钟麟专门拨付了一笔款，任命丁丙来组建抄补局，此局有一百多位抄工，他们用了七年时间，将所缺之书补齐了八九成。

为什么没能将所缺之本一次性补齐呢？这是因为有些书一时找不到底本。然而有人会问，当时"北四阁"所藏之书还在，为什么不用其中一阁的底本来抄补呢？这件事说起来容易，但在那个时代，

"北四阁"属于皇家藏书，民间人士想要入内抄书，显然不是一件容易的事。

2004年第4期的《文献》季刊上，载有张廷银先生的《晚清藏书家丁丙致袁昶手札》一文，文中称这批手札总计十一通，原件藏在国家图书馆，这批手札中有几处谈到了补抄《四库全书》之事，比如丁丙在第九通中称："此间钞补阁书，本年截止，可得二千种，尚短千五百种，现有底本者一千余种，待访者尚须四百五十种。木天清秘底册，闻亦不全，大内势难请录，或谓热河行在尚存一分，咨请补写，似在可行。惟愿海内止戈，庶可润色鸿业。惟执事有以教之。"

这通手札未署年款，张廷银经过推论，认为该札的写作时间在光绪十年（1884）左右，到此时还有一千多种底本没有找到。丁丙在信中说，翰林院所存的《四库》底本已经不全，宫内所藏的文渊阁《四库全书》无法看到，他只能寄希望于热河所藏的文津阁《四库全书》，但最终，这个愿望也未能实现。为此，张廷银在文中评价说："函中，丁丙再次提到补抄文澜阁《四库全书》，并称除非向热河文津阁求助，否则难以得全。这再一次表明了他在万般无奈之中对文津阁所寄予的深切希望。但不知什么原因，丁丙说此议虽为善策但自己万不能做到，只能留待他人来完成。"

底本如此难求，为了能够将补抄之事进行下去，丁氏兄弟想出了另外的办法，那就是从市面上收购底本。可能当时的拨款中没有这个费用，故而兄弟二人只能自费来购买，丁氏后人丁立诚在《致缪荃孙函》中称："（先君）即有钞补《全书》之志，于是与先叔购求底本，或买或钞，按《简明》之目，但求其卷帙之符合，不暇计刊钞之精否。凡遇宋元旧钞，校雠秘册，交臂失之者屡矣。约计敝藏虽至三十万卷有奇，而欲求此中之善本，千百中不得什一。自钞补《全书》事竣，先君与先叔乃稍自讲求善本。"

为了能够得到更多的底本，丁氏兄弟在购书时买下了大量的普本，而无暇虑及宋元善本，这种购买方式，使得丁家的藏书很快超过了三十万卷，但是这些书中的善本数量却连十分之一都没有，等到补抄《四库全书》之事完工之后，兄弟二人才缓过气力来，开始购买一些善本以提高藏书质量。

前面提到，八千卷楼原有的藏书除一部《周易本义》外，其余的全部毁于战火，战争平定之后，兄弟二人并没有忙着收拾家园补充藏书，而是拿出了大笔的资金用于购买补抄的底本。这样大公无私的行为真的令人敬佩。而丁家兄弟的善举并不仅仅在于补抄《四库全书》这件事上，他们以往也做过很多公益性的善举，《天一阁文丛》第十辑上载有万蔚萍《藏书事业与社会事业交互联动的革故鼎新——论丁丙及其八千卷楼的再一历史性杰出贡献》一文，其中有如下一个段落：

> 丁丙积极投入大量的智力、精力、财力、物力，始终奋发并且持之以恒地倡议和推进各类社会公共事业。他先后或协同、或参与、或主持、或监理、或分管西湖疏浚工程、临平湖疏浚工程、海昌堤坝重修扩建工程，断桥、岳庙、钱王祠、苏公祠、白公祠、柳浪闻莺亭、于公祠、郭孝童墓、龙井胡公墓、吴山阮公祠、孤山六一泉、湖心亭等西湖名胜古迹和人文景观重建修复工程，诂经精舍、崇文书院、敷文书院等民办文化教育机构重修扩建工程，庆春桥、宝善桥、横河桥等市政基础设施重建修复工程。他还创办或扩大牛痘局、粥厂、栖流所、接婴所、恤灾所等公共慈善组织和实体。他既与杭州首富、红顶商人胡雪岩共同创办十多条船舶的钱江义渡局，无偿提供钱塘江摆渡服务，又与时任闽浙总督兼浙江巡抚的左宗棠共同创办医药局。医药局每天治疗患者一千多人，无偿为社会公众提供防疫服务，向贫病交迫的患者施医施药施米施钱。其声名和功绩，绝不亚于胡雪岩的江南药王胡庆余堂。

做了这么多的公益事业，不知在那个时期人们对他有没有"丁善人"的雅称。除了修建市政工程之外，关于他在文化方面的贡献，万蔚萍写道："1869年，丁丙多方搜求、无偿赠送杭州府学旧藏流失的元代祭孔编钟，并且出资兴建元音亭保存。1883年，他又向杭州府学无偿赠送家藏文史典籍复本，并且出资整修讲学场所和生活设施。1809年，阮元在灵隐寺创建灵隐书藏，以收藏和刊刻佛教经典为主，后毁于太平天国战火。1885年，丁丙以巨资托人从日本购回日版《大藏经》，又集中家藏佛教经典，专门珍藏于花坞之眠云室，创建了花坞经藏。实际上，丁丙为重建复原灵隐书藏创造了条件、做好了准备。丁丙先后搜求获得北宋贝叶佛经和吴越涂金佛塔，都无偿送交灵隐寺珍藏。"

如前所言，丁氏兄弟为了补抄文澜阁《四库全书》，自费买下了大批的底本，总数达到了三十多万卷，这是个令人吃惊的数量，《四库全书》的补抄工作完成之后，这些底本如何存放，显然成了问题，于是丁丙决定在自家院中重新建起书楼，用以储存这些藏书。这座书楼于光绪十四年（1888）在杭州城内建起，丁立中在《八千卷楼自记》中有着如下的描述：

> 拓基于正修堂之西北隅，地凡二亩有奇，筑嘉惠堂五楹。堂之上为八千卷楼。堂之后室五楹，额曰"其书满家"。上为后八千卷楼。后辟一室于西，曰善本书室。楼曰小八千卷楼，楼三楹，中藏宋元刊本约二百种有奇，择明刊之精者，旧钞之佳者及著述稿本、校雠秘册，合计二千余种附储左右。若《四库》著录之书，则藏诸八千卷楼，分排次第，悉遵《钦定简明目录》，综三千五百部，内待补者一百余部。复以《钦定图书集成》《钦定全唐文》附其后，遵定制也。凡《四库》之附存者，已得一千五百余种，分藏于楼之两厢。至后八千卷楼所藏之书，皆《四库》所未收采者也，甲乙丙丁标其目，共得八千种有奇，有

（清）丁丙辑《当归草堂医学丛书初编十种》四十卷，清光绪四年（1878）当归草堂刻本，书牌、牌记

> 制艺、释藏、道书，下及传奇、小说，悉附藏之。计前后二楼，书橱凡一百六十，分类藏储。以后历年所得之书，皆因类而编入矣。

由此可知，新建起的八千卷楼占地两亩多，楼下的堂号为"嘉惠堂"，楼上则是"八千卷楼"，第二进院落也是二层楼，其二楼为"后八千卷楼"，另外还有"小八千卷楼"。这几座楼总的藏书量有八千多种，想来这组藏书楼看上去一定很壮观，可惜我在十几年前到原址探访时，八千卷楼院落已无，旧房仅剩一角。此后的几次探访中，又在一所医院内找到了恢复的一座八千卷楼。

丁氏兄弟还有一个堂号叫"当归草堂"。2011年第1期的《文献》季刊上载有石祥先生所撰《静嘉堂文库藏写本〈当归草堂书目〉考》一文，此《当归草堂书目》现藏日本。此《当归草堂书目》中没有序跋，

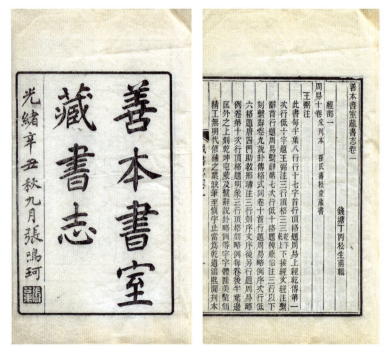

（清）丁丙撰《善本书室藏书志》四十卷，清光绪二十七年（1901）钱唐丁氏家刻本，书牌、卷首

石祥经过一番考证，认为此堂号的来由是："当时丁氏身处上海，系因咸丰十一年太平军攻克杭州，丁氏家族离杭避难所致。之后丁氏暂居上海，直至同治三年春返杭。据此可推知，当归草堂这一室名应系丁氏于离杭流寓之际，为抒发乡思而创。"

这倒是个有意思的推论，因为战争丁丙避难到了上海，虽然得到了暂时的安全，但他依然想念着杭州的家，其心情当然是"不如归去"。

有了数量如此巨大的藏书，当然要进行编目，八千卷楼的解题式目录名称为《善本书室藏书志》，此书志的编者虽然署名为"丁丙"，但也有可能是出自孙峻。对于这一点，孙峻在《八千卷楼书目叙》中说：

执友松生丁丈过敝庐，见而语家君曰："此子年未成童，即好簿录，异日其助吾欤。"越六年，光绪己卯，重建文澜阁，丈出所藏之本与寇乱时所搜阁本，缮成二目，命考其异同，识其存佚。有库书非足本而藏本完善者，库书传录于近代而藏本为宋元所椠或旧钞精校者，一经标注，动为丈所激赏，縣是八千卷楼所藏几无不目譣而心维也。乙未春，丈有《善本藏书志》之作，约峻辰集酉散，日撰解题二十部。峻常登楼择其尤者六七十种，供三日之编纂，每晨趣正修堂，丈危坐以待，及开卷检阅，靡不参伍错综，博引旁征。峻述之而丈书之，阅三年毕事，丈欲重加覆审，而病已甚矣。

对于孙峻的这段话，石祥在《杭州丁氏八千卷楼书事新考》中认为："可以断定此《志》是丁丙与孙峻合撰的，当然孙峻可能撰写了大部分初稿，是以丁氏默认了孙峻'峻述之而丈书之'的说法，任其在《八千卷楼书目叙》中提出。"

且不管《善本书室藏书志》是孙峻独撰，还是与丁丙合撰，因为都无损于八千卷楼的辉煌。而丁丙在《善本书室藏书志》的跋语中还有一段关于善本书的著名论断：

> 一曰旧刻。宋元遗刊，日远日鲜，幸传至今，固宜球图视之。二曰精本。朱氏一朝自万历后，剞劂固属草草，然追溯嘉靖以前，刻书多翻宋椠，正统、成化刻印尤精，足本、孤本所在皆是。今搜集自洪武迄嘉靖，萃其遗帙，择其最佳者，甄别而取之；万历以后，间附数部，要皆雕刻既工、世鲜传本者，始行入录。三曰旧钞。前明姑苏丛书堂吴氏、四明天一阁范氏，二家之书，半系钞本。至国朝小山堂赵氏、知不足斋鲍氏、振绮堂汪氏，多影钞宋元精本，笔墨精妙，远过明钞。寒家储藏将及万卷，择其尤异，始著于编。四曰旧校。校勘之学，至乾嘉而极精。出仁和卢抱经、吴县黄荛圃、阳湖孙渊如之手者，

尤雠校精审。他如冯已苍、钱保赤、段茂堂、阮文达诸家手校之书，朱墨烂然，为艺林至宝。补脱文、正误字，有功后学不浅。荟萃珍藏，如与诸君子面相质问也。

这段话阐述了丁丙的善本观，他所认为的善本有四项，即旧刻、精本、旧钞、旧校。对于丁丙的这个善本观，毛春翔在《古书版本常谈》中给出了很高的评价："丁氏四例，略足本，而特标旧校，于精本，特指明刊，实较张氏所标三义，更为精到。足本似可包括在精本之内，不必另立一帜。肯定善本含义，我以为丁氏四例足以尽之。"

对于《善本书室藏书志》的学术价值，严佐之在《近三百年古籍目录举要》中，引用了台湾目录版本学家昌彼得的一段评语："这一善本标准一直沿用到民国初年。1933 年，国立北平图书馆出版的善本书目即依照此标准，并又编印《善本书目乙编》，以著录明万历以后的刻本及清初所刻而较罕见的版本。1947 年江苏省国学图书馆出版的书目，在书名下分别注明甲或乙或不注。注甲字是依丁丙的善本标准，注乙字者则与《北平图书馆善目乙编》的标准略同，不注者是普通本。1956 年台北'中央图书馆'出版的善本书目，亦沿其例分成甲、乙两编。到了 1968 年，台湾所出版的各大图书馆藏善本联合目录所采的标准又降低了一些，不再分为甲乙，凡是明亡 1644 年以前的刻本皆列入善本，再加上清初所刻而传世较少的版本。"

看来民国年间公共图书馆的善本编目，基本上都是本照丁丙提出的四条标准。"中华人民共和国成立后，大陆各大图书馆的善本书目也基本如此。因编纂《全国古籍善本书目录》而引发的对善本涵义的学术讨论，众说纷纭而暂归一是，丁丙的标准仍是其理论基础。从这一意义上讲，刊载四条善本标准的丁丙《〈善本书室藏书志〉跋》和按此标准选编的《善本书室藏书志》，在清代目录学史上的作用和地位，就万万不能低估了。"（严佐之《近三百年古籍目录举要》）

《善本书室藏书志》编完后没有几年，丁丙就去世了。在其去世八年之后，也就是光绪三十三年（1907），丁丙的后人因为经营失败欠了一笔巨债，此后由官方主持变卖丁家的财产来赔偿欠款。当时的两江总督端方听到了这个消息，于是请缪荃孙到杭州跟丁家后人商谈，最终以七万五千两白银买下了八千卷楼的藏书，这批藏书奠定了江南图书馆所藏善本的基础。而今八千卷楼的旧藏基本完好地保存在南京图书馆。

丁氏兄弟为传承江南文脉作出了巨大贡献，他们的善本观念也对后世有着重要影响，因此，我特别想多找到一些与丁氏有关之遗迹。2017 年 5 月，我再到浙江寻访时，很希望找到丁丙、丁申之墓。

此次浙江寻访得到了浙江图书馆善本部主任童圣江先生的大力帮助。到达杭州后，我呈上自己的寻访地点，童主任根据距离远近做了相应安排，他特意带我前去寻找丁氏兄弟遗迹，一同前往者还有北京的宗晓菊女史。昨夜杭州下起了大雨，直到凌晨仍无停歇之意，这让我有些担心雨中寻访的不顺。转念思之，既然已经制定好了计划，何况童主任及其他的朋友也做了事先的安排，于是决定无论什么情况也要探访下去。

这一天堵车的程度超乎想象，每过一个路口要等红绿灯变换多回，驶出城的时间竟然超过了两个小时。这个过程中，雨一直在下，司机把收音机的音量开得很大，我觉得他是用这种方式来纾解自己的心烦。雨点敲打在车顶上，不间断地嘭嘭响，收音机内又不断地播放着夸张肉麻的广告，这两者交织在一起，搞得车内人的情绪都很低落，彼此间的沉默让人备感压抑。于是我努力地动脑筋想着话题，试图改变气氛，遗憾在这种景况下，才思更加枯竭，于是只好继续陪大家沉默下去。

此行的目的是寻找丁丙墓址。关于其墓址的地点，我是从网上得到的信息。2014 年 3 月 9 日的余杭新闻网刊载有曹云所撰《闲林金筑山丁丙墓地考》一文，文中引用了《民国杭州府志·冢墓》和《杭州丁氏家谱》所载："候选主事丁申、江苏特用知县丁丙墓，并在闲

监狱的灰墙

林镇东茅草山金筑山。"看来，兄弟二人都葬在了金筑山。

曹云通过找当地的朋友，到现场寻找了丁氏兄弟墓，其文中对于寻墓的过程有着如下的细致描写：

> 2013年11月7日上午，笔者约请闲林街道联荣村原村委会主任周上发引路，到钱江水泥厂（今西郊监狱）所在地丁家山踏勘。丁家山位于联荣村六组（六组土地范围包括茅草山、丁家山、棠岭一带）。从闲林东路缸窑桥钱江水泥厂公交站向南拐入一条水泥路，大约一千米就到丁家山。仔细考察丁家山，是一座五十多米的低矮小山包，它的东面有一座高约二百米的大山，大山北麓为茅草山，西北为丁家山。靠近武警中队营房的南围墙外侧，有一处宽广约五六亩的山岙平地，在这方土地上就是丁丙墓地。现在长满了葛藤、杂树、野草，被挖掘过的痕迹宛然清楚。
>
> 周主任说，这里原本有好几座坟，是不是丁丙墓他也不清楚，以前规模很大，周围用大石块砌成圆坛，从路口上去有好几级石阶，还有石碑、石凳、供桌等。"文化大革命"之前，这里开办钱江果园，开荒种桃、梅、梨、杏，但坟墓还未挖掉。

"文革"期间，红卫兵把坟墓当作"四旧"彻底毁坏，墓圈石、石碑、石桌等都用作建房、填路了。当时并不知道这是丁丙墓。

2005年12月6日的浙江在线新闻网发有《杭州，不要遗忘丁丙》一文，文中对丁丙墓的情况有如下的描写：

> 丁氏兄弟曾为杭州历史文化作过一定贡献，他们的墓在哪里，一直为丁氏后人和一些市民所关注。
>
> 丁仲存、丁云川在丁氏墓地坟亲(即守墓人)吴书田的曾孙、现年七十八岁的吴桐春老人带领下，寻找丁丙的墓。从吴书田开始，吴家就给丁家看坟，到吴桐春这里，已是第四代，吴桐春与丁家有很深的感情。他说，以后，像他这样看坟的人很少了。
>
> 吴桐春带着他们来到了杭徽公路钱江水泥厂后面，他指了指半山腰的一块空地，"这里百分之百是丁丙墓"。据他介绍，墓已没有了，但还有一些墓砖等遗迹。在20世纪50年代时，一家单位为建果园，把墓给平了。吴桐春曾前去向那家单位反映，但他当时也是"泥菩萨过江，自身难保"，丁丙墓还是给毁了。
>
> 丁仲存说，作为后人，他们家境一般，对丁丙墓无力整修和保护。他建议，在建设历史文化名城的过程中，有关部门能否在丁丙墓原址上树块碑，让更多后人记住这两位杭州人的功绩。

由以上的这些文章可知，丁丙墓已经被毁，然而这些文章中写出了具体的方位，因此我决定到原址去探看一番。

其实从地图上看，闲林镇距离杭州市区并不远，如果以西湖作为起点，闲林镇仅有十七千米的路程。这么短短的一段路竟然行驶了两个多小时，简直没天理，好在到达镇上后，在镇内很快找到了西郊监狱。可能是为了留下一条通行道路，监狱分为两部分，从此路通过，两侧均是有着铁丝网的高高大墙。在雨幕下，穿行在这样的无人路上，让每个人的心境都有些异样，好在二百米后，眼前豁然开朗，前方所见是一座大山，在雨水的浸泡下，眼前的大山青翠欲滴，与监狱那冷冰冰的灰墙形成了巨大的反差。

按照曹云的记载，这座山应当就是丁家山，丁丙墓址就位于丁家山与监狱之间的平地上。前行的路正在施工，我们发现左侧有一条上山的路，于是我请司机沿着此路向前走。此路坡度较大，仅开出了几百米，就提升了不小的海拔。按照前文中的描述，我感觉这一带应该不是丁丙墓址所在，于是果断请司机掉头驾驶，然而山间的路很窄，司机无法掉头，只好继续前行。

又向山中行驶了一段，在路边偶然看到了一个小岔口，我请司机拐入此路，但这条路更窄，依然无法掉头。前行二百米，其尽头是一家石材加工厂，里面有两人正在工棚内干活，他们一抬头看到了我们的车，两人也不说话，只是紧紧地盯着车，司机也不摇下车窗解释，而是开入院中寻找空隙艰难地掉头。趁此间隙，童主任下车向此二人打听丁丙墓址所在，二人均摇头。

终于把车驶出了院落，原路下山，在此过程中，我加紧翻看手中的资料，按照曹云所言，丁丙墓址应该还是在山脚之下，于是一直把车开到了山脚下，请司机停在一安稳处。众人下车分别向不同方向去寻找。

这应当是丁家山

我在右手边的田地内慢慢探看，希望能够看到曹云所言的残石，可惜未果。在这片几亩大的田地上穿行而过，虽然雨小了很多，但是脚下的泥泞还是让人十分难行。这片空地上种着不少的蔬菜，我唯一认识的是蚕豆，鲁迅跟小伙伴们在大晚上看完社戏后去偷的蚕

空地正中有个小水塘　　　　　　　　　　　　　　　　　在树林里找不到任何痕迹

豆，应当就是我眼前所见之物。

　　展眼望去，监狱管理楼前还有一块空地，此地跟我探寻的这块空地隔着一条水渠，因为下雨，渠内流水湍急，我打算跨过溪流到对面去探看，然跃跃欲试一番，还是没把握能跨越过去，这让我有些沮丧。于是原路返回，重新走上大道，沿着正在修筑的道路，向那块空地走去。因为道路的泥泞，我两次差点滑倒。

　　我边走边琢磨着到了空地上该如何拍照，因为拍监狱好像也是一件禁事，好在门前的岗亭朝着另一个方向，我的拍摄角度恰好不在士兵的视线之内。虽然这块空地上种着一些粗壮的树，但从修剪的程度看，它们应该是刚刚种下不久，而在这块空地上同样没有看到任何的残石。

　　将这一带踏寻了一遍，仍然得不到任何结果，四人对此当然都有些沮丧，但已然是这样的结果，也只能接受。

　　而后开车前往闲林镇，我找了一家土菜馆想让大家换一下心情，可惜土菜馆已经停业，只好进入旁边的快餐厅，每人来份快餐。这里的快餐做得还算入味，但这毕竟不是我们行驶几个小时来此的目的，虽然大家还是说笑着，但我心里还是觉得"今日不宜寻访"，只是皇历上好像没有这样的宜忌。

盛宣怀

不择普善，无论和译

盛宣怀是中国近代史上的重要人物，其事迹多与实业有关。他出身于书香门第，祖父盛隆举人出身，曾经做过浙江海宁州知州，父亲盛康则是进士出身，曾做过布政使。盛康有六个儿子，盛宣怀为长子，然而盛宣怀的科举之路并不顺利。到了清同治九年（1870），经朋友的推荐，他进入李鸿章幕，而李鸿章本来就跟盛康是不错的朋友，故而对其颇为照顾。盛宣怀也确实有能力，他在李鸿章手下负责起草文书，往往下笔千言，立时可得，这让同僚们都很佩服，而后他就一路升迁做到了知府，后又做了道员。

同治十一年（1872），李鸿章派盛宣怀去办理轮船招商局之事，这是他介入实业的第一步。清光绪元年（1875），盛宣怀又被派去开采湖北的煤矿与铁矿，同时兼管招商局。自此之后，他就在实业方面大展拳脚，成为洋务派中颇具名气的人物。

关于他在实业方面的贡献，细数起来恐怕又是一篇长长的文章，而本篇小文主要是从藏书角度来谈谈盛宣怀的成就。他何以有了藏书之好，各种记载中有着不同的说法，比如他在《愚斋图书馆藏书目录》序言中说："壮岁即有纵窥书穴之志，从政余闲，辄喜搜集图书，逮官京曹，收罗益富，最后收得元和灵鹣阁江氏、巴陵碧琳琅馆方氏之书，庋架图籍已赢十余万卷矣。"

盛宣怀称，自己壮年时就有藏书之志，于是为官之余广泛收集书籍。要想让藏书有一定的规模，必须要有特殊的契机，其中之一种，就是整批地买到大藏书家的旧藏，盛宣怀就遇到了这样的机会，因为他整批地买到了江标和方功惠的旧藏，这使得他的藏书数量迅速超过了十万卷。但是，这段话讲述他收到了哪些旧藏，却没有提到他何以有了藏书之好。

一般而言，藏书之好首先是跟天性有较大的关系，其次则是有着祖上的递传，第三则是受到朋友的感染。当然，这三点往往是兼而有之。盛宣怀是哪一种呢？我还真不好下断语。晚清民国著名藏书家叶景葵曾经是他的手下，《文献》2015年第2期载有杨观所撰《叶景葵任天津造币厂监

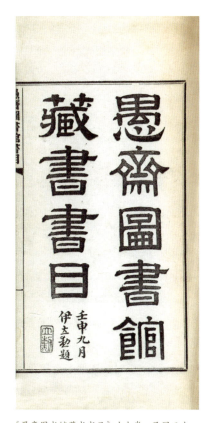

《愚斋图书馆藏书书目》十九卷，民国二十一年（1932）上海大成印务局铅排本，书牌

督前后相关函札三通释读》，该文收录有盛宣怀致载泽的两通手札，载泽当时任度支部尚书，盛宣怀写信给他就是举荐叶景葵任天津造币厂监督。能有这样的推荐，说明叶与盛之间有着不错的关系。

虽然从各种资料来看，叶景葵在一些文字中也表露出对盛宣怀不满，但这些应属内部矛盾，从大体上来说，叶对盛颇为敬重。叶景葵所著《卷庵书跋》中有《愚斋存稿初刊》一文，叶在该文中称："宣统之季，余在造币厂监督任内，公适筹画币制借款，召余商榷。函电属草，每于病榻亲自为之。精细为群僚之冠。革命事起，资政院纷纷弹劾，得罪而去。一生爱好，付诸东流，而国事亦不可为矣！"

此时的叶景葵已经任造币厂监督，说明盛宣怀的推荐起了作用。为了能办好造币厂，盛宣怀费了很多的心血，叶景葵说盛在病重之

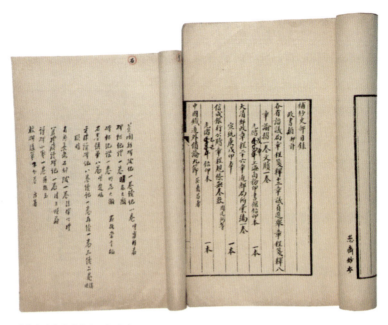

《愚斋图书馆藏书书目》手稿

时，还要亲自起草电稿，因此，叶赞盛"精细为群僚之冠"。但即便如此，盛宣怀还是受到了其他人的弹劾，叶为此打抱不平。由此可知，盛与叶之间有着较为密切的交往，而他俩之间是否也在工作之余商讨目录版本之学，则无从可知了。

　　盛宣怀除了买得江氏、方氏两家旧藏，还到日本大量访书。他到日本访书是在清光绪三十四年（1908），其实早在之前的大约三十年，黎庶昌、杨守敬等人就已经在日本大量买书。盛宣怀会不会是受到他们影响，也希望在日本买到大量的善本呢？这趟日本之行，盛宣怀停留了两个多月，在此期间，他写下了《愚斋东游日记》，详细记述了他在日本活动的细节。该日记起首即言，他前往日本的目的不是为了访书，主要是为了治病和考察实业：

　　　　且宣怀久患痰喘，中医疗治难痊，夏秋尚可支持，冬令增剧，年甚一年。日本有国医长于治肺，不能来华，只可就其医院诊治。合无仰恳天恩，赏假两个月，即拟趁此天气未凉，克日东渡，一面考察厂矿，一面就医……八月初一日，奉军机处三十日电开："本日奉旨：盛宣怀电奏悉，着赏假两个月，并准其赴日本就医。钦此。"遂买定美公司"高丽"轮船横滨船票，准初七日东渡。

（明）唐顺之撰《唐荆川先生文集》十八卷，清光绪二十一年（1895）武进盛宣怀刻本，卷首

盛宣怀患的是肺病，虽然请中医治疗了很长时间，却不见效，每到冬天病情就会加剧，所以他就向朝廷请假。得到批准后，他来到了日本，而其假期乃是两个月。但是盛在日记中所说的理由是真实的吗？恐怕另有隐情。

光绪三十四年二月，盛宣怀出任邮传部右侍郎，该部主要管辖铁路、电报、航运、邮政，是那个时代最重要的实业，而这四项主要业务中，前三项均为盛宣怀所开创，可见其对中国实业作出了何等重要的贡献。任命他管辖自己所开创的实业，本是理所当然的事情，可是当他接到这个任命后的第三天，有关部门却让他返回上海，去管理一些具体事务。这么快的变化让盛宣怀有点儿摸不着头脑，但他懂得官场的规矩，所以也不多问，于是就去向慈禧太后辞行。

慈禧接见他时，问他为什么这么快就离京，这句话立即让盛宣怀意识到，让他返回上海不是慈禧下的命令，但盛明白，如果跟慈禧讲到这件事情，不知道又会得罪哪些人，于是他支支吾吾地不敢说实话。慈禧也未再追问，只是说："你要离朝，我另有东西赏赐给你。"可是他退朝之后，盛宣怀却又未曾接到赏赐之物。这让盛感觉到，朝中恐怕有人暗中与之作对，两个月后，他就向朝廷提出要到日本去就医和考察厂矿。据此分析起来，盛宣怀前往日本虽然确实有很多的理由和具体事务要办,但更重要的,恐怕也是一种避难的方式。

盛宣怀在日本期间,访问了不少的厂矿实业,还参观了两家图书馆,他在参观了大桥图书馆这天的日记中写道:"至大桥图书馆,由接待员导登藏书楼。楼计两层,架庋洋装书籍居多,而旧书绝少。看书者约以百计,询知为私立书馆,便于寒士、学生等借观,故大半取适时用,不比帝国图书馆之注重藏书也。接待员出一簿(均系曾经到馆有名之人),请余亲书游日衔名并记同游者以为纪念,旋赠章程、书目、年报各册,送别登车。"

接着他又去参观了帝国图书馆:"赴帝国图书馆,大楼二层,规模宏敞,藏书楼共八层,每层高仅七尺,书架称是便于取携。每日看书者有七八百人,据接待员云,所藏宋板及钞本不少,惟不付阅。其阅览室分特别、寻常、妇女三处。入阅须先购券,特别券纳资五十钱,寻常三十。卷轴浩繁,不及细观,购取其书目一部。"

由这两则日记可以看出,盛宣怀去参观日本的图书馆,并不是出于自己的需求查看那里的善本,更多的是考察图书馆的设置以及阅读方式,可见其目的与杨守敬、李盛铎等人不同,后两位的着眼点更多是寻得流传在日本的珍贵汉籍,是从版本角度着眼,而盛宣怀的主要目的是想了解公共图书馆的开办方式。

盛宣怀回国后,在清宣统元年(1909)十二月二十一日给原兵部尚书吕海寰写信,表明了自己要办公共图书馆的想法:

> 弟自丧明抱戚,老怀抑郁,终日闷坐无以自解。宅有隙地,拟造图书馆。近颇收买旧书,如部中有罕见典籍价不甚贵者,乞代留意。孙济宁收藏甚富,能否设法收购,两有裨益。(《盛宣怀未刊信稿》)

从相关记载来看,盛宣怀要办公共图书馆并非一时兴起,江庆柏在

《近代江苏藏书研究》一书中写道："1911 年，辛亥革命爆发，盛宣怀逃亡日本。虽然处境困难，盛宣怀仍没有放弃对图书的收藏。他一方面在日本进行购置，另一方面还非常关心国内的藏书情况。为防止国内图书的散失，他特地在日本筹措了二万元，交妥帖之人带给寓居上海的赵凤昌，请赵在国内帮助收购图书。"看来，盛宣怀在逃亡日本时，仍然惦记着办图书馆的事情。

而江庆柏在这段论述之后，引用了 1912 年 10 月盛宣怀写给赵凤昌的信：

> 近日常赴公园各图书馆博览群籍，华洋今世无所不有。闻罗叔蕴、董绶金辈各携所藏而来，深有慨于吾华数十年名哲精英沦落于外人之手一去不返……公襟怀夐远，若到此一览，当无不喟然长叹也。弟前因上海为各国散处，可以持久不变，特建图书馆一所，以便士林。闻南中旧家藏书迫于乱离，倾筐而出，若能趁此时广为搜罗，未始不可为东南保全国粹。公谅有同心。兹先措上日金二万元，交妥便带上，到日即请查收，代为留意收买。俟奉复翰，再当续筹，大约以四万元为度，专买未见之书。（转引自夏东元著《盛宣怀传》）

盛宣怀在如此的困难时期，仍未放弃自己的理想。这也可说明，他在光绪三十四年的日本访书过程中，更关注的是图书品种，而非珍善本。

郑晓霞在《盛宣怀东瀛访书述要》一文中，把盛在日本的访书活动分为了三类，第一类就是亲自赴书肆选购。其实，盛宣怀第一次在日本的两个多月，仅两次到书店去访书，而这两次相隔仅一天，其在 9 月 12 日这天的日记写道：

> 向闻日本颇有旧书，因赴神田各书肆购求。惜维新以后讲

求新学者多，旧书寥如晨星，书贾专事营运，亦不收买，过十数家不得一部。忆昨片山谈币制津津有味，颇思研究财政，乃选购日本理财等书数十种而归。留学生沈祚延芑舫、但焘（植之，但少村方伯之侄孙）两生来见，中、东学问俱优，可造才也。但生闻余求书，因称东京文求堂旧书最多，暇日可以往观。

由这段话可以看出，其实盛宣怀也想在日本买得一些善本，他听说日本有不少的好书，但未点明从哪里听闻，估计也是受到了杨守敬等人的影响，可惜等盛再次来神田街访书的时候，已经看不到什么善本了。这一天，盛宣怀在神田街转了十多家旧书店，一部合适的书都没能买到，显然他不想空手而归，于是想起了前一天跟一位日本专家商谈币制的问题，就买了一些日本关于财政方面的书。但是，他对于访得善本的愿望并没有放弃，所以隔了一天又来到日本最著名的汉籍书店文求堂，在这里，他果真看到了不少的善本，他在日记中写道：

中国书籍不少，而精本标价极昂。内有钞本《钦定西清砚谱》一部，计二十五卷，乾隆四十三年奉敕撰。凡陶之属六卷，石之属十五卷，共砚二百，为图四百六十有四。附录三卷，则今松花、紫金、驼基、红丝、傍制澄泥诸品，共砚四十有一，为图百有八。每砚正、背二图，亦间及侧面。凡御题及诸家铭识一一钩摹，精好绝伦。称系内府藏本，问其价，二千元。

好货不便宜，虽然文求堂有不少的善本，但价格却极其昂贵，购买这样的书，显然有违盛宣怀的初衷，于是他就没有买下这类善本。后来，西京书肆也给他送来过一些善本："有宋板《容斋随笔》正、续六册为最佳，索价三千余圆，惜改订时上下两头均已切短，且有日人丹铅涂抹，亦非完璧。又有怀素草书《千字文》墨迹一部，后附苏东坡、黄山谷、赵松雪、徐天池、毛古庵、文衡山诸名家题跋，悬价万五千圆。再四展观，殊不得其妙处。题跋亦有可疑。"

宋版《容斋随笔》也是很不错的书，可能盛宣怀嫌贵，于是找出了该书中的很多毛病。其实，以盛的经济实力，应该说他买下这些善本不是个大问题，而其嫌贵的原因，更多是他想要创建一所公共图书馆，这就需要买下更多的品种，而不是更多的善本。

上海书店发行的《古旧书讯》1988 年第 5 期中，刊有陈左高所撰《近代日记中的访书史料》，该文中提到了盛宣怀的《愚斋东游日记》，陈左高评价道："由于盛宣怀富于资储，书贾络绎送观，得数百种，内以钱谦益选刻之《杜诗》《列朝诗集》及明刻之《管子》、仿宋本之《李白全集》为最。类似云云，事关近代访书史话。"

可见，陈左高先生也认为盛宣怀是个富有的人，所以很多日本书商忙着给他送书。然陈先生文中举出的几种书，以今天的眼光来看都称不上难得之本。由此可知，盛宣怀的这次日本访书，其着眼点的确不在珍本与善本，因为在他所买下的两千种书中，这些明、清刻本已为白眉。

盛宣怀的买书心态很快被日本书商了解清楚，文求堂主人给他送来了一大批普本，盛宣怀一次就买下了其中的几百种。这个消息传出去之后："因是，东京各书肆颇有闻余嗜书者，络绎送观，大可排遣。随阅随购，统计新旧不下千余种。"其实，旧书市场的情形到今日也是这样：精本少、普本多。既然盛宣怀只是为了增加品种，当然能够迅速地买到许多。而郑晓霞在文中统计出盛在日本的第一次购书之旅："合计起来，估计应该在两千种左右。"一次性能够买到这么多的书，这在其他人的日本访书经历中，难有与之匹者。

盛宣怀回国之后就开始筹建图书馆，他在自己上海住宅的旁边划出了十多亩空地，以此作为建造图书馆的地皮。其实在此之前，他曾跟时任两江总督的端方商量好，两人共同拿出自己的藏书，在上海合建一所"松滨金石图书院"，但端方后来食言，不再参与此事。

有人认为，其原因是他想在南京等地另建图书馆。

　　盛宣怀决定独自建立一所图书馆。宣统元年十二月十九日，盛给缪荃孙写信说："愚斋所立上海图书馆现已开工，地十余亩，拟小作丘壑。尊处所拟图样，乞速抄示，以便摹仿。此间已三易稿，尚觉未完备。"（《盛宣怀未刊信稿》）可见，盛宣怀为这座图书馆的建设费了不少的心血，因为该馆的建筑图纸他已经看到了第三稿，仍然觉得不满意，但最终这所图书馆还是在宣统二年（1910）九月落成了。

　　盛宣怀跟缪荃孙是同乡，两人有着不错的关系，最有名的合作是缪帮助盛刊刻《常州先哲遗书》，据说刊刻该书的提议是由缪发起，而后获得了盛的赞赏，盛曾在给缪的信中写道："毗陵文献佚而无征，亟宜搜罗，仿《湖南文征》收刻成书，拟即发征文公启。尊处必多存件，度里中转不及外省流传之多，或即以国朝为限制，不录前朝文字。"（《艺风堂友朋书札·盛宣怀二》）

　　由此可知，盛宣怀也为此书的刊刻想了不少办法。缪荃孙在自撰的《艺风老人年谱》中也写到了此事："是年盛愚斋宫保嘱编刻《常州先哲遗书》，皆荃孙搜罗，宫保出费而已。"缪的这种说法略有自夸之嫌。首先他承认是盛宣怀嘱咐他编刻《常州先哲遗书》，这句话缪荃孙说得倒是很客观，他并未称该书的编纂全是自己的主意，然而他却说，该书寻找底本全由他个人操刀，盛只是个出资人。如果盛宣怀的那封信未曾流传下来，那么缪的说法当然能够成立。

　　无论怎样，缪荃孙主持刊刻的《常州先哲遗书》确实颇有影响，郑伟章在《文献家通考》中说："所刻《常州先哲遗书》初集八函六十四册，极精雅，堪为近代郡邑丛书之冠。盛氏延请缪荃孙主持，参校者有吴文郁、罗榘臣、丁立诚、汪康年等，刻字者有名匠黄冈陶子麟、长洲宋进凤，始于甲午，竣于丁酉，历时四年，耗资白金四千八百余两。辛亥后，又得三十种四十册，刊为续集。"

　　盛宣怀最终建成了愚斋图书馆，可惜这个图书馆没有存在多少

年就被一分为三地归了其他的公馆，其中的细节我已写入"书楼"系列中，于此不再赘述。

按照资料记载，盛宣怀墓位于江苏省江阴市徐霞客镇阳岐西路阳庄村老旸岐自然村。参观完徐霞客故居，我就来到了该村，然而在村边问过多位老人，均不知盛宣怀墓在哪里。以我的想象，盛宣怀是晚清的重臣，更为重要的是，他跟中国许多重大的实业项目都有着关联，他的墓应当十分的庞大，更何况他有七位妻妾，这些人葬在一处，当然会是一片不小的墓园，为什么当地人都不知道他的墓呢？这让我怀疑自己从网上搜得的资料的准确性。

正在彷徨间，过来了一辆小车，我在路中拦下此车，驾车者是一位五十多岁的男士，他听完我的请教，笑着告诉我：在当地的方言中，"盛"字的读音与普通话差异很大，故而本地人弄不明白我到底要找谁。而这位驾车者却知道盛宣怀墓的具体方位，他让我跟在其车的后面，由他带我前往。于是我原路退回，跟着他来到了一个小小的窄路口，他告诉我说，沿此路前行二三百米即可看到。

我谢过这位好心人，沿着一条不能错车的水泥路向前走，大概到了二三百米的位置，在右手边看到了一片树林，树林之中有一座寺庙状的建筑物，我觉得那应该是我的寻访目标，于是穿进树林细

树林中没有任何标记

看。然而门楣上写着"关帝庙"三字，试着敲门，里面无人应答。展眼四望，这片树林中有一座小坟丘，我在坟丘的四周仔细探看一番，没有任何刻石，故无法确认眼前所见是否跟盛宣怀有关。但即便这是盛的墓，其坟丘的规制与大小，也跟他显赫的成就形成了巨大反差。

我继续向树林深处走去，走出不远，竟然看到有一只黑色的大鸟悬停在半空中，吓了我一跳。我走到跟前细看，原来在这密林之中，有人设置了几十米长的粘网，这只大鸟正是撞在此网之上无法挣脱而死去。我真不明白下粘网者的目的究竟是什么，都是生命，活在这世上都不容易，还是请高抬贵手网开一面吧。

除此之外，这片树林之中看不到任何坟丘，这又让我怀疑刚才那位指路者究竟说得是否正确，可惜我没有留下他的电话号码，无法向其询问具体的走法，而我也同样无法确认这处关帝庙是否跟盛宣怀的墓有关联。环顾四周，我看到在关帝庙的左侧有一排房屋，于是前去了解情况。

这排房子的侧墙上钉着"后横头"的街牌，这一带仅有一排房屋，我不清楚"后横头"算不算是个自然村。正在打量间，有一位中年妇女抱着孩子走了过来，我立即迎上去向她请教盛宣怀墓所在，可惜这时我忘记了刚才那位好心司机告诉我"盛"字在本地的读音。幸运的是，这位妇女竟然能够听懂我用普通话所读出的"盛宣怀"。她告诉我说，前一段时间有一位记者来这里，也是寻找盛宣怀的墓，正是她带着那个人去找的。

遇到了知情人，我马上向妇女请教：树林中的那座墓是不是盛宣怀的？她说那个墓跟盛没有关系。而后她带着我往回走，大概走到后横头与老旸岐之间的一个位置，这一带也有一排新建的楼房，楼房前是一片空地，这片空地有十几亩，上面开满了今人喜爱的油菜花。妇女指着这片油菜花说：盛宣怀的墓就在这里，这里还葬有盛宣怀的四位妻妾。我问妇女："盛宣怀不是有七位妻妾吗？那另三位在哪里？"她说这个就不清楚了。然而，盛宣怀的墓为什么连块墓碑都看不到呢？妇女说，墓碑在20世纪中期全部被砸烂了。想一想，盛宣怀乃是慈禧太后手下的红人，仅凭这一点，墓碑也很难留存下来。

我向妇女请教她的姓名，妇女却笑着说：她叫什么并不重要，

抱孩子的妇女告诉我：那座坟就是盛宣怀的

旁边的四座坟乃是盛宣怀妻妾的

眼前的这片空地原本都是盛家的地产，她家建的房也是盖在盛家的地产之上，她觉得不能忘记这位先人。不知为什么，妇女说出的这几句质朴的话，却让我的心中有了小感动，于是我又问她：如今在这里还有哪些跟盛家有关的遗迹？她告诉我，原本旁边还有一个祠堂，因为没有人维修管理，这个祠堂在前些年倒塌了。闻听此言，我请妇女带我到原址一看。

穿过这排楼房，其右侧的位置有一个独立的院落，这个院落全部被水泥墙围了起来，正前方是一个大铁门，透过门缝向内张望，里面是一片空地。妇女告诉我，盛家祠堂倒塌之后，县里的有关部门就来此盖起了围墙，据说要把祠堂重新修建起来，可是过了几年，也没见动静，于是就荒废在了这里。

我围着祠堂探看一番，看不到任何的文字介绍。祠堂的侧旁紧邻着一条缓缓流动的河流，太阳照在水面上，将祠堂的倒影美化成了一幅漂亮的图案，虽然这是一种虚幻，但虚幻的美丽同样让我顿感"不知今夕何夕"。

巧合的是，此文写完的第二天我就看到了南昌书友李锣笙的微信，他在微信中展示了一册盛宣怀墓志铭的裱本。事情如此之巧，

盛家祠堂被围在了里面 　　　　　　　　　　　　　　　　祠堂旁是一条河

我觉得冥冥中真是有着因缘，于是马上向李先生索要了一张图片，来作为此文的配图。

　　一般说来，墓志铭的拓片大多是墓冢被挖掘之后才会见到，如果盛宣怀的墓是在 20 世纪中期被挖的，在那个年代里，谁会有闲情逸致来拓墓志铭呢？如此推论，这册墓志铭有可能是在刚刚刻完后就拓制而成，只是不知道这一推论是否正确。值得一说的是，盛宣怀的墓志铭堪称"三绝"——撰文者是当时的著名文人陈三立，书丹者是书法家郑孝胥，篆盖则出自金石大家吴昌硕，这三位均可称得上是"一时之选"。盛宣怀死后的哀荣与他今日墓的荒凉形成了很大的反差，更加让人感觉到世事沧桑。

盛宣怀墓志铭

銘

義甯陳三立撰文
閩縣鄭孝胥書丹
安吉吳俊卿篆蓋

公諱宣懷字杏蓀晚自號
止叟姓盛氏江蘇武進人
也曾祖諱洪仁議敘従九
品本生曾祖諱

皇清誥授光祿大夫太子

陈遹声

七世递藏，亘古罕有

2017 年 10 月 29 日，诸暨图书馆讲座完毕之后，我跟随徐晓军、王以俭两位馆长，乘坐方俞明先生的车前往浙江省诸暨市枫桥镇寻访历史遗迹。第一个寻访点就是陈遹声父子在该镇所建的藏书楼。陈氏在当地为望族，称为宅埠陈氏，世代簪缨不绝，书香传家，早在元代陈家就建起了藏书楼，陈遹声的父亲陈烈新则建有授经堂，陈遹声在京任职期间，几乎将所得俸禄都给父亲买了书，而一个家族的藏书史可以追溯到元代，这在其他家族中并不多见。

诸暨市区离枫桥镇很近，从我查到的资料看，诸暨的历史遗迹基本集中在枫桥，看来原本这里才是诸暨的政治文化中心，不知道何时该市的中心向南移，而后形成了今日的格局。就整体建设风貌来说，在枫桥镇所见确实比不过诸暨市，看来城市中心的变迁，会对当地经济产生很大的影响。

我们的车开入了老城区，转入一条仿古商业街。从外观看，这条街刚刚改造完成不久，人气还未旺起来。方俞明说，陈氏父子的藏书楼就在这片仿古街区的附近。在这里我们见到了方先生的朋友阮建根，方兄介绍说阮先生专门研究绍兴地区的历史遗迹。能遇到这样的人，可谓是寻访中的福气。阮先生谦称，枫桥镇也有几位专门研究当地历史遗迹的朋友，他们对这里的人文掌故可谓了如指掌。为了能够让我得到更多的细节，阮先生特意叫来了当地的朋友陈钢先生。

陈钢先生看上去很年轻，阮先生介绍说，陈钢乃是陈洪绶的族裔，陈遹声父子也是陈洪绶的族人，因此相关细节我可以向陈钢了解。能够觅得后人，这对寻访当然大有益处。我首先向陈钢请教的是枫桥是否曾经是诸暨的中心，陈钢称并非如此。他说在宋乾道年间，这里曾经是义安县的中心，只是后来又归为了诸暨的一部分，不过历来的确是诸暨重镇。看来我的猜测想当然了。

我们把车停在了一个小广场上，而后跟随陈钢前去看陈遹声建造的畸园。穿过一座仿古门洞进入后面的街区，我看到这里的门牌号是"孝义路38—2号"。再往前走，来到了一个拆迁后形成的小广场。陈钢说，这里就是当年的畸园。

（清）吴颖炎辑《经学辑要》二十四卷，清光绪十九年（1893）上海点石斋石印《经策通纂》本，陈遹声序眼前早已看不到想象中的畸园，不知何时拆得如此干净，除了一条狗在那里寻寻觅觅，余外全是修建没几年的水泥墙，水泥院墙内也是近几年的仿古建筑。陈钢说，中华人民共和国成立后畸园被政府征用作粮站，因此建筑结构并没有马上被破坏，迟至20世纪60年代，还有当地小学生将畸园作为游览景点，里面的楠木厅是当年最值得观看的景致。

从阮建根提供的资料看，当年的畸园规模宏大，建德胡念修曾写过一篇《畸园记》，此记首先描绘了枫桥镇悠久的历史与人文的辉煌："概浦千顷，挟庆湖三十六源而朝宗；句乘九层，环杭乌七十二峰而鼓吹。紧枫桥之重镇，地即义安；有绿野之名园，天连古博。同忧同乐，当谢公陶写之年；一壑一丘，正范伯流连之所。星联东井，揖让怀葛之衣冠；月霁南山，襟带齐梁之烟水。此则清芬可仰，人以畸称，聚族而居，地因园著者矣。"

胡念修在此也提到枫桥原属义安。关于畸园的美景，他在《畸园记》中有大段的描写，其中有："骏公先生，太丘世泽，於越耆英。九转木天，一笔江海。在山之水，清自廉泉；出岫之云，用为霖雨。高冠游侠，方山以偶傥生姿；卉服谈禅，宝纶以嵚崎自喜。珥节莼鲈之郡，掬秋水以盟心；校经菱蔚之图，依白云而望舍。"骏公即陈遹声。

胡念修的这段话，讲述的是陈烈新开创庄园之事。其中的"宝纶"当指陈洪绶的宝纶堂，陈遹声是陈洪绶的七世族孙。对于畸园内的美景，胡念修写了多篇赞语，比如他给畸园中的"拜王揖杨之楼"的赞语是："杨为逸民，王亦高士。铁银二峰，梅环九里。山高水长，风流未已。"

陈遹声为什么起了"拜王揖杨之楼"这样一个奇怪的名称？金坛冯煦所撰《清故光禄大夫陈遹声墓志铭》中称："辛亥（1911）而后，益杜门养晦，邈与世绝。于里中营小园，构楼庋书数万卷，日夕吟诵其中，以近王元章、杨廉夫故居，颜曰'拜王揖杨之楼'。少宗阳明、蕺山之学，律己严毅，不要声誉，晚而弥厉。当轴与公雅，故数招之，谢不往，可谓介矣！缉《明逸民诗》二十卷、《畸庐稗说》二卷以见志，其它著尚数十种，手书诗稿，高几等身，然秘之不一示人也。"

这段话讲述的是陈遹声辞职返乡后的情形，他在畸园中建起了藏书楼，楼名与其家乡的名人王冕、杨铁崖有很大关系，因为他崇拜这两位先贤，且其家距这两位历史名人的故居又不远，故以此颜楼。其实，冯煦在墓志铭中并未将陈遹声的藏书楼一一列出，因为畸园之内还有多个藏书楼在，这些书楼的名称均与历代藏书大家有一定的关联。比如畸园内有一栋房名为"野史亭"，胡念修对此楼的赞语是："不慕子京，帅蜀修书。乃学遗山，筑亭以居。史文野质，回望石渠。""野史亭"之名本自元好问。

畸园里面还有前面提到的"授经堂"："刘传七略，王授青箱。名父之子，世称元方。由园遗老，题图肯堂。"胡念修的这句赞语将陈遹声父子比喻成了西汉的刘向、刘歆。这种比喻方式，料想陈氏父子肯定最爱听。畸园中还有"学苏斋"，通过胡念修所写赞语可知，这个堂号是本自翁方纲："昔有覃溪，自号苏斋。今见陈子，蜀学书怀。会当持节，摩眉山崖。"

除此之外，畸园中还有"读未央文字之室"，从名称上似乎难解此室的来由，然胡念修在赞语中写道："滂喜通儒，善说文字。公为解人，与之同志。西京之遗，南阁之记。"滂喜斋乃是清末大收藏家潘祖荫的堂号，以我的猜测，"读未央文字之室"应该有此暗喻。阮建根给我的材料中标明："读未央文字之室"就是潘祖荫所书匾额，看来我的猜测没错。

据陈钢介绍，畸园的"畸"在汉字语境中也是很特别的，这是陈遹声大智慧的体现。陈遹声的祖父陈殿荣字继垣，在当地方言中，与"畸园"发音一样，这一点上或许也有陈遹声有意为之的因素。

此外，畸园内还有带"山草堂""双红豆庄""馌耕堂"等等，这些堂号都是请当时的文化名人撰写匾额，比如园中的"向月寮"就是请翁同龢题匾，"紫石山房"则是请徐世昌来题写。能够请得这么多的大名人来题写匾额，足见当年陈家交往之广、势力之大。仅从堂号的数量，即可想见当年的畸园是何等之宏大。当时的大藏书家缪荃孙还给陈遹声的《峰泖宦隐图》填过一首百字令：

> 九峰三泖，正天风吹绿、平芜烟树。太守鸣驺花外转，想象欧苏襟度。父老扶犁，儿童骑竹，尽入嬉春句。衢讴家祝，使君方欢来暮。
>
> 同是飘堕天涯，朱幡早盖，殊羡君荣遇。我向江湖甘匿迹，终老萝云菰雨。铃索西清，羽书东国，旧梦无心数。五茸城下，何时来理游具？

即便有着艺术夸张，也足可从这首词中读出当年畸园的确美景如画，可是我们此刻眼前所见，却完全没有了词中的画境。徐晓军、王以俭两位馆长站在那里感叹着历史的沧海桑田，我则发愁于在这片空地上，找不到拍照目标。

眼前所见确实令我难找到拍摄意向点，我唯一的办法就是一遍遍追问阮建根和陈钢两位先生，总希望在我的追问下，他们能够告诉我尽量多一点儿的线索。我的喋喋不休正应了当今的一句时髦话："念念不忘，必有回响。"阮先生猛然间想起：距此不远的山上还有陈遹声的墓。

藏书家之墓早就是我的重点寻访专题，然而关于藏书家墓的寻访难度远超过了书楼，今日意外得到这个信息，我当然想去一探。于是立即追问，由此前往陈墓大概有多远。阮先生说，开车大约有二十分钟，如此推论，其距离应该在二十千米之内。此刻我又想起，我们这些人在枫桥镇聚会，已经凑齐了四辆车，这么多人跟着我去上山寻墓，是否会耽误朋友们的要务。于是我立即征求众位的意见，没想到所有朋友都愿意前往一看。能有这么多志趣相投的友人一同去访古，想一想都是件人生快事。于是，我们跟随阮先生的车一同驶向枫桥镇外的山上。

一路所见，到处是阡陌交通的田野，岔路极多，沿途的标牌却很少。如果不是知情者带路，要想独自找到这里，其难度可想而知。我们经过千年香榧古镇赵家镇后，驶入山区道路，沿着盘山道一路上行，绕过了几处山头，在某座山的缓坡上看到了一处破旧的佛寺。寺庙前有着很小一块空地，我们的车也就挤停在了那里。阮建根称，陈墓就在此寺的后方。

寺前的空地上立着一座石牌坊，阮建根说这就是给陈遹声墓所立的。果真在上面看到了"陈遹声"字样，将个人牌坊立在寺庙门前，这是我以前没有见到过的制式。此牌坊距寺庙山门不足十米，并且立在了正前方，我看到后方寺庙的山门上刻着"荐福古寺"的字样。为什么会有这样奇怪的制式呢？

寺院前是陈遹声墓的牌坊

牌坊上有文字

　　阮建根回答了我的疑问，他说按照康熙《诸暨县志》上的记载，荐福寺旧称荐福教寺，"在县东七十里驻日岭侧，宋开宝四年建，初名报恩院，宋改今额"。当地村民称此处山头为狮子岩，旧时农村以狮、象命名的山峦，多是风水宝地。

　　陈遹声这样官宦世家的葬地，应该是很注重风水堪舆的，由此

荐福寺山门

而认定这是一块风水宝地，但是寺庙为什么会允许陈通声的墓建在此处呢？阮先生猜测说，当时这处荐福寺可能已经衰落下来，在清末或者民国初期，陈家将此寺买下，待陈通声归葬此地后，将其改造成了家庙的形式。如今，原本的荐福寺迁建到了此地的后山上。阮先生向后山指去，众人顺着他的手指向山上望去，果真隐隐地看到有一座寺庙处在山巅之上。

端详这座石牌坊，其细节花饰保留得十分完好，看来未曾遭到破坏。在拍照间，我听到另一侧的山坡上传来说话之声。顺声望去，看到几个人挥着长杆在树上敲打着什么，阮建根说这是在打柿子。他告诉我这种柿子与北方的不同，个头长得又小又尖，当地管它叫珠红柿，味甚甘甜。珠红柿最著名的产地就是赵家镇上京村，这片山乃是上京村的地界，所以一到深秋季节就有人来此打柿子。

但是这些打柿子的人边挥舞边大呼小叫，不像是采摘人员。难道这些柿子均为野生？阮建根说，也不是这么回事，即使是野生，这些山区也已经包产到户，这些柿子树都是有主人的，当然也可能是主人特意种植的，然而当地民风不错，再加上柿子便宜，所以游

客来采摘，一般主人家也不过问。能有这样的好风气，不知道是不是受陈家的感染。这种珠红柿也引起了我的兴趣，真想爬上山坡也去打几个下来，可惜一帮朋友都属斯文人，我只好压下自己"撒野"的欲望，继续着陈遹声墓的探访。

拍完牌坊，来到了荐福寺门前。在其门口贴着一纸告示，告示内容是号召有缘信众共同来重修千年古刹荐福寺，落款为"荐福寺主持释常生"，告示的第一句为"现荐福寺老院已是危房"。看来主持释常生所言的集资恢复荐福寺，应当指的是这处"老院"，而非是山顶上的"新院"。如此说来，荐福寺仍然希望在原址上恢复原本的寺院，若果真如此，那陈遹声墓怎么办呢？告示旁的侧墙上还嵌着一块"陈遹声生平简介"的刻石，刻石的落款是"诸暨市文化局，二〇〇一年五月立"，既然简介嵌在了佛寺的墙上，也就说明当地文化局还是认定这里跟陈遹声有更大的关系。

佛寺前方的空地上立着一块"荐福寺碑铭"，细看上面的文字，

陈遹声简介刻石嵌在了荐福寺侧墙上

荐福寺始建于北宋开宝四年（971），原名为报恩院，在北宋大中祥符元年（1008）改名为荐福寺，"当时有房七十余间，僧众三百余人，可见当时规模宏大，明嘉靖二年修缮过，后废，清康熙三年由胡胜台重建。民国六年废（现大殿殿基仍存），寺中文物所剩无几"。通过这一段介绍可知，荐福寺在民国六年废弃。推论起来，陈遹声家应该是在此后买下了这座废寺。不知道这种推论是否正确，然而此碑铭中完全没有提及陈遹声的名字。

看罢碑铭，阮建根带着我们从荐福寺山门的右侧向山上走去，这个夹道很窄，仅容一人通行。山门的右侧有一间不大的房屋，透过窗户向内望去，里面有居住者的痕迹。沿着窄窄的小路转到山门后方，眼前是一片开阔的坡地。这片坡地距山门的后墙仅有十几米的距离，由修建完好的台阶相连。

远远望去，台地上有几棵奇形怪状的树。登上台地细端详，竟然是南方罕见的龙爪槐，这些槐树种在了神道的两侧。如今的神道地面用水泥做了硬化。在墓的前方有梯形的烛台，这种制式也很少见。烛台后方就是沿山体而建的陈遹声墓。

陈遹声墓的形状近似正方形，四围用石块砌起，墓顶也做了硬化。墓的四围没有看到相应的碑石，仅在墓丘的前方嵌有墓碑。墓碑后面有近二十人的落款，其列名者有曾孙、曾孙女、玄孙、玄孙女等，落款时间则是 2001 年。

看来陈遹声的墓是在 2001 年做了整修。阮建根告诉我，这座墓在 20 世纪中期被扒掉了，当地传说这些人砸开棺材，看到陈所穿的朝服颜色还很鲜艳。从墓中出土了八块墓志铭，其中一块颇为模糊。阮建根推测，这一块恐怕在刨墓的时候被砸坏了。对于这些墓志铭的去处，阮先生称，它们现保存于枫桥镇小天竺景区的碑廊，他已考证过这些墓志铭。对于缺损的部分，阮先生根据南京大学图书馆藏的冯煦手稿，将其补充完成，并收录在阮先生所编撰的《诸暨摩崖碑刻集成》一书中。

山门前的碑记

关于陈遹声墓为何被刨，阮建根告诉我跟一个当地传说有关，也跟陈家的行为有一点儿关系。陈遹声在为政期间，宽严并济，也杀过一些人。冯煦在给陈遹声所撰的墓志铭中对此有一些记载：

> 戊戌（1898），以知府保送江苏，署松江府事。松际海，盐枭孽牙，与吏卒通，肆暴乡曲，莫敢谁何。公到官日，密致其党曰柴九者，威詟恩煦，尽廉其屈穴。一夕，以九为导，帅健卒策疾骑踔百余里，掩其魁捕之，置诸法。刘融斋中允熙载，淮海硕儒，曾主上海龙门讲席，为建精舍及藏书楼以范士。松洼下，数苦涝，浚支河三十余，并筹岁修费数万金以泽农。

从这些记载可知，陈遹声缉捕恶人的同时，还做了不少好事，为此颇有威望："庚子（1900）拳祸起，暨俗素强，与教仇，闻朝旨祖拳，乡之不逞者转相煽众，至千余，城中莠民将应之，有期矣。公以宅忧，敦县官城守，而自命肩舆往喻之。途与众遌，势汹汹且犯公，斫舆前衡，深寸许。公正告曰：'吾枫桥陈某也，来活尔！'众闻名骇愕，皆罗拜。公指陈利害，众悟且泣，曰：'微公来，吾属无噍类矣！'争弃械走。城中莠民期不至，亦蜂起，官绅相对无神色。公促闭城，捕其魁五人，斩以徇，事立平。"

在关键时刻，陈遹声能够以身犯险，利用自己的威望去平息叛乱，最后只斩杀了五名领头的人。而他在四川任职时，也曾镇压当地的匪寇。当然真实的历史究竟是怎样的，我并不了解，也许墓志铭中的记载有美化之嫌。

且不论陈遹声杀人的真相是什么，陈家在藏书史上的贡献却是毋庸置疑的。俞樾在《莼斋陈君墓志铭》中写道：

> 君讳烈新，莼斋其字也，浙江诸暨县人。陈故巨族，元末有名玭者，始建"日新楼"以藏书；其子翕，又建楼曰"宝书"；翕之六世孙曰性学、曰心学，七世孙曰于朝、曰于京，代有增益。于朝之子洪绶，哀其先世所藏书，建"七樟庵"以庋之。

陈遹声墓碑

陈遹声墓的形制

"七樟庵"陈氏藏书遂为越中冠。及君之生，稍稍散佚矣，然"七樟庵"故物犹有存者。君弱冠入县学，岁科试居高等，补增广之额。咸丰元年，以教谕注选籍。同治二年，奉省符，署嘉兴县学训导。俗多停丧不葬，久则火之，名曰'火葬'，君白太守严禁之。又请于学使者，修复"曝书亭"，取竹垞先生裔孙一人为诸生。其时粤寇初平，故家零落倦圃，"曝书亭"所藏书流散人间。君暇日游书肆，偶得一二，辄以重价购之。

如此说来，诸暨陈氏到了陈洪绶那一代就已经有了七世藏书的历史，陈家所藏乃是诸暨地区最大的一份。此后虽然有所流散，但是到了陈烈新那里，又逐渐恢复了旧有的藏书规模。如此推论起来，陈家藏书到了陈烈新这一代已经远不止七代。这么悠久的家族藏书史，确实在中国藏书史上不多见。贺涛在《陈莼斋先生八十寿序》中谈到了陈遹声向其出示父亲所作的《授经图》："问蓉曙学所从受，则一缵承先绪。因出其父莼斋先生《授经图》相示。《授经图》者，陈氏之先自明嘉靖时有授经堂以藏书，子孙世守，至先生遂绘《授经图》以课子。蓉曙继之，益以昌大。"

贺涛看过《授经图》后发出了如下感慨："间独以谓自古名儒之兴，朋徒众盛，其袭前禅后者，往往更数百年犹若沐浴余泽、亲执业于其门，而子孙述其事者乃绝少，间有之，至孙、曾有止耳。惟汉之楚元王，贵而好书，后嗣引而弗替，六七传至向、歆父子，遂蔚为儒宗，此外盖无闻焉。岂非以道术公器，付托必待其人，非若田产财贿可私蓄之以诒子孙、子孙苟无大过遂克负荷而不队哉？国朝敦尚朴学，逾越往昔，其家世习儒者，若宣城梅氏之于天算，高邮王氏之于经术，亦不过数传，而遗风渐息。君子之泽之不能久而不斩，固非人力所能为也。今陈氏之学，递衍者十余也，暂绝而复继，将废而益兴，殆古今所罕闻。"

贺涛认为，中国古代能有几世相传的藏书家族十分难得，他讲到了刘向、刘歆家族的递传情况，又提到了宣城梅氏和高邮王氏等等的递传，虽然这些著名的家族都有传承，但都无法与陈家十几世的递传相颉颃。

陈家到了陈烈新这一代，又开始大量收书，陈遄声中进士之后在京师做翰林，每有闲暇都会到琉璃厂去买书而后寄给父亲。俞樾在给陈烈新所作的墓志铭中提到了这一点：

> 所居曰枫桥镇，故有"见大亭"，乃明给谏骆缵亭先生讲学处也。咸丰辛酉毁于兵，君醵资兴筑，使邑之后进过其庐而想见其为人。君历任余俸，悉以购书。宋元椠本，往往存焉。于宅西建授经堂，藏所得书。后遄声成进士，官翰林，每至厂肆，遇有精椠旧钞，必购以奉君。君手为雠校，详告以版本之良楛、诸家之源流，以是为颐老之娱。于是陈氏藏书又富，虽不能复"七樟庵"之旧，然已逾二万卷矣。

对于陈烈新的藏书之好，贺涛在《陈莼斋先生墓表》中也有记载："先生好学而嗜古，尤喜聚书，百方购索，久而弥勤，或贬损衣食，以重贾求善本。所得既多，悉藏于先世所筑授经堂，而课子其中，即蓉曙童子时读书处也。"

陈烈新节衣缩食也要花高价去买善本，而后建起了授经堂，在此堂中教孩子们读书。看来陈遄声有藏书之好，很大程度上是受到父亲的影响。因此,《墓表》又说:"蓉曙官翰林,以淹雅见称寮友,其学盖一本于先生。吾友武强贺松坡涛为蓉曙撰《授经堂记》,称美其家学,而侈言藏书之盛。其为先生寿言,直比先生父子于汉之刘向、歆及近代高邮王氏,其推重如此。而俞先生亦言陈氏累世藏书为越中冠,后稍散佚矣,先生能力复其旧。蓉曙在京师,得佳书必以奉亲。先生则大欢,以为善承我志。俞先生之意与贺君略同。"

如前所言,俞樾将陈家的藏书史追溯到了元末的日新楼,对于该楼的情况,诸暨文史专家杨士安所撰《诸暨古代藏书楼述略》一文中写道:"元末明初陈玭筑。陈玭,字季玉,别号慕椿。勤奋好学,能继承祖业,鸡鸣即起,诵读无辍,独得父陈策之传,博览群书,与同邑进士胡一中为文字交。明初,朝廷征辟,县令田赋屡征不出,晚年筑'日新楼',藏古今图籍及先世遗文,游衍楼中,手不释卷,自号'慕椿居士',著有《慕椿稿》四卷。"

可见陈家的确是藏书世家,既然有如此悠久的藏书历史,为什么陈家的书到如今却难见踪影呢?从其他的资料来看,陈遹声颇为重视文献传承。陈遹声在《补梅花馆词稿叙》中写道:"自是以后,余羁宦京师,筼孙亦无意用世,出为青田学官,不数年而卒。余既闻丧而悲,又私计筼孙虽不见用于世,而著述无恙,其可传世者固在也。"

他的朋友筼孙去世了,但他想到朋友的文章应当不会受到损伤,觉得这样也很欣慰。然而事情不是他想象得那么乐观:"辛、壬之变,社屋鼎沦。余自海上引疾归里,即至其家访问遗书,而不可得。窃叹天既厄筼孙于生前,并身后传世之名而亦靳之。其忌嫉才人,不应若是之酷也。属季君幼苏多方搜辑,历三年而得若干卷,谋付剞劂,责序于余。"

后来陈遹声找到筼孙的家人时,方得知他的手稿已经全部失散了,这让陈遹声大为感慨,于是嘱咐筼孙后人努力搜集,用了三年时间终于编成了这部词集,陈遹声特意为此书作序。可见,他对文献的传承看得非常之重。既然这样，那为什么陈遹声家族的藏书却少有记载呢？

我把疑问抛给了阮建根，阮先生果然了解其中的细节。他告诉我说，陈氏父子藏书量达三十万卷，在那个时代是不小的数量。这些书中的一部分在民国九年（1920）陈遹声去世后，由三子陈叔辛运往杭州，另一部分交由幼子陈季侃掌管。最大的损失主要是在抗战前后，按照当地的传说，当时汪伪蔡廉部队驻扎在了枫桥，不知什么原因陈氏家族与其发生了矛盾，于是陈季侃给蔡廉的上司写了封告状信。但没想到的是，这件事被蔡廉知道了，一气之下派手下把陈家的畸园洗劫一空，里面的部分藏书被搬至畸园旁的一座石桥边，当街烧毁，也有部分被卖给绍兴书商。但即便遭此浩劫，园中藏书尚余万册，这部分书后来又大多被当作"四旧"，运往杭州处理。

畸园里再也没有藏书了，也没有留下藏书目录，再后来，畸园也只作为一个地名存在。至今只能偶尔在坊间见到钤着"畸园秘笈"的零星陈氏旧藏面世，当年陈氏收藏过的大量字画仅有少量在官方机构收藏。几代人的藏书竟然是这样一个结果，众人闻言均唏嘘不已。天下之事太难长久，然而畸园如此大的藏书量，竟然就这样灰飞烟灭了，怎能不令人痛心。

金蓉镜

创建高士祠，捐书嘉兴馆

关于金蓉镜的藏书事迹，郑伟章先生在《文献家通考》中谈及："倦官归来，惟积书数万卷。陆续捐之县图书馆，前后不下万卷。殁后，楹书尚满一楼，遗命仍悉数赠该馆。频年为其妾所盗卖，接收时仅八百九十五种，五千余册，核其原目，只三分之一耳。其中不乏明版孤本、佳刻精抄。"

关于其藏书处，陈心蓉在《嘉兴藏书史》中称："高士祠于民国四年由金蓉镜创建，在小盐仓桥南堍，祀宋元以来嘉兴历代先贤，如乡贤王衷、陶菊隐等人。他曾师事同里沈曾植，并助续修《浙江通志》，'田赋'一门即出其手，以《田赋略》私资刊行。"这里谈的是他在嘉兴创建高士祠。陈心蓉说金蓉镜的藏书处香岩庵就在高士祠内："好藏书，藏书甚富，达数万卷。高士祠之香岩庵，为其藏书著述之所，有《书目》。"

在谈到金蓉镜的藏书归宿问题时，陈心蓉在《嘉兴藏书史》中简述说："蓉镜不仅自己好藏书，还关心家乡公共图书馆事业的建设。光绪三十年（1904），与陶葆霖、沈进忠等发起捐书集款，筹办嘉郡图书馆。金蓉镜曾立下遗嘱，把在南湖盐仓桥堍高士祠内的藏书捐献嘉兴市图书馆。这批图书计一千三百六十四部六千二百六十八册，此外还有他的信札、手稿等。捐赠之书，不乏明版孤本、佳刻精抄。"

此处给出的捐赠册数与郑伟章先生专著中所谈到的有一定差异，杨健在其编著的《民国藏书家手札图鉴》中给出的捐书数量与郑伟章所言基本相同，只是郑著中称"五千余册"，而杨健给出的具体数据是"五千二百三十二册"。就此事，我曾向嘉兴市图书馆的范笑我先生求证，此时范先生已退休，他没有去查馆藏档案，只是在微信中告诉我说："金蓉镜的旧居已拆，他的书全归嘉兴市图书馆，奠定嘉图基础。"

关于金蓉镜的身世，陈心蓉、丁辉所著《嘉兴历代进士藏书与刻书》中先谈到了金蓉镜的六世祖金德瑛，根据《嘉兴金氏如心堂谱》记载："十五世金德瑛，娶桐乡人内阁中书汪文桂孙女为妻。汪氏乃休宁迁桐乡名族，汪文桂、汪森、汪文柏昆仲皆藏书名家。汪文桂与汪森又自桐乡迁嘉兴，在嘉兴园林极盛。金德瑛成为汪氏女婿后，自仁和迁居嘉兴，居汪氏园林金陀读书，于乾隆元年（1736）中状元，授翰林院修撰、南书房行走。"

金德瑛字汝白，号慕斋，原籍安徽休宁。清乾隆元年中状元后，授翰林院修撰、南书房行走。历官翰林院侍讲、右春坊左庶子、内阁学士兼礼部侍郎衔、礼部右侍郎、都察院左都御史等。"其性好古，善鉴别金石摹本及古人墨迹，是'秀水派'诗歌的开创者。"（陈心蓉、丁辉《嘉兴历代进士藏书与刻书》）

金德瑛书室名如心堂，乾隆十八年（1753），其自辑刻《西江风雅》十二卷《补编》一卷，另外他在乾隆三十三年（1768）还刻过《观剧绝句》一卷和《桧门诗存》四卷。

金德瑛喜好作诗，同时喜欢刻书，这两项爱好均传导于后世。金蓉镜初名义田，又名鼎元，更名蓉镜，字闇伯、甸承、学范、潜父，号莘甫、香岩、潜庐、谦斋，自号澂湖遗老。清光绪十五年（1889）进士，授兵部主事，考取军机，改直隶州，后官湖南郴州、靖州直隶州知州等。在湖南时与王闿运、王先谦关系密切。入民国寓居上海，以遗老自居，画工山水，有"近代百年嘉禾第一手"之称。

关于金蓉镜与沈曾植的关系，刘乐恒的《马一浮》一书中谈到，浙江省在1915年成立通志局，准备重新修撰《浙江通志》，任命沈曾植为总纂，马一浮、金蓉镜等人为分纂："金蓉镜，字香岩，号甸丞，是沈曾植的嫡传弟子，为人忠厚，其诗与沈氏之诗并称，不过佛学造诣则及不上沈曾植。马一浮与金蓉镜素为相知，两人经常往来讨论佛学、禅宗和儒家六艺等问题。马一浮对金蓉镜的学术思想颇有规正。"

叶德辉撰《游艺卮言》二卷，清光绪二十八年（1902）长沙叶氏刻本，金蓉镜题识

沈曾植与金蓉镜都是嘉兴人，金蓉镜辞职返回家乡后，拜沈曾植为师研究诗学，他在《归里呈沈乙盦中丞》一诗中写道："我为读书归，甘心死贫贱。珪组何足留，一瞥去如电。故乡几老苍，先生尤博练。结屋古堁前（所居姚家堁是鼎甫侍郎旧宅），野服峨侧弁。"

金蓉镜自称对官场厌倦已久，宁愿返回家乡忍受清贫，而家乡的耆老之中，沈曾植的学识与诗风尤其让他心悦诚服，故而拜沈曾植为师。金蓉镜自称在诗学方面得到了沈曾植的许多教诲："汲古得航头，呈偈当佛面。大小扣必鸣，损益请无倦。"

金蓉镜所作之诗辑为《滮湖遗老集》四卷，傅璇琮总主编的《中国古代诗文名著提要·明清卷》中收录了该书，在简介中也提到了金蓉镜向沈曾植学诗并得其真传："金蓉镜年五十称诗湖湘，与王闿运、王先谦过从甚密。后东归，年六十供事通志局，从沈曾植游，闻诗道于沈，并传其衣钵。年七十卖文沪上，主周氏晨风庐，投赠始广。其诗奥衍谲异，瓣香沈曾植，具体而微。"

《滮湖遗老集》有沈曾植和朱孝臧所作序言，朱孝臧在序言中谈到了同光体浙派的渊源流变："国朝槜李诗人竹垞为博大之宗，佐之者倦圃（曹溶）、秋锦、青士也。蒋石一变而为奥折，以经义纬之，佐之者襄七、谷原也，衍之者梓庐、衍石也。至乙盦沈氏，益恢奇无所不学，以至于无学。竹垞一灯，流衍之远，持择之精，几如唐之韩门，非他人所能比并。"

浙派从朱彝尊讲起，接着到了曹溶、李良年、许乃济，到钱载时，诗风为之一变，到沈曾植时，将学问融入诗中，已然成一大流派。至于到金蓉镜时，朱孝臧称："吾友香严翁，既远有师承，又多所餐挹，五十称诗湖湘，与壬秋、益吾两先生游。"

朱孝臧说金蓉镜远有师承，显然是说他承接了朱彝尊一脉，然其大器晚成，到五十岁时才致力于诗，在湖南为官时与王闿运、王先谦交游，遂而又融汇了湖南诗派之风。

金蓉镜一度住在上海周庆云家，他将后来所作之诗又编为《续集》，周庆云在《续集》的序中说："香严居士诗学进境，尝受教于沈氏乙盦，致力于元祐、元和、元嘉三关……其诗境之造诣未经人道，而香岩会心不远。"

对金蓉镜而言，朱彝尊既是师祖，又是藏书前辈，故其对竹垞推崇备至，《嘉兴历代碑刻集》中收有金蓉镜所撰《重修曝书亭碑铭》，其在文中写道：

> 曝书亭在梅里西偏，距嘉兴县南三十四里而近。竹垞朱先生归隐著书之处。创构于康熙乙酉，至嘉庆初阮学使元修之，易亭柱以石。又辑《竹垞小志》五卷，表彰倍至。相传阮公自谓"竹垞后身"，虽谐语而有妙理。凡用志不纷，乃凝于神，业精则传远。儒言佛义分途，而未尝不合。至道光中，嘉兴知县朱绪曾再修之，里人冯登府为记。粤匪荡定，吴学使存义再修。并取其裔孙入学，俾守之。岁在壬戌，知嘉兴县事汪莹集资议修祠宇、桥亭一所。复添屋六间，精整逾于旧。用银二千余圆。工垂竣，调诸暨去。而碑记尚阙，因为补之。

朱彝尊的藏书处曝书亭位于嘉兴梅里镇，此亭创建于清康熙四十四年（1705），到嘉庆初年时，阮元予以重修，将曝书亭的木柱改为石柱，同时辑出《竹垞小志》，该书对朱彝尊的成就给予了很高的赞誉。而阮元之所以这么做，据说是他自称"竹垞后身"。

清道光年间，嘉兴知县朱绪曾再次重修曝书亭，后该亭毁于太平天国战火。战争结束后，再次予以重修。到金蓉镜时，嘉兴县知事汪莹集资重修旧居，并添新屋。为此，金蓉镜书写此碑铭，他在铭文中高度夸赞朱彝尊各方面的成就：

> 其《经义考》开张门目，搜剔幽秘，至今为纪纂校注者所称引。《明诗综》则阐发东林、复社诸老，为钱谦益《历朝诗集》

所恶而不敢道者。观《词综》，凡例八条，缕数词人无遗。是何神力？诗词各自成家，扶剔奥突，为金元人想望所欲至之境而不敢必者。其精神足以自寿千古，岂仅足庇数椽而已。

嘉兴市图书馆藏有朱彝尊所纂《词综》，该书有金蓉镜批校，由此可见他对朱彝尊的推崇，此书乃是金蓉镜捐赠给嘉图的藏书之一。

对于金蓉镜在艺术方面的成就，陈心蓉、丁辉在《嘉兴历代进士藏书与刻书》中进一步写道："其诗文皆渊雅，喜画山水，简略荒率，在大痴、仲圭间，有'近代百年嘉禾第一手'之称。吴湖帆以金蓉镜、陈曾寿、夏敬观、宣古愚为近代四大文人。尝居上海周庆云晨风庐多年，相与考订文史。辛亥革命后归居嘉兴南湖畔，作画于鸳鸯湖高士祠，居家而不入城市，日日以丹黄为事。"

除了诗文外，金蓉镜在绘画方面也有很高成就，他喜欢简淡风格的山水画，为当时嘉兴第一高手。在文史方面，他同样有成就，比如他在《定庵先生年谱外纪序》中谈到明代王学末流的转变，以及清初朱子学的盛行，接着讲到了乾嘉时期古文经学与今文经学之争、汉学与宋学之争："乾嘉以后，其说大盛，谓之汉学，几欲祖汉而祧宋，此学之一变也。定庵之学，影接实斋，濡染杂博，又好《公羊》，口说为刘申受之学，故其说上推西周，下逮汉初，后世不屑屑也。然文采精悍，以奇逸为标，与邵阳魏源并称，谓之'龚魏'。一时后学，耳目为锢，其能动人如此，惟一二老先，守程朱义理不变，救过不暇，故道咸儒者，莫不精训诂，求免弹射而已。此学之再变也。及光绪以后，张之洞首谋变法，于是强学会自强军出，而奇邪附之，以佐成其说，学至此三变而国亡。良知之说，继盛于东瀛，觇国步者，于此可以审矣。"

金蓉镜谈到了龚自珍喜好《公羊》之学，但他认为龚自珍同时有着实学的一面，可以接续章学诚的学术观，再加上龚自珍文采飞扬，时人将他与魏源并称。魏源乃是最早"开眼看世界"的重要人物之一，龚自珍同样有着开放思想。金蓉镜认为龚、魏二人的观念影响到了张之洞，继而开放了社会风气。

关于金蓉镜的藏书细节，史料记载甚少，《词综补遗》中收录有他所撰《八声甘州·雷峰塔经卷》：

> 忆钱王功德在钱唐，经塔一时留。看支持风雨，寒鸥绕树，铃语当秋。那得虚空不坏，龙象亦应愁。唯有残僧在，来对沙鸥。
>
> 一卷旧传贝叶，向冷摊瞥见，字字清遒。喜承平故物，重与散花收。似空山、宾卢定起，待几时、弥勒下生休。争来访、孤村流水、匹马荒丘。

杭州雷峰塔倒塌后，人们纷纷上去砸碎塔砖，从中寻找雷峰塔经，但因千年风雨，使得经卷大部分腐蚀无痕，偶然得之一二，无论卖家、买家均视之为拱璧。金蓉镜竟然在地摊上见到一卷，这份书缘令人叹羡。然而因为此物太过珍罕，市面上很快就出现了不少仿制品，不清楚金蓉镜所得是原物还是仿品，但以他的鉴赏能力，所得应当为真迹。

只要财力允许，藏书家大多也有刻书之好，金蓉镜也刻过多种书。陈心蓉在《嘉兴刻书史》中附列出金蓉镜刻书名录，比如他刻有《郴游录》一卷、《郴州集》一卷、《穆天子传》六卷等，还有些书是他自己纂修的，比如《靖州乡土志》四卷、《潜庐全集》六种等等。此外，嘉兴市图书馆还藏有金蓉镜参与纂修的《重修秀水县志稿》。

相比较而言，金蓉镜的从弟金兆蕃刻书数量更多，比如他辑刻有《槜李丛书》《嘉禾征献录》等等。金兆蕃参与编纂的最大书系乃是《槜李文系》八十卷，该书由忻虞卿辑，葛嗣浵、张元济、金兆蕃等续编，该稿本现藏上海图书馆。

对于《槜李文系》的编纂，陈心蓉、丁辉在《嘉兴历代进士藏书与刻书》中说："光绪年间，嘉兴藏书家、学者忻虞卿着手编纂收录嘉兴府属七县先贤著作的地方文献总集《槜李文系》。他已搜罗到较为丰富的著作，无奈年事已高，于是把此事托付给了葛嗣浵。葛嗣浵邀请儿女亲家——著名出版家、藏书大家张元济及金兆蕃共同主持此项工作，并由金兆蕃定稿。历时十数年，几人终于在1935年完成《槜李文系》的编纂，编为八十卷，收录汉唐至清末二千三百四十五位作者的四千零四十一篇文章，为保存嘉禾文献作出了巨大贡献。"

从表面看，似乎该书与金蓉镜无关，但是张树年、张人凤所编《张元济书札·增订本》中收录有三封张元济给金蓉镜的信，这三封信中都提到了金蓉镜为编纂《槜李文系》到处找人搜集底本之事。比如张元济给他的第一封信中写道："前自京师扶病南返，展诵九月三十日手教。开示《槜李文系》应搜辑各家遗稿，至为欣感。只因病体未痊，久稽裁答，歉仄无似。一昨又承寄示抄稿三件，展读一过，惟沈宝麟原辑曾有两文，不如此篇之较有关系。其赵、黄两氏旧辑新搜并姓名亦未之见，至为可珍。鄙意《文系》本旨重在传人，倘能多得家数，尤增声价。综计新辑各稿已收到十八册，册约五十篇，其间新增姓名约居一半。现与筱孙、词蔚商定，拟展期半年或一年，从容搜访，将来总可大有增益也。寄去稿子数十页，如有所得，即用以钞录，冀稿本较见整齐耳。"

因为搜集底本不容易，张元济在第二封信中提出希望将截稿日期延长一年。同时张元济认为沈曾植的藏书中应当有不少乡贤文献，曾请沈将与嘉兴有关的书籍找出来，看来沈一时忙不过来，而张元济知道金蓉镜与沈关系密切，于是特去信请其催促此事："沈老处藏郡贤专集必不少，前请选补《文系》，尚未交来，必当续申前议。现拟展期一年，尽可从容搜讨也。"

关于金蓉镜的其他成就，郑逸梅在《金蓉镜审问禹之谟》一文中，首先引用了张鸣珂在《寒松阁谈艺琐录》中的记载："金蓉镜，秀水人，字甸丞，诗文渊雅，尤究心舆地之学，尝以《水经注》，参考碑版文学，所题跋识，皆有根据。又喜画山水，简易荒率，在大痴、仲圭间。"

可见金蓉镜还研究舆地之学，曾对《水经注》做过梳理，按照张鸣珂的看法，金有自己的见解，同时张鸣珂也谈到了金蓉镜的艺术成就。但郑逸梅在引用之后话锋一转："以艺事论，蓉镜我无间言，若以听讼而言，则烈士禹之谟之死，蓉镜固不能辞其咎也。"

郑逸梅说他对张鸣珂夸赞金蓉镜的艺术成就没有异议，但是禹之谟的死跟金脱不开关系，言外之意是不能因为金的艺术成就而掩盖其杀烈士之罪。接着郑逸梅谈到了金蓉镜杀禹之谟的过程："禹之谟，湘乡人，任侠能文，游日本归，与唐才常谋革命，既而陈天华殉国，禹为之主葬岳麓，招清廷之忌，下令捕之，初禁常德，后移靖州，蓉镜即靖州牧也。逼供不得，以线香灼其背，椒火熏其鼻，倒悬鞭笞，备极酷刑。"

对于金蓉镜杀禹之谟之事，多有文章记载，比如熊月之所撰《禹之谟宁死不屈》一文写得颇为详细。对于禹之谟早期经历，该文中简述说："二十岁时，禹之谟由同乡介绍，去南京投军当文书。不久，担负运输粮秣的任务，往来于苏、浙、赣、皖、鲁等地，因此有机会与各地帮会首脑发生联系。甲午中日战争期间，他被派襄办由山东、天津等处向辽东的清军运送弹药粮秣，多次乔装成商人，出入山海关。战后，他来到上海，倾向于'实业救国'，计划在长江沿岸从事开矿活动，但没能实现。"

戊戌变法前禹之谟回到长沙，与谭嗣同、唐才常和哥老会首领毕永年等有所接触。变法失败后，禹之谟极为愤慨，认为不能依靠清政府改行新法。光绪二十六年（1900）唐才常在汉口发动自立军起事，禹之谟参与此事，后因事泄失败逃出汉口，从上海东渡日本留学。在日本期间，他参加革命活动，两年后接到父亲病危电报而返回家乡，抱着实业救国的理想，在湘潭开办毛巾厂。

熊月之在文中写到，光绪三十二年（1906）禹之谟在湖南发动了三起大事件，使得清政府把他视为危险人物。第一件是公葬烈士。这年夏天，为了拒侮反帝，陈天华在日本投海，姚宏业在上海黄浦江自沉，这两位烈士均为湖南籍，"禹之谟主张把两人的遗体公葬在岳麓山，以表彰义烈。署理湖南巡抚庞鸿书、长沙善化学务处总监督俞诰庆等，禁止举行公葬。禹之谟不畏强暴，就在陈、姚灵柩运回长沙的第二天，冲破禁令，以教育会会长的名义，发动各学堂的师生员工一律身着白衣，列队送葬"。

在举行葬礼时禹之谟发表演说来表彰陈、姚的英勇事迹，然而"学监俞诰庆急忙指挥军警镇压，抓走了十几个学生。禹之谟亲与军警当局交涉，强烈抗议这一暴行，要求立即释放被捕的学生"。由此引出了第二件事，那就是痛惩学监。因为俞诰庆镇压学生之事，引起了人们的愤怒，禹之谟密嘱学生留意俞诰庆的行踪，恰巧在第二天晚上俞诰庆到妓院宿娼，被学生抓住后押到濂溪阁。转天，禹之谟组织五六百人参加声讨大会。

第三件事，则是反对盐捐浮收。当时湘乡的盐行税捐原定其中一部分拨给湘乡旅省中学堂充作经费，但因官绅从中贪污侵吞，使得教育经费无着。禹之谟率领一百多名学生来到湘乡县衙，找知县陶福曾讲理，陶百般辩解，同时上报说禹之谟率众"哄堂塞署"，熊月之在文中写道："在俞诰庆的怂恿下，湖南巡抚庞鸿书、臬司庄赓良就强加禹之谟'哄堂塞署'的罪名，于一九〇六年八月十日下令逮捕。"

对此，光绪三十二年六月二十日的《湖南官报》刊发了相应消息：

> 照得湘乡人禹之谟，恣行不法，劣迹多端，假地方公事，强行出头，聚众多人，直入衙门，哄堂塞署，现经访拿到案，发府讯办。查该犯在省城设有唯一学堂，一时无人经理，应即将该学堂封停。所有该堂学生，限日内一律搬出。如有品诣端方、情殷向学者，一俟官立各学堂暑假期满招考时，准取具保

结，报名投考，以凭录取。毋违！特示。

后来禹之谟被押到了靖州，当时的靖州知州正是金蓉镜，由他来审理此案。金蓉镜对禹之谟严刑拷打，他这么做的目的，按照熊月之的说法是："要从他口中获得孙中山与湖南革命党人的联系，以及革命党人在湖南活动的线索。"

对于这件事的来龙去脉，金蓉镜在事后写了一篇《破邪论》，该文汇集了当时与之有关的档案和来往函电。《破邪论》刊刻于光绪三十四年（1908），此书书牌刻有"戊申八月潜庐校刊"，1913年，禹之谟的学生湘潭马颂鲁翻刻此本。马在翻刻题识上写道："《破邪论》一书，前清靖州牧金蓉镜所著，以为杀禹先生之铁据也。当时书出，盛行于官场，而商学各界仅有见者。颂鲁于民国二年春以事赴靖，于法署文卷中得此书，持归。适同人编辑先生荣哀录将竟，因将此书依原式附刻于后。"

《破邪论》中记载了逮捕禹之谟的原因："惟光绪丙午，湘乡禹之谟挟学界、工界、商界为重，主张民权。初，汉军赵中丞抚湘时，以官款千金贷禹之谟办工艺厂，始有名称。及乙（巳）丙（午）之际，抵制美货，电阻割闽换辽，党羽始众。其葬陈天华、姚宏业于岳麓也，聚众万人，官不敢诃。段抚署武巡捕于途，辱学务处道员张鹤龄、学堂监督俞诰庆，迫湘乡县陶福曾提盐厘，挟刃劫持，又在天心阁演说大同会，刊刻传单，物论大骇。于是，学部始下电拿之令。禹先托迹教堂。后以六百金赂教士，始向圣公会捕获。"

禹之谟在学界、工商界都有不小的名气，最初湖南巡抚赵尔巽曾贷给其官款帮助禹之谟办工艺厂，由此使得他在业界有了更大的名声。光绪三十一年（1905）到三十二年之间，清政府在日俄议和之初，企图以福建换回辽东半岛，禹之谟得讯后，发动全省联合通电，力争得到全国响应，之后又在岳麓山公葬烈士陈天华、姚宏业，聚众万人，官府不敢阻拦。后来他又生出另外两事，事情越弄越大，所以学部下令将其缉拿。但是禹之谟当时记名长沙圣公会，是日知会会员，禹闻讯后躲入教堂，缉捕人员不便进教堂直接缉拿，于是贿赂教士，才将其捕获。

金蓉镜在《破邪论》中分别记述了往返来电的内容以及禹之谟的供词，他写此文似乎是想梳理该事的来龙去脉。其实如何处置禹之谟，乃是其上峰之意，他无权做决定，熊月之在文中写道："十二月，萍、浏、醴起义发动了，湖南全省戒严，岑春蓂和庄赓良急急忙忙电令金蓉镜，迅速处死禹之谟。清光绪三十二年十一月二十一日，禹之谟在绞架下壮烈牺牲。"

岑春蓂时任湖南巡抚，庄赓良时任湖南按察使，是这两位给金蓉镜下令，让其处死禹之谟，但是后世却只将杀掉禹之谟之事算在了金蓉镜一人的头上。

就当时金蓉镜的观念而言，他认为国家变革必须起动自朝廷，上海图书馆所编《汪康年师友书札》中收有金蓉镜给汪康年的一封手札，他在此信中首先说："前聆巨论，昌言民主，环球公理，非不甚伟，弟不敢附和者，中国心学未正，恐滋流弊耳。"

金蓉镜也认为社会开放是对的，但他觉得如果不从根本上解决问题，只是舍本逐末。"默观当世，贤豪甚众，主维新者一家，主守旧者一家，窥其起点，皆从声利为引线，所以徒闻哓音啫口，卒无斡旋实际，斯岂民智之未开哉？何汶汶如此也！意者身心切近之理有未讲，徒求新奇之术以炫治平，无论孔、孟教时无此躐等，即耶稣救世，岂尚浮薄。吾友陶质臣有言，挽大局如转轮，在枢毂而不在边辐，此言极是。朝廷者天下之枢毂，人心者伦类之枢毂，学术者又人心之枢毂。今则室其枢毂而转其边辐，不为轮败，又奚待耶？执事主持清议，为世觉牖，曷亦加之意欤？"

从金蓉镜的所为看，他并非只是说说而已，因为他在任时也提倡新学。萧落落在《末代郴州知府金蓉镜》一文中说："据《郴州直隶州乡土志》记载，金蓉镜任职期间非常重视文化教育，将东山书院改造成郴州官立中学堂（郴州市一中的前身），引进'西式教育'，并捐出自己的俸禄作为筹办经费。这些大胆创新，在清代陈腐、守旧的官场氛围中，尤其令人瞩目。"

可见人确实是有着多面性的，随着更多史料的发掘，方让今人能够了解到更多的历史真相。从这个角度而言，金蓉镜是个值得深入研究的人物。

2013年元旦，我在嘉兴继续探访历史遗迹。此次仍然是麻烦范笑我先生，他已经告诉过我金蓉镜的藏书楼没有了痕迹，但是他知道金蓉镜的墓址，于是我跟随他来到嘉兴市南湖区的桃花浜。范笑我说金蓉镜的墓早已被铲平了，但当年他葬在了文星桥旁，而今文星桥还在，于是我们打算到那里去探看一番。

文星桥前是一条仿古步行街，古街入口处的第一个院门是"揽秀园"，我本想进去看个究竟，范笑我解释称，里面是将嘉兴的一些名人都陈列在了一起，没有什么真迹，于是我打消了进去瞻仰一番

文星桥文保牌

古桥桥面

使用各种旧石
拼在一起

的念头。

　　沿着古街前行，古街有一百余米长，尽头即是文星桥。这座石桥也是个文物，桥旁有嘉兴市的文物保护牌，保护牌的对面有一只石狮子，已经风化得仅剩下部分外形。穿桥而过，走到桥的对面，在附近寻找一番，没能看到任何古墓。范兄指着桥旁的一棵柳树说，金蓉镜墓原来就在那个方位，坟在 20 世纪中期彻底被平掉了。我看着他指的位置，除了那棵柳树，还有几块大的石头。

　　从石头的外观看，应该不是金蓉镜墓上原件。围着周围转一圈，也未看到介绍牌，看来金蓉镜的遗迹确实已经消失在历史中，唯有他的藏书事迹和绞杀烈士之事，偶尔被好事者提及。

脉望

如今的金蓉镜墓遗址

张元济

出版巨擘，私藏重宋

海盐张氏是藏书世家，大多数资料都将张家的藏书史追溯到了明末清初的张惟赤，他是张元济的九世祖。张元济的十世祖张奇龄也是一位藏书家，他的堂号是"涉园"，后来张家历代都使用这个堂号，一直到了张元济仍然如此。

陈心蓉在《嘉兴藏书史》中谈到了张家世代藏书的情况："九世祖张惟赤将涉园扩建成海盐当地的林泉胜地，并着意搜藏图籍。绵延数代，到乾嘉之际张元济六世祖张宗松一辈时，藏书之富达到巅峰。除公有的涉园旧藏外，兄弟有六人以藏书著名，张宗松之清绮斋尤著名。宗松所藏书有万册，宋元刊本有五十部、抄本二百九十部，与当时江南藏书名家黄丕烈、吴骞、鲍廷博齐名。"

但是这等高质量的收藏，等到太平天国之乱时，也没躲过这覆瓿之灾。顾志兴在《浙江藏书史》中引用了张元济之父张森玉所言："自更洪、杨之役，名园废圮，图籍亦散佚罄尽，而先世所刻书，更无片板存焉！"

因此到了张元济这里，对于家族所藏，他仅继承下"涉园"这个名称，那些珍善之本一本也未得到，这个结果激发了他想要恢复祖上旧藏的决心。他到各地搜寻，凡是看到钤盖有"涉园"藏章之书，

脉望

书魂寻踪 2

——

244

都会想办法将其买下。《张元济书札》中收录有他写给广东大藏书家莫伯骥的五通手札，其中第一通写道：

> 前月复承寄赐寒家旧藏明刊《事物纪原》全部。开函展诵，手泽如新。枋田来归，距跃三百，阅卷端所钤印记，知为六世第八叔祖咏川先生遗物。涉园藏弄素有盛名，洪杨之乱，散佚殆尽。比来搜辑，稍有归者，亦仅数十部而已。今承先生雅贶，还我劫余，虽为一脔之尝，不啻百朋之锡。谨拜嘉惠，铭感何穷。命写温公训言，只得献丑。一俟时局稍定，即当写呈。

张元济不仅自己到处搜寻，还动员了不少藏书家帮他寻找涉园旧藏，莫伯骥帮他找到了一部明刻本，这部书是张元济的六世叔祖所藏，这个结果让张元济十分高兴，他在信中告诉莫伯骥，自己这么久以来，只收到了几十部涉园旧藏而已，因此很感激莫伯骥给予的帮助。张在信中还谈到莫伯骥想得到他的一幅书法作品，张说等自己有空时一定呈上。一部书换一幅墨宝，倒也是一段有意思的书坛佳话。

以图籍换书法作品的不仅是莫伯骥一位。《张元济书札》中收录张写给嘉业堂主人刘承幹的手札达二百五十通之多，张在第一百三十一通中写道：

> 承赐《金石补正》一部，拜领谢谢。国学凌夷，群言庞杂。昔贤著述多就消沉，吾兄为之刊播流传，匪徒发潜阐幽，抑亦嘉惠士林，功德非鲜。弟书林寄迹，景仰尤深。每睹新椠，辄拜隆贶，愧乏琼瑶，惭感而已。其他一部当转交东方图书馆，先代申谢。命书联屏，素不善作字，深恐徒损嘉笺。惟瞻此盛举，亦窃愿勉贡数言，藉伸景慕之意。容写成呈上。

张元济

刘承幹送给张元济一部《金石补正》，此书不是涉园旧藏，而是刘承幹在嘉业堂刊刻的一部书，部头颇大，他将新印之书送一部给张，张在信中对刘刊刻此类书大表赞赏，认为这是一种功德事。刘承幹寄给张元济的《金石补正》至少是两部，因为张说另一部会交给商务印书馆下属的东方图书馆。刘在信中还提出请张元济写一幅书法作品，并且在寄书的同时还附了一张老纸，以此表示对张元济书法的看重。

由这些记录可知，张元济的书法在当时就广受时人看重。然而世风日转，如今拍场上的张元济书法作品价格都不很高，时代的变迁真令人感慨。

张元济在给莫伯骥的信中说到自己陆续收到了几十部涉园旧藏，根据现在的资料统计，其数量实为五十二部。战乱之后还能够收到这等数量之书，确实不容易，由此也可以看出，张元济是何等重视祖上旧藏之物。

有意思的是，民国年间另一位大藏书家陶湘的堂号也是"涉园"，如果仅凭"涉园"藏章来判断的话，会不会将二者弄混淆呢？想来以张元济的眼光，仅凭印泥的颜色就能立时分清。

显然，张元济收集涉园旧藏，更多的是出于维护家族荣誉，因为他买回这些书并不关注是普是善，关键在于它们是祖上的旧藏。其实就他个人的藏书偏好而言，极为专精，因为他的主要着眼点是宋刻本。张元济藏有多少宋刻本，今人难以知之，他的收藏有一部分成为《四部丛刊》和《续古逸丛书》的底本，还有一些最终归了台北"中央图书馆"。苏精在《近代藏书三十家》中写道："目前，台湾所藏已知曾经张元济旧藏的宋本，是'中央图书馆'的写本《宋太宗实录》、黄庭坚的《山谷琴趣》、欧阳修的《醉翁琴趣》、杜预的《春秋经传集解》、权德舆的《权载之文集》等几部，数目虽不多，

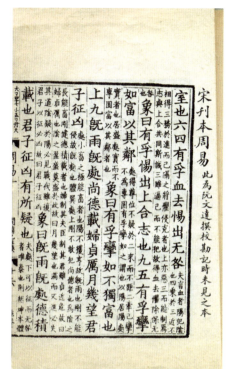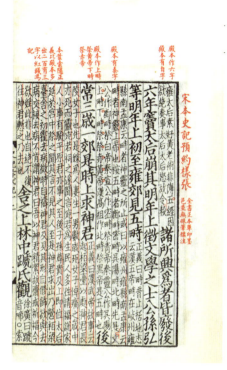

《四部丛刊》第二次预约样本，民国上海商务印书馆排印本，内页

却每部都是连城珍贵。"

还有一事可证张元济确实有佞宋癖。当年海源阁之书散出后，张元济想要买到其中几部重要的善本，他在民国十八年（1929）元月二十三日给刘承幹的信中写道：

　　兹有启者，山东海源阁藏书已移至津门，有待贾而估之意，并非全数出售，曾选出二十余种，傅沅叔同年来信谓均已看过，择定最精者十五种，其中有北宋刊本数部，附去清单，敬祈察核。当时曾经议价，书主希望甚奢，谓非四万五千圆不可，亦遂罢议。近日叶玉虎兄来沪，谈及书久不售，颇有贬价之讯，意欲集合同志数人，醵金四万，将此十五种整数购入，各人有所欲得者，再用竞买之法，由出价最高者得之。如此则书归同好，不至散失，而利亦不至于外溢。玉虎之意，每分五竿，渠与弟各认一

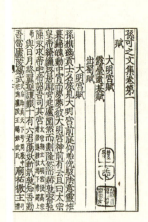

（唐）孙樵撰《孙可之文集》十卷，民国十一年（1922）至1957年上海商务印书馆影印《续古逸丛书》本，书牌、卷首

分。潘君明训认两分。以吾兄保存古籍，提倡最先，知必赞成此举。属为转陈，可否请俯与玉成。如蒙慨允，无任欣幸。玉虎兄拟集款有成，即与书主再行磋商购价。

海源阁的藏书散出，张元济专盯着其中最精的十五部宋版，并且对其中的几部北宋本尤其感兴趣，但这样的人间尤物价钱自然不会便宜，当时没有人能买下。此后不久，张元济在上海见到了叶恭绰，叶告诉他，海源阁后人已经降低了心气儿，有可能会减价。

但即便如此，能够独自拿出这笔巨款者也寥寥无几，于是张元济跟叶恭绰商量出了一种集资购买的办法，他们将股份分为了五份，张和叶各认一份，上海大藏书家潘明训因为是银行家，比较富有，故而认购了两份，剩余的一份，张元济推荐由刘承幹来认购，因为刘也是巨富之家。

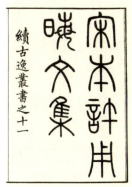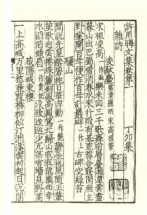

（唐）许浑撰《许用晦文集》二卷，民国十一年（1922）至 1957 年上海商务印书馆影印《续古逸丛书》本，书牌、卷首

张元济为什么偏爱宋版书呢？他在《宝礼堂宋本书录序》中有着如下表述："余喜蓄书，尤嗜宋刻。固重其去古未远，亦爱其制作之精善，每一展玩，心旷神怡。余尝言一国艺事之进退，与其政治之隆污、民心之仁暴，有息息相通之理。况在书籍，为国民智识之所寄托，为古人千百年之所留贻，抱残守缺，责在吾辈。"

张元济的眼界如此之高，这跟他在书界内的作为有很大关系，因为他主持商务印书馆几十年，该馆先后收到了太多好书，而这些书大多是经过张元济之手收入馆中，以至于很多人都因此而产生误会，以为商务印书馆内的涵芬楼所藏之书，其实是张元济的个人旧藏。

为什么会产生这样的误解呢？柳和城在《张元济涉园善本藏书钩沉》一文中认为："产生误解的原因，可能是早期商务编译所图书室（涵芬楼）收书工作，往往是以张元济个人名义进行的。1909 年初《教育杂志》就刊登过由他署名的《收买旧书广告》。"柳和城在该文中录下了这则广告：

> 兹为保存国粹起见，拟搜罗旧学书籍。无论经、史、子、集，只须版本精美，的系旧刊，或据善本影抄，或经名人手校，均可收购。海内藏书家有愿割爱者，祈将书名、册数、撰人姓氏、序跋姓氏、刊印时代、行款、纸色、有无残缺损破、欲得售价若干，逐项开示，径寄敝寓。信资自给，合用者即当函商一切，否则恕不答复。伏维雅鉴。上海新垃圾桥浜北北长康里沿马路武原张公馆谨启。

张元济为什么要这样做呢？柳和城在文中说道："张后来在西藏路长吉里寓所的大门上钉有'收买旧书'的铁皮招牌，为此还发生过'书包炸弹'历险事件。登广告，钉招牌，主要目的是为涵芬楼购书。不用公司名义，一则可能为谐价方便，二则张元济自己也可从中收得乡邦文献和若干珍本古籍，有时还因为书价较昂而留作自购的缘故呢。"

柳先生的这段话乃是以 1916 年 10 月 14 日的《张元济日记》为证：

> 将去年四月至本年九月所购旧书汇送图书馆。计价一千七百六十一元。另有宋本《名臣言行录》《广韵》《续文章正宗》三种，《永乐大典》四册，共一千七百六十三元。因价甚昂，然将来必长。有信问翰翁，应否归馆。

由此看来，张元济的确是以个人名义替商务印书馆收善本，并且是由他先垫钱收购，而后再转给商务印书馆。如果遇到价格较贵的书，他也明说：公司嫌贵的话，他可以个人买下。

那么，张元济所藏的宋元本为什么后来归了台北"中央图书馆"呢？这件事跟 1940 年的文献保存同志会有很大关系。当时张元济、

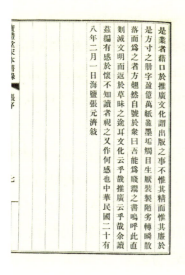

张元济撰《宝礼堂宋本书录》不分卷，民国二十八年（1939）广东南海潘氏藏板本，张元济序

郑振铎等人秘密地在沦陷的上海抢救善本，张元济所藏的善本后来也出让给了文献保存同志会。郑振铎在1941年4月《文献保存同志会第八号工作报告》中讲到了这件事：

> 本月廿二日，又从张菊老处，得其藏书中之最精者五种：（一）唐写本《文选》一巨卷（日本有数卷，已收为"国宝"，并印为帝大丛书），（二）宋写本《太宗实录》五册，（三）宋刊本《山谷琴趣外编》一册，（四）宋刊本《醉翁琴趣外编》一册（残），（五）元刊本《王荆文公诗注》十册（李壁注，国内无藏全帙者）。此五书，皆可称为压卷之作。菊老大病后，经济甚窘。彼意谓：将来必将散去，不如在此时归于我辈为佳。因毅然见让。计共价二千六百元，实不为昂也。得《文选》，总集部可镇压得住矣；得《太宗实录》，史部得冠冕矣；得山谷、醉翁《琴趣》二种，词典类可无敌于世矣；得《王荆文公诗注》，元刊本部分足称豪矣！

根据柳和城先生的注言，文中的二千六百元为代称，实价为二万六千元。长期以来，张元济竭尽全力地处理商务印书馆的各方面问题，以至于积劳成疾，为此大病了一场。想来这场大病让他思考了很多，再加上因病致贫，为此他把这几部书转让给了文献保存同志会。对于这几部书的价值，郑振铎在报告中一一列出，他认为从张元济手中买到的每一部书都有其独特的价值，并且开出的价格也很公允。

就数量而言，张元济所收善本主要是为了商务印书馆，但遇到大批量的出让而商务印书馆买不下时，他会希望出售给公共图书馆。1906 年，夏瑞芳听闻陆心源的皕宋楼旧藏因为后人欠了巨款需要还债，准备将藏书全部出让，那时张元济正在北京，夏马上将这个消息告诉了张。张当然知道皕宋楼所藏十分重要，于是将此事报告给了军机大臣荣庆，但他的报告却得不到回应。张元济回到上海后见到了夏瑞芳，告诉夏此况，夏主动提出这批书可由商务印书馆买下。当时陆家开价二十万元，商务印书馆根本没有这么多的资本，最终皕宋楼所藏之书以十万元的价格被日本静嘉堂买走了。

这件事让张元济每每想起都十分后悔，他在给缪荃孙的信中说到了自己的心情："丙午春间，皕宋楼书尚未售与日本，元济入都，力劝荣华卿相国拨款购入，以作京师图书馆之基础，乃言不见用。今且悔之无及。每一追思，为之心痛。"

为了减少这种遗憾，之后的张元济替商务印书馆大量收购一些藏书家的旧藏，终于建起了涵芬楼，而后又建起了东方图书馆。之后张元济用该馆所藏，再加上各地藏书家的襄助，影印出了《百衲本二十四史》《四部丛刊》《续古逸丛书》等等，这些书都在学界产生了巨大的影响。

对于《四部丛刊》的价值，前人多有夸赞，叶德辉在《书林余话》卷下中引用了日本汉学家武内义雄的评价：《四部丛刊》实为中国空前之一大丛书。全部册数有两千余册之多，非以前丛书可比。即其选择之标举，亦与向来丛书全然不同。所收之本，悉为吾辈一日不可缺之物……尤可注意者，选择原本，极为精细。于宋、元、明初之旧刻，或名家手校本中，务取本文之尤正确者，并即其原状影印，丝毫不加移易，故原书之面目依然，而误字除原本之外，决无增加之虑。"

张元济为了影印这些珍本，可谓不惜代价。当时商务印书馆将找到的底本制成印刷版片，如果在开印之前又找到了同一部书更好的版本，张元济都会让工作人员用更好的版本重新制成出版版片，以此替换掉已经做好的版片，可谓不惜工本，这在出版界实不多见。但有时，他也不能事事如愿。

比如北洋政府时期，叶恭绰等人提议影印文津阁《四库全书》，张元济与之商讨一番后，认为这件事只能分批进行。1924 年 5 月 8 日，张元济在给孙宝琦的信中写道："一是工程难，约二十年方可完成。二是材料难，国内材料不能满足。三是定价难，印行一百部即总费三百万元，需时二十载，每部难以定价。四是销售难，要广厦一二十间方可庋藏原书，重金购后，又要设室。"

针对北洋政府提出的完全按原大原样的方式来影印的要求，张元济在这里提出了"四难"，称要把这部大书印完，至少需要花二十年的时间，同时，如果影印一百部，很难找到这么多同样的纸张，因为当年的《四库全书》陆陆续续也仅抄出了七部，而政府要求制作一百部，这个数量太过惊人。何况即便能够印得出，因为部头太大，所需费用惊人，印出来后书的定价也成了问题，更何况这样一部大书一般的家庭根本放不下，按照房屋正常的大小，盛放这样一部大书需要十几间房。

张元济在京住了近一个月，最终也未能就影印《四库全书》事商讨出一致的意见，致使这项伟大的文化工程流产。此后的几十年，《四库全书》也印出了几部，其中卢仁龙先生就是以原大原样的方式，将文津阁《四库全书》影印了出来，我在扬州寻访扬州诗局旧址时，看到了陈列的这部大书，果真气势恢宏，如果按北洋政府当时的说法——将此影印一百部，那么这些书堆出来的体积，想一想都很惊人。

近期听说卢仁龙先生影印的文津阁《四库全书》，有一部放到了故宫内的文渊阁里，为此故宫举办了隆重的入阁仪式，可惜我当时出门在外，未能看到这个盛举。有意思的是，我在网上看到，卢仁龙先生写了一部《中国出版家张元济》，于是我向他索要了一本来拜读。果真，他在书中提到了张元济未能影印出版《四库全书》的遗憾。而今卢仁龙却做成了这件事，但他在该专著中并没有提到自己完成了张元济的这个未竟之业。

张元济可谓中国近代出版史上一流的人物，这些年来我一直在探访他的遗迹，先后找到了商务印书馆旧址、张元济在上海的旧居以及其在浙江海盐的涉园旧址等等，但他的墓我却未曾寻得。后来我在资料上看到一篇蒋虹所写的文章，其题目为《从涉园到公墓——感悟长眠的历史文化积淀》，该文中称："1926年由张元济先生一手创办的张氏合族公墓就设于县城南门外，乌夜村西侧红木桥西堍，张氏涉园遗址的西面。这是张元济先生在征得族中几位长者同意后出资在此创建的，公墓开办十二年，共收葬二百余人，张元济夫人吾氏和继室许氏也均葬于此。"看来，在海盐旧城南门外有张氏公墓。张元济去世后，也葬在了该公墓内："1959年8月14日，张元济先生与世长辞，享年九十三岁，他的骨灰就安葬在上海联谊山庄，很简单，一个小小的墓碑上由陈叔通先生写上碑文。1966年被毁，其子张树年痛心疾首，嘱托儿子与侄子冒风险赶去山庄挖出骨灰盒，悄悄藏于家中，后迁到海盐张氏公墓入土为安。"

对于该公墓后来的情况，蒋虹在文中写道："最近，笔者在整理文档时看到2006年元月张人凤先生给本馆的来信，信中附有一份张元济先生骨灰安葬之地的详图，为张元济先生的孙婿李瑞骅先生在1992年去过墓地后亲手所画（2005年夏张人凤先生去北京时，他十分慎重地将图纸交与张人凤先生）。因为李瑞骅先生是学土木工程的，所以图纸中所标的方位、距离、比例都误差甚小。"

蒋虹得到了这张翔实的墓园图，而后她前往当地去寻访，最终根据此图找对了地方。对于眼前所见，蒋虹在文中写道：

> 在周围高楼的掩映下，留存着的这片种有庄稼的墓地犹显静寂，昔日的景象早已不在，唯有一旁依稀可见爬满杂草的河边小石阶，依然静静地陪伴着墓地，像是在对人们诉说着往事。也正是这条小河和这个小石阶，让笔者核对着图纸，确信自己没有找错。听一位正在地间农作的老妪说，离小石阶几米处的这块水泥砌成的碑，是政府为保护这片名人墓地而临时设立的标志，但上面书写的文字经日晒雨淋，模糊得几乎看不见了。仔细辨认，应该是"张元济墓地保护区"，碑上攀沿着数枝藤蔓。庄稼地的四周各打有石界桩，也是用来保护墓地并明确范围的。

既然有着如此详细的记录，可见张元济墓还是有痕迹在。2017年5月，我在浙江几地寻访历史遗迹，本次的浙江之行，经浙江图书馆馆长徐晓军先生的安排，我与其馆善本部主任童圣江先生、办公室的何勤先生以及北京的宗晓菊女史一同前去探访。

进入海盐县城，车开到了张元济图书馆的门前，我觉得眼熟，因为浙图的汪帆老师曾带我来过此处。在这里，我们先见到了去年曾接待过我的张元济图书馆的詹志浩副馆长，今天我们跟着他的车冒着沥沥细雨前去探看张元济墓。

车开出没多久，詹馆长的车停在了一个院落的门口，过了一会儿，从院落内走出了一位女士，她慢慢地走到车前，拿出了一把鹌鹑蛋，给我们每人发了两枚，让我们品尝。接过了这两颗蛋，仍能感到里面微微散发出的热度，她解释说："这是特制的盐焗鹌鹑蛋，味道很特别，请你们品尝一下。"

这样的见面礼倒是头次遇到，我也就不客气地剥皮食之。果真，味道不同寻常。在众人为之赞叹的同时，詹馆长介绍说："这是本馆宣传推广部主任蒋虹老师，因为她的脚崴了，所以正在家休息，同时因为蒋主任曾经探访过张元济墓地，所以今日特意接上她，以便请她带路。"

受伤在家还被唤来带路，这让我有点不知说什么好，只能干巴巴地说些感谢的话。但我始终觉得这个名字有些熟悉，我试探地问蒋虹，她是不是写过一篇寻访张元济墓的文章，蒋虹爽快一笑说：正是如此。她从包内拿出一份打印好的文本递给我，我一看，是她写的《张元济墓地保护及其价值探析》一文，其格式已经成了规范的论文，而我当时查询到的资料乃是一篇介绍文章，看来这篇《探析》乃是原文的升级版。

这真是意外惊喜，还没等我接着寒暄，蒋主任已经上车带着我等向前驶去。开行不远就是一条无名小路，路的尽头位置是一片菜地，菜地的旁边盖起了许多楼房，看来这里是城乡接合部。一眼望过去，这片菜地有十几亩，此时的雨虽然很小，但还未停歇，我们踏着田中的地埂向内走去。在雨水的浸泡下，地埂上的土十分疏松，我几次险些滑倒，这让我开始担心蒋主任的脚。我看到她小心地在地埂上迈行，瞬间有着莫名的感动。

在里面探寻，未能找到另几个界桩

在寻访之前，我又查得了米丁所著《潮声远落星月现》一书中的《孝辕墓和元济墓》一文，该文中写道：

> 多年前在电视台做专题，和搭档卜君，在一位知晓张元济墓葬地的老先生引导下，寻到城南一处棉花地。地南侧毗邻河道，条石镶岸。地里并无隆起的坟茔土堆，扒拉开棉花枝条深入地间，我们茫然地四下张望。老者言，张先生的坟就在这里，没有记错。仔细辨认，那一带地属城南郊区，地形尚依稀能辨。又十二年过去，我征询张元济图书馆宋兵副馆长。因为之前有人介绍，张氏后人和县里协商过保护先生墓的方案，后来政府让文化部门和图书馆操作此事，在张氏家族墓地圈出约八亩地，四角打界桩，中间砖砌墩子，上面竖水泥碑标记。宋兵道，经过那么多年，上面红漆写的"张元济之墓"早掉光了。

米丁也曾到这里寻找过张元济墓。当时他所看到的，这里种的是棉花，而今我看到的则是菜地。米丁在文中说，当地的文化部门在这里竖起了水泥碑，蒋虹在文中也提到了这一点。蒋虹称，除了那块水泥碑，另外还有一些界桩。而米丁在文中也谈到了界桩之事："2001年3月，《海盐日报》刊登有关人士就城市建设可能波及张元济先生墓地，是否需要为先生建墓及迁葬的讨论文章。随后政府出台保护张元济墓地的文件，并确立了保护范围，四周打了界桩。宋兵参与其事，故对其中情况甚了解。他介绍，张氏合族墓地有十六亩，现在东边范家埭占去了大约一半，所以当时界桩圈定约八亩。西边的地已经开发建成安置小区，如今中间这块八亩地被征用开发也是迟

蒋虹说这堆木料的位置当年有界桩

早的事。"

然而我在这片菜地上展眼望去，却完全看不到这两篇文章中所提到的水泥界桩。蒋虹老师带我等来到了她印象中的界桩位置，可惜已经没有了痕迹，但那块水泥碑还立在河边，我走上前仔细辨认，然无论正面或背面，均辨认不出任何字迹。

按照米丁先生所言，此张氏公墓共葬有二百多人："1926年，由张元济先生一手创办的张氏合族公墓设于县城南门外，乌夜村西侧红木桥西堍，张氏涉园遗址的西面。这是张元济先生在征得族中几位长者同意后出资在此创建的，公墓开办十二年，共收葬两百余人。"而张元济在生前为自己写了份讣告："前岁冬日突患偏中，卧病有年。今已于本年某月某日（子树年填制）逝去，遗骸即付火葬，不敢举行葬礼，敬辞赙赠，追悼纪念尤不敢当。生前辱荷知爱，从此长辞，瞻念何极。"他提出病逝后进行火葬。在那个时代，张元济有如此开明的态度，的确值得后人尊敬。

张元济被火化后，起先并未葬在此处，米丁在文中称："1959年8月14日，张元济病逝，享年九十三岁。骨灰简单落葬在上海联谊山庄，墓葬毁于20世纪中期，其子张树年嘱托儿子与子侄冒险去山庄挖出骨灰，悄悄藏于家中，后迁到海盐张氏公墓入土为安。"可惜的是，他的骨灰迁葬到这里后却再也找不到了，米丁在文中写道："前些时候张氏后人也来商量过给先生迁坟的事，他们的意思是迁到南北湖，不一定很大，建个亭子什么的也可以。宋兵说，稍前他们曾经在那块地上开挖过几十平方米面积，挖下几十厘米，试图寻找先生骨殖所在，未果。扩大面积挖掘难度颇大，都是村民的庄稼地，他们不见得同意，也就不了了之。"

看到了碑

　　我眼前所见，除了一片菜地和那个没有任何字迹的水泥碑，已然看不到任何跟张元济有关的痕迹。詹馆长说，这块菜地已经纳入了城区规划，他们也向有关部门提议，希望能将此地建成一个公园，今年（2017）恰好是张元济诞辰一百五十周年，他们希望能够借此促成此事。童圣江闻听此言立即说："这太重要了，今年还是想办法将此事促成，如果错过了这个时机，就再不可能实现建公园的愿望。"

　　童主任的这番话又让我的情绪有些激动，我立即跟詹馆长说："可否我来出钱，在此立一块介绍牌，仅标明这是张元济墓址，因为这不是文保牌，应该不会有什么限制。"但詹馆长却告诉我，这样的事情也要请示有关部门，同时还要征得张家后人的同意。从理性来说，我知道他说得对，看来想促成此事远没想象得那么简单，但我还是期待着能够借这个机会，真的在这里建成一座公园，以此让后人有地方可以纪念这位伟大的出版家。

碑辨认不出任何字迹

章太炎

偏重医籍，究研《汉志》

章太炎原名学乘，后改为炳麟，太炎是他的号，人们习惯以章太炎呼之。他曾经用过几十个别号，比如有亡是公、支猎胡、牛马走、夜叉等等，其中有两个跟文献家有关："刘子政私淑弟子"和"刘子骏之绍述者"。子政与子骏分别是指汉代大文献家刘向、刘歆，刘氏父子分别撰有《别录》和《七略》，前者被称为中国第一部目录，后者则是在前者的基础之上予以提炼，成为中国历史上著名的图书分类目录。正因为这两部书，使得后世将刘向、刘歆父子视为中国目录学的开山鼻祖，章太炎称自己是刘向的私淑弟子、刘歆的继承人，可见他想在目录学方面做出一番事业。

章太炎的曾祖父名叫章均，章家正是在章均的努力之下得以发家致富。章均不仅善于经营，还乐善好施。清道光十二年（1832），他捐出三万缗巨款，在余杭白塔寺前建造了一所苕南书院，另外还捐出良田千亩建起了章氏义庄，同时开办义塾，供本族弟子入塾读书。

章均有六个儿子，其中年纪最小的一位是章鉴，他就是章太炎的祖父。章鉴妻子重病后，因庸医误诊，最终失去了生命，为此章鉴发奋攻读医书，经常用自己的医学知识替贫穷的乡人治病。章鉴的医学特长遗传到了章太炎身上。郑逸梅在《艺林散叶荟编》中写道：

"有人问章太炎,你的学问是经学第一,还是史学第一?章太炎笑着回答说:'都不是,我是医学第一。'"虽然这句话近似玩笑,但是章家自章鉴开始,大多精通医术,章太炎本人还曾出任过苏州国医学校校长,创办过中医杂志,显然章太炎的医学不是空谈。

清咸丰十年(1860),太平军占领了余杭。章鉴曾经担任过太平天国的乡官,因此了解一些内情。他的儿子章濬,也就是章太炎的父亲,在清同治二年(1863)左宗棠率清军进入浙江攻打太平军时,专程赶去献地图,并给左宗棠出谋划策。为此,同治六年(1867),章濬被推荐到杭州知府谭钟麟那里做幕僚。

章太炎的藏书之好,应当本自其曾祖父章均,章太炎在其所撰《先曾祖训导君先祖国子君先考知县君事略》一文中,提到曾祖父时称:"有奇羡辄以购书,蓄宋、元、明旧椠本至五千卷。"章均的藏书中竟然有宋元版,可见其藏书质量不低,可惜这些藏书最后都毁于兵火,好在章均有藏书目录流传下来,这使得章太炎得以了解曾祖父藏书的情况。

章太炎的父亲章濬是否有过藏书,未见史料记载。章濬曾在杭州诂经精舍担任过监院,当年的诂经精舍有不少的藏书,章濬任监院一职多年,应该对目录版本学不陌生。更为重要的是,章太炎也曾在诂经精舍读书,当时的院长是大藏书家俞樾。曲园老人在此任职长达三十一年之久。章太炎在诂经精舍学习了七年,虽然主要是跟俞樾学习经学,但院长的藏书之好,也多少会影响到太炎,因此,伦明所撰《辛亥以来藏书纪事诗》就把章太炎写了进去。

对于章太炎的藏书事迹,伦明在《辛亥以来藏书纪事诗》诗注中有这样一段文字:

> 余杭章太炎先生炳麟,辛未再来故都,滞留半载,余倾慕三十余年,始得瞻仰颜色。谈次,论学推重宋儒,论文不薄方姚,与曩时意气迥异,是先生晚年进境欤,抑退境欤,非末学

所能窥矣。临去，门弟子吴检斋等，请其新著七种刊之，计
《广论语骈枝》一卷、《体撰录》一卷、《太史公古文尚书说》一
卷、《古文尚书拾遗》二卷、《春秋左氏疑义答问》五卷、《新出
三体石经考》一卷、《菿汉昌言》六卷，前月始刊竣。

这段文字记叙了伦明与章太炎的相识过程，以及章太炎写过哪些经
学著作，对于太炎先生的藏书事迹一个字都没有提到，这样的"藏
书纪事诗"也堪称奇葩。好在王謇著有《续补藏书纪事诗》，此书中
也收有章太炎，王謇在该篇中称：

余杭大师章本师之丧，举国痛之。椷书百余箧，多古本尊

章太炎撰《刘子政左氏说》一卷，民国六年（1917）至八年（1919）浙江图书馆刊《章氏丛书》本，书牌、卷首

宿语录，多扶桑旧精本古医书，多清儒说经稿，多明季稗官野
史。廿载尘封，蟫蠹生矣。影观汤夫人国黎睹物思人，不轻启视，
尝于沪寓示以迈作一绝，题曰《梅不花》，诗曰："楼外梅花著
意栽，楼头鹤去不重来。天寒岁暮谁相守，独抱冬心冷不开。"
读其诗可以知其志矣。

王謇称章太炎是自己的"本师"，故行文带有很强的感情成分。他提
到了太炎师藏书的数量是"楹书百余箧"，虽然这是个笼统的数字，
但至少说明了章太炎藏书的整体规模。

郑伟章先生所撰《文献家通考》中也收有章炳麟，然关于章的
藏书情况，郑先生引用了上述王謇的那段话。2012 年底，齐鲁书社
出版了《章太炎藏书题跋批注校录》（以下简称《校录》），该书是由
罗志欢主编，王彦坤、李恩庆、易淑琼三人整理，由此可以看到章
太炎藏书的部分情况。这里所说的部分，则是缘于《校录》一书仅
是整理出了章太炎捐给暨南大学的那一部分，该书《序言》的注释
中说明了这一点："20 世纪 80 年代初，承著名史学家、暨南大学陈
乐素教授引荐，章氏后人将太炎先生藏书分批捐赠暨南大学，以永
久收藏。"

对于章太炎藏书的情况，《校录》一书在前面有罗志欢、易淑琼
所撰《走进大师藏书》一文，该文作为了《校录》一书的代序，详
细述说了章太炎藏书的特色以及具体数量。在谈及捐赠给暨南大学
的这批藏书时，代序给出了如下详细的数字："太炎先生生前丰富的
藏书从未公开，亦未编制目录。据太炎先生后人赠送暨南大学的藏
书统计，凡 290 种，3930 册。按四部计，则经部 49 种（批注 6 种），
832 册；史部 54 种（批注 5 种），1173 册；子部 110 种（批注 25 种），
611 册；集部 62 种（批注 9 种），408 册。另有丛书 15 种（批注子
目 19 种），906 册。"

从暨南大学的这批章太炎旧藏来看，其所藏之书涉及各个门类，

但里面善本较少，可见章太炎的旧藏乃是读书人的藏书，故而代序中称："章太炎先生藏书内容丰富，四部悉备，构成了一个较完整的图书资料体系。其所藏多为通行之书，可见其收藏图书但求裨于实用，非斤斤于版本。"

对于其藏书的质量，章太炎自己也有过评价。傅杰所撰《自述与印象：章太炎》中录有太炎先生的遗嘱，遗嘱中谈到版本时，章自称："余所有书籍，虽未精美，亦略足备用，其中明版书十余部，且弗轻视。"章太炎也认为自己所藏之书谈不上精善，但已足够自己使用，他还特意强调自己有十几部明版书，嘱咐后人不要轻视。

关于他藏有哪些明版书，《走近师大藏书》中作了这样的总结："在暨南大学图书馆所藏太炎先生藏书中即有《百川学海》等十一部明刻本，加之清乾隆以前的刻本，属善本范围者凡二十八种。而散落于藏书中尚未公开发表的太炎先生之题跋、批注等遗文尤为珍贵，具有重要的文物和学术价值。"

这十一部明版书，再加上乾隆之前的清刻本，以今天的善本定级标准——清乾隆六十年（1795）为时间下限，在此之前的版本，章太炎仅藏有二十八部，以数量来论，的确很少，但毕竟太炎先生是大学问家，这些普通藏本一经品题，立时身价百倍。可以说，他批校的书，无论其学术价值还是文物价值，都远远超过了寻常所见的明刻本或者清乾隆之前的刻本。因此章太炎的旧藏中，价值最高的那部分，不是他所在意的这些明刻本，反而是带有他批语的书。

《校录》详细录出了章氏所批之语。章氏所批大多是从内容上着眼，因此这些题跋也可以被视为章太炎学术观的组成部分，比如他在批《船山遗书》时写道：

《船山遗书》二百八十八种（卷），伪清两江总督曾国藩刻于江宁。先生（王夫之）秉乾元之德，值废兴之际，潜耀制作，纲维华夏。今之光复，自其《黄书》《噩梦》出也。继大禹、尼

章太炎撰《国故论衡》三卷，民国六年（1917）至八年（1919）浙江图书馆刊《章氏丛书》本，书牌、卷首

父之后，盖一人耳。国藩生其乡里，而为羯胡尽力，龛灭洪氏，始犹以保民自号，功成，乃悉心从逆而不辞。晚盖悔之，而刻是书。有以知先生绪言遗教，虽蛴贼凶悖可化也。

章太炎的这段批语很有意思，他在清两江总督曾国藩之前加了个"伪"字。因为王夫之绝不仕清，所以章太炎把他比喻为大禹和孔子之后最伟大的人，同时指责曾国藩身为王夫之的同乡，却替清人效力，组织湘军消灭了洪秀全的太平天国。最初曾国藩组织湘军时，号称是为了"保民"，但太平天国被灭后，曾依然"从逆"，这让章对曾大为不满。对于曾国藩为什么要给王夫之刻书，章太炎的解释十分具有想象力：他认为曾国藩晚年后悔了自己的所为，所以才刊刻了这部《船山遗书》。

看来，太炎先生乃是用义愤替代了事实。因为曾国藩刊刻《船山遗书》时，正是跟太平天国作战正酣的阶段，当时曾驻在安庆，指挥部队包围南京，这个阶段他开始组织学者编辑和刊刻《船山遗书》，等其军队攻破南京后，曾又把《船山遗书》的编辑部带到了南京，之后以此为基础，组建了金陵官书局。其实这段历史距太炎先生很近，想来他一定知道得比我更清楚，然而他却忽视这段事实，坚称曾国藩刊刻《船山遗书》是晚年后悔之后所为。这样的叙述方式，说明太炎先生也有着今文经学家"六经注我"的主观，而这正是太炎先生曾经痛批过的学术路数。

对于《船山遗书》，太炎在别的文章中又有其他的说法，在《书曾刻〈船山遗书〉后》，章太炎写道："王而农著书，壹意以攘胡为本。曾国藩为清爪牙，踣洪氏以致中兴，遽刻其遗书，何也？衡湘间士大夫以为国藩悔过之举，余终不敢信。"章太炎在这里继续指斥曾国藩为清廷爪牙。对于曾何以要刻《船山遗书》，章转称是听湖南的文人说，曾刻此书乃是有悔过之意。对于这一点，章太炎称自己不敢相信。既然如此，这就跟他在《船山遗书》上的批注有了互相矛盾的意味。对于这样的矛盾，罗志欢、易淑琼作出了如下的解读："可见其评价前后两相矛盾。诸如此类，亦散见于各处批注中，反映出章太炎先生对包括王学在内的儒学由否定到肯定的学术思想倾向，可资研究参考者甚多。"

如前所言，章太炎对他的医学成就颇为自负，捐给暨南大学的这批藏书中就有四十八部古代的医书，《校录》统计出章太炎在这些书中批注了三百余则，这个数量几乎占了全部批注的三分之一。由此可证，太炎先生在医学方面确实有着深入的研究。章太炎的藏书中，还有佛教经典五十五部，可见他在佛学研究方面也下过一定的功夫。清光绪二十九年（1903），章太炎因为《苏报》案入狱三年，他在此期间认真研究了《瑜伽师地论》，后来又写过很多关于佛学的文章，而许寿裳在《亡友鲁迅印象记》中也有提及：鲁迅接触佛学正是受其师章太炎的影响。

章太炎对于目录学的研究，可由他所写的《征七略》一文窥得一斑。对于此文的概述，傅荣贤在其所著的《〈汉书·艺文志〉研究源流考》一书中称："章太炎首先引《汉志》'成帝时，求遗书于天下……而奏其《七略》'认为：'此则《别录》先成，《七略》后述之明文也。'这是对《别录》《七略》成书先后问题提出己见。而针对《隋志》著录《七略别录》二十卷和《七略》七卷，章太炎认为：'此非二书，盖除去叙录奏上之文，即专称《七略》耳。'这是对《七略别录》提出己见。"由此可知，章太炎对《别录》和《七略》都有自己独特的看法。

关于《七略》的分类，章太炎称："领录群籍，鸿细毕备，推迹俞脉，上傅六典；异种以明班次，重见以著官联，天府之守，生生之具，出入以度，百世而不惑矣。"这段评论极力夸赞了刘氏父子在分类上所作出的贡献。同时章太炎也认为，刘歆的分类观念对后世史书的体例有着很大的影响："然自班氏为十志，多本子骏，其法式具在。及隋，遂有旧事、仪注、刑法、地理诸目，皆自子骏启之。郑君有言：'教者开发头角而弗洞达，则受之者其思深。'非子骏，孰与知此乎？"

这些都说明了章太炎的确对目录学下过较大的功夫，故而汤志钧在《〈七略别录佚文征〉校点后记》中说："《七略别录佚文征》一册，未刊稿本，章氏家藏。章太炎宗汉学，对刘向、刘歆父子很是敬仰，曾刻有'刘子政私淑弟子'印章，自称'刘子骏之绍述者'。"

2012年3月底，我在杭州周边寻访，名单上列有好几个目标，此程首先是去找魏源墓。我查到的资料上说，魏源墓在杭州西湖区玉皇山路阔石板151号中国丝绸博物馆旁，然而我找到了丝绸博物馆，在附近问了许多人，他们都不知道有个魏源墓，无奈我进入了丝绸博物馆。在此馆内找到了一个管事的人，他听到我的问话后，打着官腔说：魏源墓在哪里他也不清楚，但是可以查找相关的资料，不过想要查馆方的资料，需要拿介绍信到文管部门去批准，然后他们才能协助查找。

被打发出来后，我调整了一下心态，而后前往西湖区南屏山荔枝峰下去找章太炎之墓。司机看到我行程单上所记的地址，说他知道章墓的具体位置，于是直接往苏堤与南山路交叉口之处行驶。可能因为是旅游旺季，前往章墓的路上到处是熙熙攘攘的游客，所以只能慢慢前行。

路边见到了新修的雷峰塔，跟民国时的此塔已经有了很大的不同，我突然想到民国时的雷峰塔仅有塔身是实心，外面的木结构早就彻底地腐朽了，不知道新盖的雷峰塔是否也是这种建筑方式。

来到南山路口，司机说此处不能停车，只能停到远处的停车场。眼前的情况也确实如此，我只好让司机开入停车场，再步行走到陵园门口。门口的保安说不收费。进入陵园内，首先看到的是张苍水先生祠，从右边转过就是张苍水墓，墓围为砖砌，顶盖是黄土，墓前神道是新铺就的，然而两旁的神兽却都是旧物。

章太炎墓文保牌

从张苍水之墓转到西边三十米远处即是章太炎之墓。墓围是青砖砌就，顶盖似乎是混凝土，墓前没有神道，比张苍水之墓要简陋许多。汤国梨的墓建在章墓右侧，没有坟丘，仅一块青石板平放在墓碑前。我在太炎先生的墓前小立了片刻，整个墓园里仅我一人，没有一位游客走进来，这与外面的熙熙攘攘决然是两个天地。

墓的正前方是章太炎纪念馆，走进馆内参观，在里面看到多幅章太炎的油画像。从纪念馆倒穿过来走到正门，看见门楣上写着"大独必群"，这四个字确实概括了章太炎那特立独行的一生。

张苍水祠堂

张苍水墓

章太炎墓

瞿启甲

艰难守护，化身千百

铁琴铜剑楼为中国晚清四大藏书楼之一，瞿启甲是该楼的第四代楼主，此楼所藏之书的遭遇，也跟随着中国近现代社会的波谲云诡而起起伏伏。

瞿启甲的父辈赶上了太平天国战乱，铁琴铜剑楼所藏受到了不小的损失。清咸丰十年（1860），太平军攻破清军的南北大营，忠王李秀成率军占领苏州，第三代铁琴铜剑楼主人瞿秉渊、瞿秉清兄弟把楼中所藏珍本分藏在乡下不同的地方，几经辗转，楼中藏书损失不少，直到清同治二年（1863）四月，太平军撤出常熟，藏书方运回楼中。在这场战争中，瞿氏兄弟为了保存铁琴铜剑楼藏书，先后七次大搬移，同治五年（1866）秋，瞿秉渊、瞿秉清兄弟请画家绘成《虹月归来图》，以此纪念家中藏书安然返回，此图经过许多位名家题跋，也成了书界名物。

铁琴铜剑楼所藏传到瞿启甲手中的过程，也颇多劫难，张鸿所撰《常熟瞿君墓志铭》中称："清季端方开府两江，假枢府意，讽献书阙下，饵君以京卿，君不之动。长洲叶昌炽劝影钞百种以进，其事始寝。"

端方打铁琴铜剑楼藏书的主意，与陆心源的皕宋楼藏书被日本人买去有直接关系。陆心源之子陆树藩因为经商失败需要偿还所欠款项，故欲出售皕宋楼藏书，然遍寻国内名家竟然无人出价，后来这批书经岛田翰介绍，最终卖到日本，进入了著名的静嘉堂文库。两江总督端方闻听此事，决定阻止善本外流，经过一番运作，他命缪荃孙在清光绪三十三年（1907）买下了丁氏八千卷楼的藏书，而后建成了江南图书馆。

皕宋楼和八千卷楼均为晚清四大藏书楼之一，端方在买下八千卷楼后，下一个目标就是购买铁琴铜剑楼藏书。当时日本人也在觊觎这批书，岛田翰在《皕宋楼藏书源流考》中写道："今苕上燼矣，罟里亦求售矣。"罟里是铁琴铜剑楼所在之地，岛田翰听说此楼藏书也有出售之意，蠢蠢欲动，端方闻信后，想抢在日本人之前拿下铁琴铜剑楼之书。

事实是，铁琴铜剑楼要出售藏书其实是误传，瞿启甲并无售书的想法。光绪三十四年（1908），端方跟瞿启甲商量买书之事，瞿启甲没有答应。而后端方通过叶昌炽来做瞿启甲的工作，端方给叶昌炽发密电，叶将此事载入了日记中：

> 启函则转递午帅一密电，洋洋数万言，为铁琴铜剑楼藏书，宗子戴、曾孟朴先后往，不能得要领。又闻良士来苏，以为就不佞商榷，恐更生阻力，为此先发制人之计，其言咄咄可畏，作作有芒。不佞度陇归来，未尝重叩琅嬛，良士之来在二十日，舟中相见在廿二日，而宁垣已如烛照，不唯有怅，且有谍矣。此电宁垣今晨拍发，而当夜即到溧川，可谓神速。不佞定山一老，何敢与制府抗……允即日作函招良士，并就灯下详悉作一书告朱观察，请先行转达。巧偷豪夺，出于岩岩具瞻之臣，尚言立宪哉。

函中的午帅即端方，因为其字午桥。那个时期，张之洞也想把铁琴铜剑楼藏书买下，将其归为京师图书馆。端方听说瞿启甲将去苏州，所以给身在苏州的叶昌炽发电报，请他做说服工作。但叶本人对端方的所为有看法，认为端方的购买方式近似于巧取豪夺，所以叶在给端方所回的电报中，反而劝过对方放弃购买瞿家之书。后来叶见到端方时，再次强调自己的主张。叶昌炽在日记中又写道："得良士函，传示浭阳尚书致虞山绅士一电云'瞿氏书籍归公，俟帝室图书馆成立，当赞成。与学部诸君同阅，欢喜赞叹，莫可名言。图书馆在静业湖上，月内即可入奏，先此电谢'云云。此真强硬手段也。虞山诸公揖让而成之，非鄙人所敢与闻。"

端方的强硬手段确实有些效果，曹培根先生在其专著《瞿氏铁琴铜剑楼研究》中说道："《京师图书馆档案》载，宣统三年（1911）三月，京师图书馆监督缪荃孙奉旨回江南，催瞿氏进呈书。五月，缪荃孙回京，带上瞿氏书五十种。其中，抄本三十七种、元明清刊本十三种。宣统三年八月十九日，辛亥革命爆发，清帝退位。瞿启甲担心藏书遭损将宝藏移置上海，未久又返回故居。"

此事由于溥仪退位而告一段落，但接下来瞿启甲仍然麻烦不断。民国十三年（1924）齐、卢军阀混战，瞿启甲担忧楼书由此被毁，多次跟当地藏书家徐兆玮商议将楼书转到安全之地。瞿启甲在写给徐的信中谈到了因战争而产生的恐惧："近日风云甚紧，谅有所闻，际此岁阑，能不寒心，吾家万卷琳琅，益深恐惧。吾公当教以万全之策，藉慰先人为幸。"

经过几次商议，徐兆玮建议把藏书中的重要部分运往上海，曹培根在专著中写道："民国十三年冬，瞿启甲购中号牛皮纸数令包扎铁琴铜剑楼的藏书，再在外面用夹板捆固，使人望之即知是书，免疑为贵重物品。如此，将罟里铁琴铜剑楼的藏书趁夜冒险转移到了上海爱文义路（后改为北京西路）1475 里 11 号租屋内密藏。民国十四年春，因军阀战争，瞿氏全家避难至上海爱文义路租屋。"

然而书运到上海后，又引来了麻烦，有人无中生有地举报瞿启甲将善本书售给外人，曹培根在文中写道："民国十八年，铁琴铜剑楼藏书遭遇人为麻烦，孙舜臣、郑亚风等向教育部呈控瞿启甲有私藏祖遗藏书出售外人之事。经上海特别市府调查，并无孙舜臣、郑亚风其人。有关当局欲查封藏于法租界的瞿氏运沪之书，因交涉手续日期颇久，为蔡元培等所闻，并作证瞿书无外售，瞿书才未被查封。"

这真可谓空穴来风，不明白是什么人在匿名举报，他们的目的是什么也无从知晓，好在瞿启甲认识一些能说得上话的朋友，比如他通过关系找到了蔡元培，而后蔡在给张元济的信中写道："瞿氏藏书事，已与蒋梦麟兄谈及。教育部得证明函，即可销案，请勿念。"张元济给蔡元培的回信中也谈到了此事的化险为夷："呈寄与董康等联名保证瞿氏藏书公函。我兄护持文化，加以梦麟兄调庇善良，必能消弭于无形也。"

蔡元培通过教育部给上海某部门发出了特别函，以此担保瞿启甲并没有将家中藏书出售给外国人，大藏书家董康也为此事作了担保。在这么多人的保护下，铁琴铜剑楼藏书才躲过了这一劫。两年后，社会上依然有瞿启甲要出售家中的藏书的传闻。1932 年 1 月，傅增湘在写给张元济的信中称："顷闻瞿氏以宋版秘籍二十七部，皆目中所载完好精善者向潘明训（诵芬为之作缘）质银四万两，月息九厘，以六年为期，届时不赎，即归押主。此等古书，一入金匮石室，便有长门永巷之嗟，无复再见天日之日。可叹也。公能密告良士能别为计否？仆亦可助力也。"

傅增湘的这段话说得颇为详尽，其听说瞿启甲想把二十七部宋版抵押给潘宗周，以此来贷款四万两白银，甚至说出了贷款的月息以及期限，并且是由董康做的牵线人。潘宗周是银行家，其实力雄厚，傅增湘担心铁琴铜剑楼的好书一旦到了潘宗周手里，就再无人能够见得到，所以他想通过张元济来劝瞿启甲不要这么做，而傅增湘也知道瞿启甲把善本书抵押贷款是因为缺钱，故他说自己也会想办法给瞿启甲筹钱。然而，这件事毕竟是传闻，故后来没有了下文。

躲过了人祸还有天灾，《申报》1934年6月16日第9版刊出《著名藏书楼险遭焚毁》一文："中国著名藏书楼瞿氏铁琴铜剑楼，建于本县东门外罟里村。惟内藏佳本书籍均迁至上海。现该地仅古楼一座及普通书籍而已。前日下午，该地瞿姓家，突告火警，以乡间缺乏消防器械，移时即呈燎原。乡民虽众，终无扑灭方法。铁琴铜剑楼，适于左近，形殊危险。众皆惊慌，因急用电话向城区消防会雇用汽油船赶往施救，幸即熄灭。藏书楼无恙，仅毁瞿文卿家之房屋多间及右邻朱姓酒店，损失颇不赀。"

古人认为书有四厄：水、火、兵、虫。古代消防能力有限，一旦着起大火很难扑灭。好在铁琴铜剑楼处在一条宽阔的河边，同时救火船及时赶到，才没有让这座著名的书楼彻底化为灰烬。

民国二十六年（1937）秋，日寇入侵，对常熟一带狂轰滥炸，瞿家在罟里镇的老宅以及铁琴铜剑楼部分房屋受损，房屋中所藏的书籍全部化成了灰烬。在这个阶段，瞿启甲跟乡人共同参加抗日活动，连续工作了三个多月，致使心力交瘁，在民国二十八年十二月初七日去世于上海。瞿启甲之子瞿凤起先生在《人生最伤心事》中写到了这件事："吾父生于清同治十二年（1873），在周甲之后福体尚称健。'八一三'外寇入侵之前，因与邑人商议地方事，迟迟未能离去。未几，常沪交通断绝，仅长兄在侧，遂侍奉流亡郡中洞庭东山作客他乡。逾年，萑苻稍靖，因取间道来沪，始获全家团聚。嗣闻敌机轰炸故乡，罟里旧居除藏书楼外，悉遭焚如，城寓亦被毁，古籍文物无有幸存者，同归于尽。遂郁郁不乐，忽患流注，当时尚无特效药，无以消炎，遂于民国二十八年十二月初七日谢世。"

通过这些经历可见，瞿启甲为了保护祖上的藏书可谓耗尽心血，私家藏书之不容易，由此可见一斑。这些苦难的经历会让瞿启甲认真考虑藏书的最终归宿。按照传统的观念，藏书家大多编有目录，这些目录不仅仅是对于书籍的整理，同时也是雁过留声的证据。为

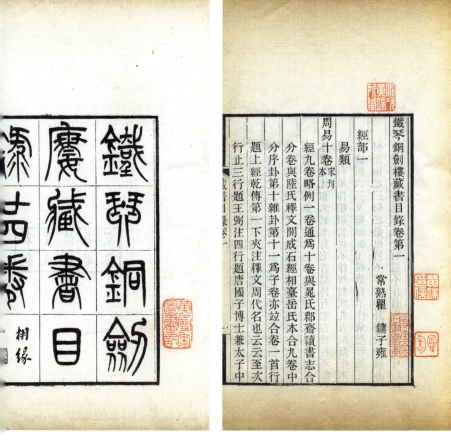

（清）瞿镛撰《铁琴铜剑楼藏书目录》二十四卷，清光绪二十四年（1898）常熟瞿氏刻《铁琴铜剑楼丛书》本，书牌、卷首

此瞿家也编有相应的藏书目，对于家中的藏书情况，瞿启甲在其所辑《铁琴铜剑楼藏书题跋集录》的自序中称：

> 余家藏书，肇自先曾大父荫棠公，时当逊清中叶，海内承平，郡中黄氏士礼居、汪氏艺芸精舍、邑中张氏爱日精庐、陈氏稽瑞楼先后凌替，遂承其散。先大父子雍公更事搜罗，续有增益，先后得十余万卷。

这段话高度地概括了瞿家藏书的历史以及重要来源，对于该楼的编

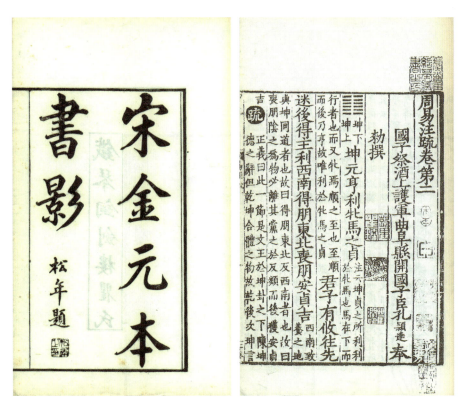

瞿启甲编《宋金元本书影》不分卷，民国影印《铁琴铜剑楼丛书》本，书牌、内页

目情况以及书的散失，瞿启甲在自序中又称：

> 厘订部居，成《书目》稿二十四卷，以授先嗣父镜之公、
> 先君濬之公而寿之梓。经部甫藏，适逢咸丰庚申之季，先嗣、
> 先君抱书出亡，散失宋元本卷以千计，如宋刊前、后《汉书》
> 《晋书》《通典》《丽泽论说集录》《邓析子》《窦氏联珠集》等，
> 而明刊本及钞本、校本数更倍蓗，尚不与也，至若当时未入
> 《书目》之明清人著述，则又不可胜数矣。

除了编目之外，瞿启甲还选择楼中所藏善本进行影印。他的影印方式有两种，其中之一是效仿杨守敬制作出了一部《铁琴铜剑楼宋金元本书影》。在此之前，杨守敬制作了一部《留真谱》，其方式是将

难得一见的善本仅影刻每书的一两页。那个时代能够看到大量的善本书很不容易，用《留真谱》的方式，则可管中窥豹地通过一两页了解原书的版刻风貌。但影刻的方式毕竟不能百分之百还原底本的模样，故瞿启甲虽然是效仿杨守敬的《留真谱》，但他却将影刻改成了影印，这种做法基本上可以还原底本的各方面细节。瞿启甲在自序中谈到了这件事：

> 更拔世之罕见孤行者，或影印零种而单行，或附庸《丛刊》
> 而传世；更别取各种宋元本择一二叶影印成编，颜曰《书影》，
> 聊资研究版本之一助，藉欲使其与《书目》能互相阐扬也。

此序中谈到的《丛刊》，乃是指张元济在商务印书馆主持的《四部丛刊》影印工程，这部体量庞大的丛书专门挑选古书中的稀见版本，铁琴铜剑楼藏有那么多的善本，故此楼藏书当然纳入了张元济的视野。从历史记载来看，是大藏书家叶德辉给瞿启甲去信商量使用底本之事，《郋园山居文录》收录有叶德辉所写《与瞿良士借印四部宋元善本书启》一文，叶德辉在此文中先给瞿启甲讲解影印书的妙处，以及哪些藏书家做了这样的善事："自昔江左为人文荟萃之区，珂乡为历代藏书之府。执事楹书世守，今之鲁殿灵光。昔人有言，坐拥百城，南面王无以易。此乃洞天之清禄，岂同世俗之浮云！侧闻贵邑人士金称执事流通古籍，有朱竹垞、曹倦圃之遗风。时晤徐积馀观察，云其《随庵丛编》仿宋刻诸书大半影摹出于尊藏，为之叹羡不置。又见交通图书馆影印唐李推官《披沙集》、宋钱杲之《离骚集传》两种，皆本邺架之储，传古人不敢之精神，开书林方便之条例，此当如顾嗣立刻《元诗选》，夜夜有古衣冠拜于床下者也。"

而后叶德辉谈到了他面见张元济时商量过的借书之事："今春重来海上，晤鞠生同年，再申前议。袖出拟印各种书目，商酌去取异同，弟一一为之覆勘，颇有增渻。惟乞邻之举，则视执事一言为重

轻。如蒙雅意玉成，则借嫏环二酉之奇珍，以续《警悟》《百川》之巨制，执事洵无愧于竹垞、湘灵诸老，弟等亦获如俞邰、雪客追逐后尘，岂非盛美之业哉！"

其实用不着叶德辉这样的苦口婆心，因为瞿启甲早已答应了此事，他给《四部丛刊》提供了八十一种宋元珍本作为影印的底本，是私人为该丛书提供底本最多的一家。此后不久，张元济和孙毓修跟随瞿启甲乘船来到了铁琴铜剑楼，而后商议好拍照之事。曹培根在专著中写道："民国九年春，商务印书馆做影印《四部丛刊》准备工作，以巨舫运照相机等工具至罟里。摄影设备设于瞿氏茶厅，一切事务包括借书还书由朱桂负责。工作人员数人寄宿罟里后街马姓家。拍摄之书，每晨专册记载，当晚用毕交还，拍摄工作至年底结束。"

除了提供底本之外，瞿启甲还影印了一些所藏的珍本。2009 年第 4 期的《文献》季刊载有丁小明整理的《瞿启甲致孙毓修信札十一通》，这些信札所谈内容基本上都是影印善本之事。比如瞿启甲在第十封手札中谈道："元刊《中原音韵》用金属板印行，业经代为付刊，深感之至。"此书为铁琴铜剑楼所藏孤本，后世对该书的著录几乎全是影印本，而瞿启甲在此明确地说，该书是金属板印行。这句话也是重要的印刷史信息。对于该书的印量，瞿启甲在第十一封中又写道："全运来京，未免太多，将来运往回常亦觉周折，拟请分运五十部来京，余二百五十部，仍请运至常熟。"

此书总计印了三百部，该书的印量也是其他资料未曾提及者。由此可见原始史料的重要性。

除了影印善本，瞿启甲对当地的文化传播也作出了不小的贡献。民国四年（1915），常熟县知事赵黻鸿任命瞿启甲为当地图书馆筹办主任。瞿启甲上任后，除了筹集资金，同时动员社会各界给该馆捐赠书籍。瞿启甲以身作则，捐出了许多大部头的书给常熟县图书馆，在他的带领下，常熟许多的藏书家都捐书给该馆。在捐书的同时，瞿启甲还派人前往苏州和杭州等地购买图书，使得该馆的藏书迅速丰富了起来。等到县图书馆正式成立时，经相应部门批准，瞿启甲被任命为该馆馆长。此馆即当今常熟图书馆的前身，当我到该馆参观时，时任馆长李烨先生向我详细地讲述了瞿启甲为该馆建设所作出的贡献。

瞿启甲是如此地爱书，他在临终前却留下了这样的遗言："书勿分散，不能守，则归之公。"中华人民共和国成立后，铁琴铜剑楼旧藏全部捐献给了国家。瞿凤起在《先父瞿良士先生事略》一文中称："遗命书勿分散，不能守则归之公。中华人民共和国成立，经济苍、旭初两兄同意，归诸北京图书馆，遂先父之志也。"

2018 年 5 月 30 日，我再次前往常熟地区寻访，这次麻烦的朋友是翁同龢纪念馆馆长王忠良先生和当地文史专家曹培根先生，带我们前往者则是翁同龢纪念馆的宗先生。我们开车前往罟里镇文化站，在该站见到了原站长钱惠良先生。钱先生乃是一位书法家，他的办公室里到处都是书法作品。寒暄过后，我们请钱站长上车，而后驶入一片田野之中。我们的车停在了一条田间小路的入口，宗师傅说汽车不好开进，于是我们几人步行走入小径中。

这条小径的两侧支着许多竹架，看上去此处种植的植物均为一棵棵的小树。王忠良走入田地中，用手机拍照后告诉众人，这里种植的均为珍贵树种。看来种粮食远不如种珍贵树种收入多，因为这片区域看上去几百亩的范围内，种的全是小树。

这条小路的长度有五六百米，沿途没有任何的标牌，如果没有熟人领路，想打听到此墓的位置几乎不可能。走到此路的尽头位置右转，眼前有一片树木，走到这里我才看到有墓葬的痕迹。穿入树林中，果真看到了瞿启甲墓的文保牌，找到了目的地，钱站长站在旁边抽烟，我跟王忠良弯着腰穿入树林走入墓园。

瞿启甲墓占地约半亩，四围用青砖砌起了圆形的围墙。入口处的两根方形石柱看上去像小型的望柱，墓园内种植的十几棵柏树把光线遮挡得很暗。站在墓园中，过了几分钟眼睛才适应过来，由此

瞿启甲墓文保牌的背面

看清，在墓园的后方有三个圆形的墓丘，这三个墓紧挨在一起，墓的前面均无墓碑，不知道三位分别是何人。墓的后墙上嵌着一块碑，因为光线很暗，我看不清上面的字迹。转到墓的前方，看到地上摆放着几个发了霉的橘子，说明此前不久有人来这里祭奠过瞿启甲。

三墓连环

拍照完毕后，我跟随钱惠良又回到了他的办公室。以我事先的想象，瞿氏家族墓应该很庞大，钱站长告诉我，瞿家祖坟在常熟市内的虞山，并不在这里。现在瞿家后人有一些在上海，他们每年都要到虞山去扫墓，具体位置则在虞山公墓内。钱惠良告诉我，瞿家后人中有位老太太到虞山公墓扫墓的时候，有关部门让她交管理费，老太太说，瞿家的房子都捐给了公家，为何还要收墓葬管理费。后来钱惠良找到了相关部门说明情况，故瞿家之墓不再收费。

既然如此，那为什么瞿启甲不葬在瞿家祖坟内呢？钱惠良也说不清具体原因，但他告诉我，瞿启甲墓其实距虞山并不远，此墓前方有一个水塘名叫照塔浜，此名之意是这里的水面可以映到虞山城内的方塔倒影，所以瞿启甲虽然葬在这里，但仍能够看到虞山。然而，我们乘宗先生的车从常熟开到罟里，我觉得有挺长的一段路，更何况站在瞿启甲墓前只能看到附近的田地，根本看不到虞山。钱先生解释说，现在此处看不到虞山，一是因为这些年建起了很多的高楼，二是因为空气污染，这两个原因使得当地原有的美景消失了。

对此，王忠良先生另有解释：按照当地的风俗，每过三代人要换一个葬地，是另立门户的意思，所以瞿家的祖坟也有多处。

对于瞿启甲墓的管理，钱惠良说，常熟市文物局请了一位老先生来看管此墓，每年给此老先生五百元的管理费，这笔管理费就是通过钱惠良转给老先生的。但我眼前看到的瞿启甲墓并无维护的痕迹。钱先生说，他没想到老先生并没有去管，如今自己退休了，可能也没人再督促此事了。钱惠良又说，当年瞿启甲墓占地面积很大，后来被拆除了，仅剩现在的小范围。为了能够说清楚瞿启甲墓所在的位置，钱惠良拿起一支笔，在我寻访单的背面画出了草图，他原本就是文化站的站长，果然对当地的地理人文特别熟悉。

而后我们一同前往镇政府，见到了镇人大副主席钱英杰先生以及罟里镇现任文化站站长王宇先生，又一同去参观了铁琴铜剑楼。

这座著名的藏书楼虽然我已来过多次，但正如歌中所唱"读你

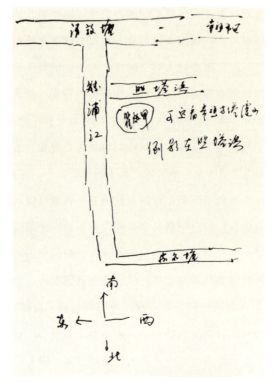

瞿启甲墓所处的方位图

铁琴铜剑楼的原入口

铁琴铜剑楼匾额

千遍也不厌倦，读你的感觉像春天"，虽然春天已过，但来到此楼前，我依然感受到了春风拂面。在王宇站长的带领下，我们仔细参观了书楼，在那里看到了《虹月归来图》的复制件，并且得到了赠送的线装书。

关于这座藏书楼的楼名来由，大多数资料都会称，瞿家的藏书楼原名"恬裕斋"，后来因为得到了一张铁琴和一把铜剑，才将藏书楼改名为"铁琴铜剑楼"。然而书楼的第五代主人瞿凤起在《漫谈清代四大藏书家》一文中称：

> 邑东南郭外旧称宾汤门，出宾汤门十二里，有村曰古里……书库中与宝藏作伴者，有文物两件，一为铁琴，一为铜剑，主人作为镇库之宝，因以'铁琴铜剑'名其藏书之楼……另有斋曰'恬裕'，亦书室也。藏书楼原为先代住宅，系荫棠先生之祖建于乾隆中，为某房住宅之最后一进，为坐北朝南三楹旧式楼房，前后相连，中有天井。楼下后间为家祠，前间右方有梯登楼，后楼为铁琴铜剑楼藏书，依类次分藏十余橱。其余归入恬裕斋者，分置前楼东西两壁书箱中，多为乡邦文献以及未收入《铁琴铜剑楼藏书书目》之宋元明本及旧钞批校诸书，以长编巨著为多，累计比储前楼者为少。此两楼之书，除部分外，移藏沪寓，未遭劫火。其余历代各房分居，书室中均有应用阅读之书，以及厅堂中为招待宾客备用参考之书，内有各家校读之汲古阁《十七史》等，丁丑事发，仓猝不及提携，城、乡两宅，悉成灰烬。

如此说来，以"铁琴铜剑"给藏书楼命名的同时，另外有个书斋依然叫"恬裕斋"，因此这两个楼名并非前后继承的关系。对于该楼原本的情况，1959年陈从周在《常熟铁琴铜剑楼》一文中写到了他的所见：

恬裕斋匾额

今第一、第二两进已毁，从现状来看，此二进似门屋及花厅，现存第三、第四两进是主要的藏书之所。藏书楼南向，面阔三间，垂檐硬山造，用迭落山墙，江南呼为"马头墙"。下檐施撑拱，雕有精巧的夔龙纹，似为当地手法。楼前院中列古木山石，其西原有一廊，已毁，楼后有小天井一方，又有一楼单檐硬山造，也是面阔三间。楼的结构及装饰都显示了苏南一带的一般做法和风格。

二十年来，我去过铁琴铜剑楼多次，每次去都能看到这里的一些变化。如今前往铁琴铜剑楼的道路两侧平房已经改成了仿古步行街，这些门面房大多关着门。走入修复好的铁琴铜剑楼正堂，正前方挂着曹大铁所绘《铁琴铜剑楼图》的复制件。曹大铁的旧藏我得到了多部，然此图的原件我却从未曾看到过，此刻站在这复制件前，依然能够感受到当年瞿氏庄园的宏美。在这里我还看到了复制的铁琴与铜剑，如今铁琴原物藏在国家图书馆，铜剑则不知所终。按照钱惠良的说法，剑为凶器，有可能瞿家早已处理掉了。如今馆里摆放着一把复制的铜剑，我觉得有可能是本自越王勾践剑的造型。

此次参观该楼，我留意到这里摆放着许多装饰用的竹竿，上次来时这些竹竿就在这里，然我却没有留意竹竿上刻着字迹，而其字体颇像汉代简牍上的隶书。

经王宇站长同意，我等几人登上了铁琴铜剑楼的二楼。王宇介绍说，此处就是铁琴铜剑楼的善本书室，房屋的原结构没有变化，地板也是当年的原物，只是他们在维修时，在地面涂了大漆。走在这样的地板上，听着脚下木板的响声，我还是有些心惊胆战。王宇对楼内的每处细节都很熟悉，他指挥着我们哪块地板可以踩，哪块不可以踩，我想象着自己的脚步叠踏在了大藏书家的足迹之上，心中不由得又兴奋起来。

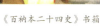

《百衲本二十四史》书箱

版片

仿制的铜剑

曹大铁所绘《铁琴铜剑楼图》复制件

柳诒徵

突破四部分类法

柳诒徵是著名的文献学家，他在五岁时父亲就去世了，全家人寄居在外祖父家里。外祖父是当地小有名气的文人，并且喜好藏书，柳诒徵在《记早年事》中称外祖父"尤留心乡里文献"，还曾与他人共同商讨修订当地方志，而编纂方志需要大量的文献资料，还需要做相应的校勘和增补，正是这些探讨过程，让柳诒徵耳濡目染，对文献学有了初步的认识。他在该文中写道："吾以童卯隅坐，听外大父与两舅论乡里遗闻佚事，窃敬识之，吾之读《汉学师承记》《宋学渊源记》《四库简明目录》《湘军志》诸书，皆从外大父案头窃窥，外大父以其粗有知解，亦时时示以读诸书之法，旁及稗官野史，谓可以广异闻，益文思，不禁吾翻检也。"

幼年的柳诒徵在外祖父的书桌上读到了《四库简明目录》等书籍，外祖父看他喜好这类书，在得空时也会给他做一些讲解。另外，柳诒徵父亲的学生中有一位陈庆年，是镇江当地有名的藏书家，柳诒徵从他那里也学到了不少相关知识。经过陈庆年的介绍，柳诒徵在二十三岁时前往南京编译书局工作，在此他拜著名文献家缪荃孙为师，在缪荃孙的指导下，柳诒徵渐渐也成为著名的目录学家。

对于拜缪荃孙为师的经历，柳诒徵在《记早年事》中有如下细节描写："秋初，朱生本沅之父邀吾至城外天主街迎春园茶话，坐甫定而陈君及茅子贞世丈陪一叟至，陈君招予同坐，告吾曰：'此江阴缪小山先生也。'又告缪曰：'此即柳某，前呈文稿，即某作也。'缪先生操江阴语与陈、茅两人纵谈，吾亦不甚悉，茶毕而散，陈君告吾曰：'吾为若谋馆有望矣，缪先生赏若文，且谓若年甚轻，而衣服朴拙，非今之狷薄少年比，若姑俟之。'至重九，茅先生自金陵来一函，谓江、鄂两督，拟创学堂，以教科书未备，先延缪先生创设编译书局，缪先生为总纂，贵池刘世珩聚卿者以候补道为总办，吾与善余介子为分纂，缪、刘两公咸可之，子得书亟来。"

在此之前，陈庆年已经把柳诒徵的诗文出示给缪荃孙看过，那时缪荃孙已经很有名气，柳诒徵初次与他见面颇为拘谨，只听缪荃孙与朋友聊着诗文事，他不敢插话。也许是因为他看上去小心谨慎，再加上衣着朴实，给缪荃孙留下了不错的印象，同意他前往南京跟自己做事学习。

当年编译书局设在南京中正街祁门会馆，著名的诗人陈三立当时住在祁门会馆对面，柳诒徵时常到陈家去听陈三立讲解诗文，渐渐对史学也有了进一步的了解。后来张謇做文正书院山长时，柳诒徵前去应试，由此让张謇了解到他写文章的水平不错："后来他因有人请他做一部书的序，他托缪先生找一个人代做，缪先生叫我代做，他看了也称很好，所以我常去拜见他。"（《柳诒徵自述》）

柳诒徵能够替张謇代笔，并且得到了缪荃孙的认可，可见其作文水平确实不低。他写文章时喜欢平心静气地探讨问题，无门户之见。他曾在1921年《史地学报》第1卷第1期上发表了《论近人治诸子学之失》一文，该文"论及章太炎、梁任公、胡适之等诋毁孔子、崇拜墨子，及九流不出于王官等议论，措辞亦极慎重，惧婴诸人之怒"，这篇文章发表出来后："太炎见了，写信与我，声明从前诋毁孔子之误，承我批评甚感。后来相见，甚为契合。"（《柳诒徵自述》）

1927年6月，国民政府对一些大学进行合并，决定以国立东南大学为基础，并入河海工科大学、上海商科大学、江苏法政大学、江苏医科大学等学校，合并后的大学定名为国立第四中山大学，聘柳诒徵担任该大学国学图书馆馆长，该馆的前身曾经是著名的江南图书馆。大学合并完毕后，到 1929 年 10 月该馆更名为江苏省立国学图书馆。

在此期间，柳诒徵组织人编纂出了《江苏省立国学图书馆图书总目》。该馆的前身乃是江南图书馆，而江南图书馆所藏古籍是以杭州八千卷楼的旧藏作为基础，当年已经有了八千卷楼书目以及丁氏所编的《善本书室藏书志》，但柳诒徵对这些书目有着自己的看法，他在《国学图书馆图书总目·序》中说：

> 民国以来，续增桃源宋氏书六十箱，其书多通行本，鲜秘籍，要亦可备检阅。积年复有各方家刻坊本捐赠庋存。馆费支绌，未有续目。齐耀琳长苏省时，属汪君振之家声检校善本，覆校善本目四册，而移丁氏、范氏明清罕见之本及普通写本别庋后楼，标曰"续提善本"。又檄取丁氏、范氏、宋氏重部易得之本及学校用书，归之大中桥通俗教育馆，即今之民众教育馆。而曩昔所编诸目，乃多与存书不符，或目存而书已他徙，或书增而目尚未沾，学者病焉。

柳诒徵称新的省立国学图书馆除了八千卷楼旧藏外，陆续购进了一些书籍，比如桃源宋氏的六十箱书，这些书中少有善本秘籍，主要是通行本。此外该馆还收到不少捐赠之书，但因为馆费紧张，没有将这些新得之书编目，虽然在此前图书馆已经从普通书中选择出一些善本来予以著录，但这种选择性的编目不便于检索，所以有必要重新编纂一部完整的目录。

在柳诒徵的安排下，先由范希曾对馆藏古籍进行编目，范先生病逝后，由王焕镳继续完成此事，从 1933 年开始，用了四年的时间，将二十万册馆藏古籍编目完成，此后又补入新收之书，再加上馆藏的书画、手札、金石拓片等，终于有了一份完整著录该馆所藏的目录。

柳诒徵

对于这部目录的价值，顾廷龙先生在《柳诒徵先生与国学图书馆》一文中评价说："一九三五年，先生主编《江苏省立国学图书馆图书总目》四十四卷，《补编》十二卷，共三十册，皇皇巨编，自有图书馆以来，能将全部藏书编成总目者，以此为第一家。"

对于这部目录的特点，顾廷龙先生在文中列出三条："一、将四库分类加以增删；二、将丛书子目分归各类，便于检索；三、别集编次，以卒年为断，便于定易代之际作者归于何朝。其方法在图书馆界有一定影响。"顾先生还总结了该目录的价值："合众图书馆编印藏书目录，即明确说明分类采用国学图书馆分类法。关于丛书子目分别部居，1938年日本东方文化学院京都研究所汉籍目录及上海图书馆编《中国丛书综录》，均将子目分类。国学图书馆之《总目》实导夫先路，在目录学史上应有一定之地位。"

柳诒徵先生在目录学上的贡献，主要是突破了传统的四部分类法。中国古籍编目几百年来的主流做法基本上是分为经、史、子、集四部，部下再予以分类，类之下再分属。柳诒徵在该目中增加了"志部"，该部专收地方志，又增加了"丛部"，此部专收丛书，此外还增加了"图部"，历史地图及各种图册皆归为此部，使得四部分类法变为了七部分类法。另外他在原有的部内再增加一些属，比如子部增加了艺术、宗教、哲学、自然科学、全国财政等内容，这使得传统的分类法可以涵盖一些新的学科。

从这些变化可以看出，柳诒徵对馆藏进行编目，其着眼点在于方便使用者快速检索。虽然馆中有不少的书都属于善本级别，但他反对把善本真迹视为古董。黄裳先生所撰《柳翼谋先生印象记》中，引用了柳在 1946 年写给他的一封信：

> 近日学者，矜秘其有，此亦一时风气，不识学字之义。凡学者所以学为人，学为国，非学为古董商人也。古董商不但为军阀巨商之清客，兼可作碧眼黄须者之陈列品。搜僻探奇，惟恐一泄于人，则其古董生意不足居奇，而国学二字乃为若辈坏尽。凡为学举无益于人，无用于国。而其人亦自甘卑陋，不知天下国家为何事。

在柳诒徵看来，藏书应该让更多的学者看到，以便得以利用。但是能够亲睹或翻阅善本之人毕竟是少数。在影印照相技术普及之前，古人大多是用影刻的方法来复制古书，但是这种方式成本高昂，无法大规模、多数量地刊刻，于是杨守敬发明了一种方式，既可以看到善本的原貌，又不用付出太昂贵的金钱，那就是只刊刻某部稀见古籍的其中一两页，而后汇成一本书。

一般说来，一部书之内每页的刊刻字体基本相同，故选择其中的代表页予以刊刻，能够起到管中窥豹的效果。杨守敬发明的这种方法为人们所推广，后来柳诒徵也在馆藏的宋元善本中挑选出一些代表页，将其影印成书，这就是著名的《盋山书影》。柳诒徵为此书所写序中谈道：

> 星吾杨氏访书东瀛，创《留真谱》以饷学者。澄江缪师踵为《宋元书影》，刊载全叶，视杨书为进矣。比年沪上袁氏、菰里瞿氏，以新法景印，秘籍鳞爪，益为世所矜重。盋山图书馆所藏钱唐丁氏善本，故与皕宋楼、海源阁及铁琴铜剑楼颉颃。

十许年来，守藏者珍秘已甚，嗜学之士恒以不得一睹为憾。诒徵闵之，既为更订阅览之章，复拟匄资逐部依式印行。限于财力，尚稽时日。庸袭杨、缪、袁、瞿之法，先就宋刊本撰取尤精者，以石印法汇制书影，俾海内学者得家亲而户购焉。

柳诒徵肯定了杨守敬所刊《留真谱》的价值，而其师缪荃孙影印的《宋元书影》能够表现出的内容更多，比《留真谱》又进了一步。然柳诒徵未曾提及《留真谱》乃是用传统的手工方式予以影刻，缪荃孙的《宋元书影》则是照相制版后，用石印技术予以复制，技术的进步使得刊刻难度及成本大为降低。

柳诒徵还谈到了袁克文、铁琴铜剑楼瞿氏也以现代技法影印善本书影之事，这些书的流传使得看不到宋元本原貌的学者和爱书人得以借助书影，从而对这些善本有了直观印象。盍山图书馆就是江南图书馆，因为该馆处在盍山之上故有此名，该馆所藏古籍主体乃是晚清四大藏书楼之一的八千卷楼所藏。当年的八千卷楼属于私人藏书楼，只有与书楼主人相识者方有机会登楼看书，江南图书馆得到这些珍本后，虽然其中的秘本也能够让一些学者使用，但毕竟不能向大众普遍开放。在柳诒徵看来，这些书应当发挥作用，他想将其中的善本秘籍全部影印出版，但限于财力，只好效仿前贤，选择难得的宋元本先印几页书影，将其汇成《盍山书影》。

由此可以了解到，柳诒徵视典籍为公器，希望更多的人能够了解古籍、使用古籍，正因为有着这样的观念，他更加重视不为人留意的史料。以前无论是私人藏家还是早期的公共图书馆，都很少收藏族谱，柳诒徵却关注到了族谱的价值。顾廷龙先生称柳诒徵"为最早提倡研究族谱者之一"，他举出了1931年8月柳诒徵所撰《族谱研究举例》一文，柳先生在该文中称："清季缪艺风师倡修《江苏通志》，余以增创'氏族志'请，艺风师难之。"

当年缪荃孙提出编写《江苏通志》时，柳诒徵建议应当在通志内增加氏族志，缪先生认为这种做法难度太大，但柳还是坚持自己的理念，开始为国学图书馆征收族谱："丁卯（1927）馆盋山，征求族谱，间有应者。己巳（1929）厕志会，定社会志目，氏族为子目，属采访分地征辑谱牒。又广托友好，劝故家世族，出其谱以襄事，所得仍不多。同时有潘光旦君，盛倡研究谱牒之学，私幸吾道之不孤，而旧习深锢，终未由广志各家之宗祐。"

当时虽然发出了征求族谱公告，但回应者很少，于是柳诒徵到处托朋友劝世族大家能够献出族谱。同一时期的学者潘光旦也提出应当研究谱牒之学，为此柳诒徵将其引为同道，但是那个时代很多人都认为族谱乃是家传之物，不宜外传，因此不愿意将族谱献出，这使得征集和研究工作变得十分困难。对于这种传统习俗，柳诒徵在文中提及："盖通常识解，以为文集碑传，可录入艺文志、人物传者，其恒也。家乘巨帙，世系繁猥，不可尽采，无由赍送。且祠规族约，按丁羹布，脱有遗失，无从补发，典藏不慎，厥咎孔巨。"

可见想要开展研究谱牒之学，不仅有着文献征集之难，观念的改变同样不容易。在传统观念中，碑文、墓志铭、传记可以录入艺文志中，但是家谱篇幅太大，再加上族人多半不肯把家谱送人，所以他谈道："闻北平图书馆亦尝仿宁馆征谱，发函百许，无一应者。"

正是因为征集之难，所以柳诒徵认为在这方面更应当下功夫。但是，社会变革会使得观念也随之改变，顾廷龙在文中写道："族谱在封建社会中，不许示人，印数不多，只限宗支长房保持一部，新谱出，旧谱缴还，所以外传者甚少。主要当时防止庶民与宦族顶冒通谱之弊。辛亥以后，俱已消失，旧书店中亦偶有所获得。后经北伐成功，家族制度亦有改革，而先生研究族谱之倡议，可谓及时。"

顾廷龙先生说正是受柳诒徵此文的影响，在土改时期族谱大量散出，有很多族谱被运到了造纸厂，准备制成再生纸，顾先生派人从中抢救出大量的族谱，由此使得上海图书馆成为中国公共图书馆中收藏族谱最多的一家。

柳诒徵先生在目录版本学方面的贡献还有许多，史学家蔡尚思先生写过一篇名为《柳诒徵先生之最》的文章，该文提到柳先生担任中国大图书馆馆长时间最久，最先编出了大图书馆藏书总目，培养出的著名藏书家也最多，又最早编著多种历史专著。这些"之最"是否有偏私之嫌，不好评论，但是柳先生的社会影响力确实是很大。

1956年2月3日，柳诒徵去世于上海，终年七十七岁，而后他被葬回了家乡。关于其葬地，王玉国编著的《镇江文物古迹》中《柳诒徵墓》一文写道："位于润州区官塘乡严岗大队朱家岗，土坟包，另有父母亲等的坟包形成一墓葬群，该墓群向东南是一片开阔地域，西依山坡，是一块风水宝地，但此处交通不便，拟将墓移至镇江市郊。"

后来此墓确实迁建到了镇江市郊，关于迁建时间及地点，唐云俊主编的《江苏文物古迹通览》中称："柳诒徵墓原在镇江市润州区官塘桥乡严家村朱家岗，1995年迁至镇江市南郊风景区。"

但是这个地点还是很模糊，我又在网上搜索一番，有的资料说该墓位于镇江市官塘乡朱家岗，也有的文献说柳墓在润州区招隐山路，其具体位置处在碧榆园对面。寻访前人之墓，最大的难点是不可能有具体的门牌号，因此各种文章大都是说某墓处在某山之中，然而在群山内找一座墓葬实在不是一件容易的事。既然有帖子指出在碧榆园的对面，这已经算是很明确的地址了，于是我把此处列为具体的寻访点。

2020年10月25日，我从南京开车前往镇江探访，将导航上的目的地设置为碧榆园。然开到此处时，完全找不到柳诒徵墓，在手机导航上继续搜索，竟然发现导航上就有该墓。我干过不少舍近求远的事，此为其一。

跟着导航很快驶入了半山区，穿过一座新牌坊，继续向山坡上行驶，此处道路均为宽阔的水泥路，坡度也很小，很快便到达了目的地。导航所指之处有一个路边停车处，能够停下五六辆车，而我

村名

到达之时仅余一个车位，难道有这么多人前来祭拜柳诒徵？

在停车处的对面看到了文保牌，前行几步，果然上面刻着的是"柳诒徵墓"。文保牌处在路边的一块空地上，此处也能停下几辆车，但空地前有隔离墩，空地的左侧有向上行走之路。沿路前行二十余米，看到路边有摄像头，也许是墓里面有陪葬品吧，但柳诒徵是目录版本学家，墓中若有陪葬之物，想来也是一些书而已，盗墓贼对此最无兴趣。

柳诒徵墓文保牌

墓区全貌

顺台阶登上平台，正前方就是柳诒徵夫妇合葬墓，墓丘不大，直径约两米，用水泥做了墓围。墓后立有三块碑，正中的一块是《迁建柳诒徵先生墓碑》，落款为"政协镇江市委员会"和"镇江市文物管理委员会"，时间是1995年。碑文中介绍了柳诒徵对文化的贡献，由此可以看出当地对这位先贤的看重。

另一块碑则是柳诒徵的长孙柳曾符所书，上面大字刻着"汉学宗师惟柳公，才华书艺世称雄；曾留文墨遭焚烬，更使难忘心意中"。

柳诒徵夫妇墓的右侧还有一个墓区，此处埋葬的是柳诒徵父母，其制式与柳诒徵墓相同。

柳诒徵夫妇墓

碑一字排开

诗碑　　　　　　　　　　　　迁墓记　　　　　　　　　　　　墓志铭

　　在给柳墓拍照的过程中，我方留意到此墓的右侧还有一条登山的路径，在这里的停车之人均是沿着旁边的小径而登山，没有人过来看一看柳墓。然而我注意到，柳墓正对面有一个院落，走过去端详，大铁门上着锁，透过缝隙向内张望，感觉这里也是一个墓园，其规模要比柳墓大几十倍，此墓园分为三级台地，在第二级台地左右两侧各盖有碑亭，可惜距离太远，无法看清上面的碑文。

张宗祥

抄书为业，余捐公藏

《浙江文化年鉴》中给张宗祥的称号是"现当代著名学者、书法家、古籍校勘家、藏书家"，虽然这段话中也有"藏书家"这个头衔，却将其排在了最后一位。张宗祥的藏书水准如何，因为没有藏书目录流传下来，今难知其详。陈心蓉在《嘉兴藏书史》中说："张宗祥为浙江民国间藏书大家，所藏古籍及书画颇富，经史子集皆多入藏，对海宁一地乡邦文献搜录尤多。"

由此可见，张宗祥的藏书中各个门类都有，尤其对当地的乡邦文献最为留意。他藏有哪些乡邦文献呢？顾志兴主编《浙江藏书志》中有这样一段话："1936 年杭州举办浙江省文献展览会，张宗祥送展的有清海宁周春著《古文尚书冤词补正》、清海宁周勋懋著《传经系表》各一卷，两书均为张氏手抄之本，又有清海宁陈鳣著《礼记参订》（未刊稿《海昌艺文志》失载），亦为张氏手抄之本。另有明戴鲸《四明雅选》、明海宁祝萃著《虚斋先生遗集》等。"

这里虽然仅列举出了六种书，但这六部书都是海宁人的著作，可见他对乡贤著作确实十分看重。同时他送展的这些书均为其自抄本而非原版，可见张宗祥对于乡贤文献在意之处乃是内容的传播，他尤重抄录稀见版本，以此使得孤本不孤。

除了这些书之外，他还藏有哪些书？该书中又有如下的论述：

> 张宗祥生前已将珍藏古籍 4048 册，拓片一箱和手抄书 240 种 2000 余卷等捐赠给浙江图书馆。1966 年张氏寓中藏书被抄，后落实政策，长女张珏将家藏碑帖、字画 684 册，又 172 幅，手抄书 10 种和遗稿 56 册，捐赠浙江图书馆。又据何槐昌《浙江近现代藏书家小传》称："1987 年其长女珏，又将藏于上海的手稿、抄本百余册赠送浙江图书馆。"

这段话仅列出了捐书的数量，未曾列明详目，故难知所捐之书为何类品种。除了这些捐赠外，在 1957 年，张宗祥还捐给海宁图书馆两千多册书，我到海宁图书馆参观时向朱鸿主任请教：张宗祥捐的这些书是否单独列目？朱主任说，没有做出这样的单独分类。

由以上可知，张宗祥虽然是近现代著名学者，同时也是位藏书家，然而他却不以藏书名世，因为他抄书的名气更为响亮。《祝张宗祥六十岁寿文》中，收有张的学生钱宝琮所写回忆文章："……书斋面湖，前有水阁凸入湖中，山光水色，争赴目前。槛外芙蕖，幽香时度，使人烦襟一洗，几忘其为盛夏也。斋内布置亦复闲雅，案头书数十卷，皆难得之本。先生据案坐，手抄秘逸，下笔滚滚，点画多姿。虽与客晤对，缮录不辍。先生云，写字只要眼到，笔即随到，口耳各有所司，与腕下无涉也。"

这段话谈到张宗祥一边接待客人，一边不停地抄书，思绪还能完全不受影响。张宗祥的侄子禾艸也写过回忆文字："他六千卷奇书的手抄本，见他抄的人，没有一个不惊奇的。抄、抄、抄，整天地抄，寒冬六月地抄，一年四季地抄。不论在办公室里，不论有多少宾客来访谈，不论儿女们在他的身旁或在他的怀里打扰他，不论在处境的烦恼中，不论姊娘在他跟前诉什么家常的琐碎，他总是抄、抄、抄，不断地抄。"

在人们的印象中，张宗祥无论做什么事都不会耽误他的抄书。为什么他对抄书之事如此执着呢？张宗祥在《铁如意手抄书目自序》中有着如下解释：

> 予自十二岁始出就外傅，读四子书，其时如饥者得食，不择精粗，以果腹为度。三十以后，方事雠校，与单君不庵、周君豫才、朱君蓬仙等从事古籍。自三十五岁起，赵懋仓同年喜搜孤本，傅沅叔先生富于庋藏，予亦乐此不疲，如入宝山，无所不爱，抄校诸书，恒至夜以继日。至五十七岁，抗战军兴，始不能每日抄校。入川之后，若断若续。六十三岁后，竟未抄一书。所抄之书，有为亡弟麟书保存海上者；有为友人保存汉口者，有为身携入川者。胜利还都，在南京时，一度会集清点，计三千九百余卷。如《太平御览》分类之类，所存仅二千数百卷。本意欲抄八千卷，与丁氏八千卷楼相匹。今年将七十，恐此愿难偿。所存之书，向未编目，因亟为订定，留一纪念。此中影写本，乌丝栏，亦皆亲手所画。后有得者，幸念其辛苦而珍藏之。

张宗祥说自己小时候看不到太多的书，所以只要有书就读，三十岁之后才跟鲁迅等人共同从事古籍校勘。三十五岁的时候，他看到了大藏书家傅增湘等人的收藏，这些让他大感兴奋，但是明白自己没有那么多钱买下如此多的善本，于是他就靠抄书慢慢来聚书。

张宗祥对其执着于抄书给出了个有趣的理由：杭州丁丙、丁申兄弟的八千卷楼乃是晚清四大藏书楼之一，可谓名扬天下，张宗祥说自己没有那么多钱，买不到这多善本，但在数量上可以通过抄写善本来达到目的，并且他以八千卷楼的数量作为目标。他写此序时，时年六十九岁，开始担心自己年届七十不能如愿。而后的十五年，他仍然在抄书，陈从周写过一篇《忆张宗祥》，该文中说："平生抄书六千余卷，手不停书，即与客交谈，亦笔不停挥。所抄善本极多，校勘亦精。晚年任浙江省图书馆长，寓杭州东街路许氏榆园，犹辑录《明文综》，其时已八十余高龄。"

关于张宗祥抄书的时限，《天一阁文丛》第八辑收录有郑闰辉所撰《张宗祥铁如意馆》一文，此文中称："综观张宗祥一生，自1904年手抄第一本《孟子》起，直到1965年临终前，首尾六十二年间，没有停止过抄校古书。他治学勤奋谨严，精心校勘的古籍有三百多种，已出版的有《说郛》《国榷》《罪惟录》《越绝书》等。生平抄书成癖，边抄边校，往往夜以继日，运笔如飞，一昼夜能抄二万四五千字。"郑绍昌、徐洁所著《国学巨匠——张宗祥传》中也称："1904年，他抄录了《孟子》一书。通常《孟子》只有七篇，外

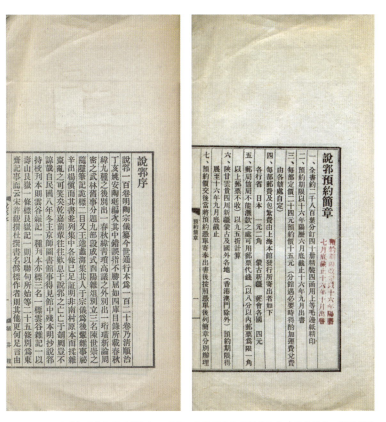

（明）陶宗仪辑《说郛》一百卷，民国商务印书馆排印本，张宗祥序、预约简章

篇四篇一向被人忽视。清吴骞（槎客）有一个刻本，很少传本。数十年后，张宗祥回忆说：'予于甲辰（1904）之秋，因传抄一册。此实予抄书事业之首。'"张宗祥抄书的时间跨度竟然达六十二年之久，这份执着罕有其匹。

他在《八十书怀》中自道：

先哲遗篇历劫灰，雪抄露纂笑书呆。
苦搜群书成裘日，喜报高轩问学来。

看来，他感慨于先贤著作历经劫难有着太多的损失，所以要靠抄书的办法把前贤的思想延续下去。

那么问题来了，他为什么不靠当时已经流行的石印技术来流传呢？毕竟抄书不仅慢，而且得书率很低。对此，郑闰辉在其文中有着这样的解读："张宗祥的抄书与众不同，名虽为'抄'，实则为校勘。几乎每书必有校勘记，极个别者为题记，多数还另有序跋，书中随出校记和夹注，有的还专文详论。于经、史、子三部，不仅单书校勘精细，而且'部次条别、辨章学术'，多有发明。"

看来，张宗祥抄书的过程就是校勘的过程。如果用石印技术复制古籍，仅是原样照搬，不能校出文中之误，这正是张宗祥坚持抄书的主要原因之一。他不是为抄而抄，其目的之一是想通过抄书来对历史典籍做一番整理。

张宗祥整理过的书中，有一部大部头的书《罪惟录》，该书原藏于刘承幹嘉业堂，张宗祥从嘉业堂借得此书，用了六个月时间将该书抄完，而后整理为一百零二卷。《罪惟录》这部书仅是以稿本流传，原稿上的落款是"伊璜先生"，但伊璜先生是谁，前人未做过深入的研究，张宗祥通过一系列的推导，最终证明这部书的作者是海宁人查继佐。同时，因为《罪惟录》中涉及很多清人忌讳之事，故在流传过程中，一些有忌讳的内容被人删改，张宗祥下很大功夫才将其恢复本来面目，而后找到张元济，将这部整理稿予以出版。张宗祥在该书的"提要"中写道：

> 原书向藏仁和吴氏清来堂，今归吴兴刘氏嘉业堂。承翰怡兄借抄，凡六阅月而毕，又为整理之。适张君菊生以《四部续刊目》就商，中有嘉庆《一统志》、柯氏《新元史》两种。予意嘉庆《志》与乾隆《志》相差甚微，而《新元史》印行不久，欲弃此二种而以《罪惟录》《国榷》二书代之。菊生云："嘉庆《志》已排版，不及剔除。以《罪惟录》《国榷》字数计，去《新元史》即可印行。"议已定，翰怡兄必欲影印原书，此书遂得印行。而《国榷》因篇幅增多，遂不能列入，故至今未印也。

张宗祥说张元济与他商量《四部丛刊续编》入选目录之事，他看到目中有嘉庆版《大清一统志》和柯劭忞的《新元史》，认为嘉庆版《一统志》和乾隆版《一统志》内容相差甚少，《新元史》则刚刊行不久，所以这两部书不应再收录《续编》中，他建议放弃此两书，然后替换成《罪惟录》和《国榷》。但张元济告诉他嘉庆版《一统志》已经排版，来不及剔除，但可以用《罪惟录》和《国榷》来替代《新元史》。但是最终因各种原因，只入选了《罪惟录》。

有意思的是，我跟《四部丛刊续编》剔除的《新元史》与新加入的《罪惟录》，都有一点儿的关系。先说《罪惟录》，这部原藏嘉业堂的稿本后来卖出归了澳门富商何东先生，几年前我到澳门参加目录版本学研讨会，在主办方的安排下，前往何东图书馆看书，其中就看到了这部著名的稿本。何东图书馆的看书方式颇为特别：每位看书者不仅要戴口罩，还要戴上塑胶手套。这样的看书方式颇为别扭，一同看书的还有沈津先生等多位专家，大家都对这样的看书方式表示了异议。

在看到这部著名的手稿前，我有着特别的期待，目睹原件时却略感失望，因为这部书给我的感觉更像是俗手所抄，不像是查继佐的亲笔稿本。我当然不敢轻易否定前贤们的定论，但那的确是我看书时的感觉，只是不知张宗祥在翻看这部稿本时有着怎样的判断，毕竟此书在其手中有长达六个月的时间，他应当能够看出更多的细节。

《新元史》的手稿有一部分藏在寒斋，翻看柯氏原稿中的涂涂改改，能够感受到他写出这部大书确实花费了很大的心血。想来，张宗祥未曾看到过《新元史》手稿，否则他会从该稿中得到许多新发现，也就不会将该书剔除在《四部丛刊续编》之外了。

张宗祥能够说动张元济做出如上的替换，除了他的眼光之外，当然也是由于二人的私交很不错。《天一阁文丛》第十一辑有卢仁龙先生所撰《合刊抄本　共传四库——记张元济与张宗祥》一文，讲述了很多二张之间的故事。在当时，虽然二人私交不错，但又能各为其主，比如在民国初年张宗祥任京师图书馆主任，这一职位实际就是馆长，他在这个位置上时，让京师图书馆入藏了许多商务印书馆所印之书，但是，他并不是用公款去购买的商务印书馆出版物，而是想办法让商务印书馆无偿捐赠。

何以能做到这一点呢？《北京图书馆馆史资料汇编》下册中有如下记载：

> 上海商务印书馆拟影印馆存珍本及四库未刊之书，张（宗祥）先生承部旨与订约，允其影播翻印，不纳费，而彼所出新书，无论书之巨细及价之高下，胥应每季汇赠馆中一份，余则并如流布条件所订。以五年为期，嗣又展延一载。于是商务印书馆每季遵约送书若干种。除《四部丛刊》等巨帙及价值甚昂者仍待购存外，通常书籍及各校教科书以及另种小品，先后送馆，积久亦颇可观。

这个办法果然巧妙。张宗祥同意商务印书馆免费使用馆藏底本，同时要求商务馆印出之书，每季度汇在一起赠送给京师馆。当时定了五年的期限，而后又追加了一年，这种方式不仅使得京师图书馆的馆藏数量大为增加，还不用为筹集购书款而发愁。当然，商务印书馆还出版了一些部头很大的书，比如《四部丛刊》这样的书，在当时售价就很贵。张宗祥不好意思白要，因此遇到部头很大的书，张也会安排款项予以购买。这样的互利方式可谓双赢，可惜这种办法在今日再未见到有公馆实行。

1922 年，张宗祥出任浙江省教育厅厅长，他在此任上做的最重要的一件事，就是补抄文澜阁本《四库全书》。1860—1861 年，太平军两次攻占杭州，文澜阁所藏《四库全书》受到了很大损失，当时的八千卷楼主人丁丙、丁申兄弟努力地搜寻，使得《四库全书》得以保存下来八千三百多册。到了光绪六年（1880），浙江巡抚谭钟麟筹资恢复文澜阁，阁建成之后，丁氏兄弟动员当地的乡绅捐款出力，开始补抄《四库全书》，而后又几经补抄，依然没有恢复文澜阁本的全貌。

张宗祥就任浙江省教育厅厅长之后，就想解决这个后遗症，但是他手中无钱，于是张宗祥到处拉赞助。按理说，只要有人肯捐钱，没必要一定问清楚捐钱的人是谁，但张宗祥却有个特殊的规定：他只接受浙江本省人的捐款，外省人无论捐多少，他一律拒绝。

为什么会有这样的奇怪规定呢？张宗祥未做解释，但后来的事实证明，他果真有预见性，卢仁龙在其文中写道：

> 抗战胜利后不久，国民政府曾想将文澜阁《四库全书》搬往南京，作为中央图书馆庋藏，遭张宗祥、陈训慈、竺可桢等人竭力反对，坚持应还原阁，不得书阁分离，其中最重要的理由是，当初募捐补抄时，只接受浙江本省籍人的捐款；再加上他早年的学生，时为民国政府秘书长的陈布雷和中央图书馆馆

长蒋复璁对此也极为重视，唯老师意见是从，几经周折后，文澜阁《四库全书》在颠沛流离了整整九年之后，终于回到杭州，藏于张宗祥当年争取来的红楼内。

文澜阁本《四库全书》为了躲避抗日战争的烽火，一路西迁，先藏到了贵州，后又运到了重庆的青木关。抗战胜利后，这部大书准备运回来，但当时的政府想把这部《四库全书》运往南京，这个想法遭到了张宗祥等人的强烈反对，其理由就是：这部书的补抄之资都是浙江人捐款，既然外省人没有出力，那么将这部书运回浙江也是理所当然。

真不知道张宗祥怎么会有这样的先见之明。而他当年补抄这部大书的过程，其实很不容易。《民国人物小传》中记载：

> 由于省府教育经费支绌，而钞书需费颇多，非二三万元莫办，除在杭州筹款外，特亲赴上海向浙籍富人捐募，后委由学生堵申甫向热河文津阁借书补钞，自十三年起，至十五年止，历时二年余，雇用写生二百余人，用款一万六千余元，共钞得缺书二百一十一种，四千四百九十七卷，二千零四十六册，并重校丁钞五千六百六十卷，至是文澜阁《四库全书》始称完璧。

可见，文澜阁《四库全书》最终得以完全恢复，正是成就于张宗祥之手。

张宗祥对古书有着特殊的偏爱，他的《铁如意馆随笔》中载有大量跟古书有关的掌故，有些说法与寻常资料所记有着较大的差异，比如他称："清乾隆时，修《四库全书》，其书皆采自各省。内阁之书，近在目前，置而不顾，当由失散已多，不符成案，一言清理，将兴大狱，故无人敢议及此也。《四库》书成后，其各省呈进之本，私家者尽皆发还；官购进呈者，皆发翰林院储藏。故有清一朝图籍，善本皆藏天禄琳琅，余则悉归翰林院，内阁中未尝更藏一书。发翰林院者，亦以《四库》底本为多，书面皆盖有翰林院印。辛亥之际，无人顾问，散失以尽。"

关于《四库全书》的进呈本，有不少的史料都说翰林院其实并没有按照乾隆皇帝的旨令把底本一一退还给原来的藏家，但张宗祥却说，这些底本全部予以了发还，翰林院所藏的则是当初官府出钱购买之书。

对于《四库》七阁，张宗祥在此文中说："文渊匣架皆红木，文溯、文津楠木，余皆不得而知矣。纸皆开化榜纸，书之尺寸亦宽大，迄今百余年，完好如新。惟集部用灰色绸装，已脆裂。经、史、子，黄、红、绿三色，书面及束书之带，依然无恙也。文澜书本较小，纸亦不佳，想当时南方三阁皆同。文溯写成在嘉庆时，书首已钤'太上皇帝之宝'矣。"

这个说法也很新鲜，因为其他的文献中少有谈及七阁书架所用材质。张称文渊阁的木匣和书架用的都是红木，文溯、文津两阁用的都是楠木，可是文渊阁的书架而今依然完好地保留在原阁之内，我两次进此阁细看这些书架，却没有发现任何一个书架是用红木所制。更为意外的是，我看到有些书架还是用"贴皮子"的手法制作而成，也就是说书架本身是用便宜的柴木制作，只在书架的外面用名贵的木头制作成贴面，因此才显出该书架的华贵。但即便如此，那些贴面是楠木，而非红木，故而我不知道张宗祥何以有此一说，也许是他听人误传。

后世学者认为，北四阁之书以文渊阁本抄写最精，但张宗祥不这么认为：

> 文渊钞写较精，文溯、文津脱误至甚。最精者莫过于"小四库"。盖《四库》卷帙太繁，不便常置内廷，乃择其中需要诸书重录之，以供内书房之用。因日夕翻阅之书，故钞校皆精，

不敢苟且。然种数不多，内廷名曰《四库汇要》。世人以其节择《四库》诸书而不备，且装潢与《四库》无别，故以"小四库"目之。民国四五年间，厂肆间有售者，盖皆内珰窃出私鬻之物也。或者不知，遂疑为北方三阁之书已有散佚，实则内书房中之"小四库"也。然自此之后，"小四库"究存若干种，无从稽考矣。

这个说法也是我此前从未听闻过的，可惜我在市面上也从未见到过"小四库"本。张宗祥还谈到了市面流行的唐人写经并非都是出自敦煌藏经洞，这个说法最令我叹服，因为就目前所见，情况也的确如此：

> 今世间所见者，皆当时偷取之卷，或割裂之物，但亦有不出于石室者。盖甘省地高土燥，唐宋间又事佛极诚，故往往写经置坛中埋地下，数百千年完好如故。后人发之，以为古物也。予曾见西夏写经一部于同年邵伯䌹处，首尾完整，亦坛中物也。至今掘地者尚时有所获。

能从地下挖出坛藏的写经，这在以往也是未曾听闻过的故事，可惜我等没有这样的运气，只能买到一些张宗祥所说的"割裂之物"了。

虽然张宗祥有着中西合璧式的开明思想，但是他却更钟情于中国的传统，他甚至认为中国古书的装帧都比西方的洋装书要好很多：

> 书之装潢自卷子而蝴蝶，自蝴蝶而今之线装，弊尽矣。卷子读时、检时皆不便；蝴蝶装版心之字易损坏，且不易重装。释、道书，皆旋风装，翻阅时遇风、抽检时偶不慎，皆易损书。故线装行而其他诸法可废也。中国书之善甚多：一、纸之寿命最长。今所见晋、唐之纸，仍坚韧如故。二、可以屡装。三、

质不甚重，在手披阅久亦不疲。其病独不能竖藏耳。然叠藏而
书尾能标字，检阅亦至便。即使抽检不慎，所伤亦仅在书之护
页，与书无伤也。余昔与钱念劬先生戏言，安得世界奇书，皆
以中国纸印之、中国装装之，俾之长命，相与拊掌大笑。(《手
抄六千卷楼读书随笔》)

张宗祥认为，中国古书的装帧从卷子本经过蝴蝶装，而后发展到线
装，已然是最完美的装帧形式。他分析了历代装帧中的弊端，认为
唯有线装最为实用。接下来，他又论证了中国书有诸多好处，比如
说纸寿最长、可以任意改装、上手轻便等等，唯一的不足之处是不
能立着放。他甚至突发奇想，如果全世界的好书奇书都用中国纸来
刷印，装订成中国线装本，让它们永远留下下去，岂不妙哉？由这
段文字可以看出，张宗祥也有着"凡汉皆好"的痴情。

张宗祥到了晚年仍然努力地抄书、校书，其中的一项大工程就
是补充与完善黄宗羲所辑的《明文海》，直至其逝世前，他仍然在
进行着这项工作。郑绍昌、徐洁所撰《国学巨匠——张宗祥传》中，
收录有张宗祥长女张珏的回忆：

父亲虽已高龄，健康情形很好，记忆力强。近年诗词仅有
腹稿，执笔一挥而就，腕力胜过青年人。每晨 7 点起至下午 5
点半止，校《明文海》，中午休息一小时则阅读各报纸。客来边
谈边校书，眼、耳、口、手同用而不误一字。知者都以为父亲
能活过九十。父亲也希望能在有生之年中作更多贡献。尝告人说，
已刻了"九十后作"图章。去医院时，父亲谓人曰："我是来检
查身体的，明天就回家。"

可惜这位著名的抄书大家还是离开了世间。他去世之后，很多
名家写挽诗、挽联来纪念这位老人，这些纪念文字大多会谈到张宗

祥的抄书之举，比如陈叔通所写的挽诗为：

> 六十年前赋鹿鸣，晚逢赤运放光明。
> 异书影写堪传世，医学精研为养生。
> 已是耋期勤未倦，骤婴恶疾酷无情。
> 遥闻倚枕犹潇洒，大好人间正向荣。

马一浮先生所写挽联也提及了张宗祥的抄书之癖：

> 嗜酒见天真，醉后清言犹在耳；
> 录书成性癖，生前珍笈已惊人！

张宗祥是位开明的老人，他生前留下遗言，要求将自己的遗体火化，之后他的骨灰葬在了南山公墓，与其夫人王淑英合葬。而今南山公墓被称为"南山陵园"，位于杭州著名的八卦田附近。

2012 年 6 月 30 日，我乘出租车一路询问，来到了此处。在此陵园内，我准备寻找两位先贤，一位是张宗祥，而另一位则是著名画家黄宾虹。

来到南山陵园，放眼望去，陵区占地面积较大，看来独自埋头寻找不是件容易的事，于是我先到接待室去询问二人墓穴所在方位。接待人员很热心地在电脑中查过，而后告诉我，这两处都位于陵园的侨一区，并且告诉了我到达侨一区的行车路径。

按其所言，我请司机开车先在园区内找到"革命烈士陵区"，再按照工作人员的指示见此右转，然而却未能找到他所说的"侨一区"。看来，当时我没有听清转弯之后应如何寻找，只好请司机重新返回到接待室，又看到了那位接待人员，他热

吴越王墓，墓后有一座新修的仰贤亭

心地重新向我讲解了开车前行的方向。

　　按其所言，果然看到了吴越王墓，按照工作人员的说法，吴越王墓的旁边就是侨一区，然而细看每条道路上的标牌，始终没能找到带"侨"字的标牌，更遑论侨一区了。于此四处探看，看到了一座小亭，旁边有二十多个工人正在施工，向他们询问侨一区所在，他们也都说没有听说过，无奈我只好上车，第三次前往接待室。

　　在那里又一次看到同一位工作人员，我向他报告刚才寻找的结果：吴越王墓附近只有甲一区，没有侨一区。接待者一笑："你怎么不知道甲一区就是侨一区呀！"我为什么要知道这个！真让我莫名其妙。他的态度令我颇为不快，但又无可奈何，我很想跟他说：既然侨一区就是甲一区，那你为什么不直接告诉我到甲一区寻找呢？转念一想，说这种废话没有任何意义，于是未再吭声。重新上车，第三次开上半坡平地，果真在吴越王墓的右侧邻近一排找到了张宗祥墓。

　　张宗祥夫妇合葬墓，墓碑后是一匹石马

张宗祥墓的位置很不错：吴越王墓的前面有一个小广场，广场的三面都是成片的墓区，张宗祥墓就位于吴越王墓的右侧第一排，其墓后就是吴越王墓神道上的一匹石马。站在张宗祥墓前，我向这位先贤鞠了一躬，以此表达我对他的敬意。

端详此墓，除了墓碑，没有更多的饰物，看上去简洁利落。张宗祥在病深之时，曾经自撰过一副挽联："为解除百般纠缠，不如休息；是人生发展规律，何必悲伤。"在他看来，离开这个世界就如同去休息，这样达观的人生态度也真的令人很敬佩。张宗祥还给张元济写过一首《寿张菊生九十》诗：

细数百年内，谁为图籍谋，艰苦吾宗老，耄耋未曾休。
天禄藜长明，灵光殿独留，为书祈求命，遥祝寿千秋。

细读这首诗，我感觉也可以将它视作张宗祥一生的自我描述。

黄侃

广购普本，审慎著述

　　黄侃是民国年间著名的学者，同时也是一位藏书家。从他的日记中可以得知，他的购书量很大，就藏书观念而言，他更多的是从实用角度着眼，并不介意版本的好坏。比如他在 1928 年 10 月 21 日的日记中写道：

> 　　买书备种类供所寻者，上也；于所专讨书多致精本供校勘，亦不得已也。但求旧刊侈收藏之富，求秘本以独见骄人，甚至但借人书、不以书借人，如黄丕烈，与山西富商积财不用、镕金成山者无异矣。陆心源书坿四库，尽归海夷；杨守敬多致秘本书，终归豪室，亦何为哉！吾辈但祈能见人间常见书，能搜专门书籍已所致力者，斯亦可矣。

　　黄侃明确地说，他对藏书家只求秘本的做法不以为然。在这段话中他提到了几位大藏书家，如黄丕烈、陆心源和杨守敬，黄侃认为黄丕烈藏那么多的好书，跟晋商堆积大量金银没什么区别，其言外之意是说，荛圃藏书只知收储而不知利用。显然这是黄侃的偏见，毕竟黄丕烈在书跋中写到了他的研究成果，还曾拿出自己的珍藏让顾千里予以校勘和研究，这足以证明黄丕烈并不是"不以书借人"。陆心源的旧藏在他身后归了日本静嘉堂，杨守敬的藏书也被人分批买走，这些在黄侃看来，聚书终有一散，又何必要聚呢？所以他买书只是为了使用。

黄侃还说他只关注人间常见书，其言外之意，只要书好，版本并不重要，他在日记中明确地说："书之要者，亦非一日可备，若讲求版本，乃藏书家之事，我辈但求读书而已，宁有精神敝之此中乎？"但有时候人们的言论只是某时针对某种情况而言，换了一种场景，心态也会为之一变。从实际情况看，黄侃对版本也颇有讲究，比如他在1922年9月18日的日记中写道："旧本必须多见，一概阿之，以改今本，则嗜古者之愚。藏书家之所用自矜异，非学问之要矣。延喜本上下有墨框而无纵阑，盖初改卷为叶，尚存卷子旧式也。"

既然嗜古是一种愚，对做学问没用，那他为什么还要在意某书存有旧的版式呢？他注意到日本延喜十三年（913）的《文选》一书，在形式上呈现出了由卷轴装向册页装转变阶段的痕迹，如果只读《文选》内容，那么在意这些装帧形式有什么价值呢？其实装帧形式正说明了该书版本的久远，黄侃留意这个问题，正说明他对版本同样很在意，只是因为好版本的书太贵，而他个人希望能用有限的钱买到更多的书，于是只能舍弃讲求版本这件事了。

我的这个说法倒并非胡乱猜测，比如黄侃在1934年8月22日的日记中写道："偶思买《花镜》，因挈慈子出，至文海山房，见汪梅村先生藏书悉出，中有手评点全部《说文》段注十八册，急购之归，册价一元(上年所欠尾数四元，已说明不更与矣)。又有单刊《通典》，甚醒目，未买。冯赠予石印《秘传花镜》六册，滥板也；又《花果种植法》，破书也。"

这天黄侃突然想买《花镜》一书，于是来到了一家旧书店，他在这里偶遇到一位藏书家的旧藏整批散出，于是从中挑出了一部名家批校的《说文解字注》，此书十八册，售价十八元，这在当时是个不便宜的价格，于是书店老板抹掉了他以往欠下的四元书账，还送给他两部普通本的书，其中就有他前来寻找的《花镜》。当然赠送之书肯定版本很普通，一部石印本而已，所以黄侃称此书为"滥板也"，同时把老板送的另一部书称作是"破书也"。如果黄侃真的只在乎内容而不在乎版本，那石印本又跟原本有什么区别呢？可见他还是希望得到好的版本。

因此可以说，只要是爱书之人，都不会排斥好的版本，但是出于个人情况的不同，也只能按照自己的情况来选择适宜的版本。显然黄侃对版本特别熟悉，但出于个人情况，他只能以有限的钱去买到更多的品种。当年商务印书馆所出的《四部丛刊》，恰好满足了许多学人的这种需求，因为这部书汇集了大量的稀见古书，以缩版汇编的形式予以出版，这种出版方式既可以使爱书人能够迅速地增加

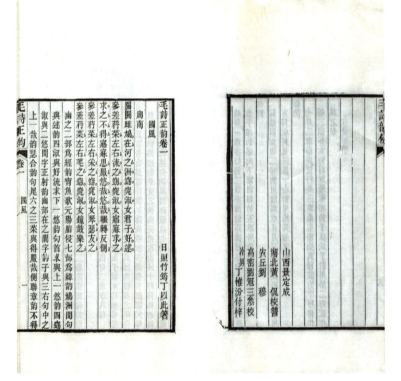

丁以此撰《毛诗正韵》四卷，民国二十年（1931）山东省立图书馆影印本，卷首、黄侃校勘落款

许多书的品种，同时与原本比起来，价格又便宜许多。而主持出版这部丛刊的商务印书馆总经理张元济，又是一位对版本十分内行的人，故而他选择的《四部丛刊》底本也都是稀见难得者。

所以这部书甫一出版，就大受学人欢迎，比如鲁迅就陆陆续续买了多年，黄侃也同样如此，他在1931年3月5日的日记中写道："《四部丛刊》……自戊辰（1928）夏，节缩日用必需之资，以四百三十元决意买之，首尾四年，乃获全部，欣喜不已，夜以名酒庆之。戊辰买书从此起，约用三千三百元；己巳（1929）用两千元有奇，庚午（1930）用两千元有奇。三年来，买书几斥去八千元矣。"

黄侃用了四年时间，陆陆续续买齐了这部大书，当书配成完整一套时，黄侃特别高兴，当天晚上特意开了瓶好酒予以庆贺，足见其是何等看重该书。由其日记可知，他也会记书账，因为他统计出来三年买书的总花费，在这么短的时间内，花了将近八千元，可见其对买书的疯狂到了何种程度，但如果他讲求版本的话，这八千元恐怕买不到他现有藏量的十分之一。

关于黄侃的买书渠道，《天一阁文丛》第十二辑收有徐昕所撰《黄侃藏书述略》一文，该文首先讲述了黄侃的藏书原则及特点，然后通过摘录黄侃日记来说明黄侃为什么大量买书，比如1934年3月19日黄侃写了首《题所藏书目薄子上》的诗：

> 稚圭应记为佣日，昭裔难忘发愤时。
> 十载仅收三万卷，何年方免借书痴。

黄侃在诗中提到了匡衡和毋昭裔两位古人，感慨自己耗时十年仅收了三万卷书，这个数量显然让他不满意，他希望自己的藏书能够四部齐备，再不用找别人去借书。看来他大量买书的原因之一，就是不想求人借书，因为前面在日记中提到黄丕烈只找人借书而不借书给他人，显然黄侃对这种行为大感不满。这种心态还可由他1929年写给女儿念容的信中予以印证："我现买书甚多，而唐以前要籍尚有未备，以致乞丐于徐恕之伦，可恨！可恨！"黄侃称自己的买书量已经很大，但唐代以前的重要典籍还是没有买全，以至于用到这些未备之书时，还要向武汉当地的藏书家徐恕去借。显然不得不向人借书这件事让黄侃大感不满，以此为恨，并且成为他大量买书的动机之一。

关于黄侃的购书渠道，徐昕在《黄侃藏书述略》一文中总结出六种：第一种是黄侃亲自到书店去选购；第二种是书商送书上门；第三种为学生代购。从徐昕举出的几个例子来看，黄侃买书有一半都是请他的学生陆宗达来办理，比如他在1928年8月12日的日记中写道："颖民还自沪，为购得书十七种，其目曰：《全唐文》《唐文粹补遗》《南宋文范》《南宋文录》《金文雅》《金文最》《明文在》《宋诗钞》《宋诗钞补》《列朝诗集》《宋诗纪事》《元诗纪事》《明诗纪事》《历代诗话》《清诗话》《声调四谱》《藏书纪事诗》《书林清话》，凡用钱二百二十八元，惟《元诗选》及《历代诗话续编》未购耳……陆生入都迎母，予冀都中购书视海上为易，故以此事托之。"

黄侃一次性地请陆宗达买得十七种书，其中有几部书部头很大，比如《全唐文》达一千卷之多，即使买的是影印本，其册数也不少。这些书中，还有《藏书纪事诗》《书林清话》等跟藏书有关者，前一书记载的是历代藏书家的传记，后一书则专谈藏书及版本，由此看来黄侃也并非完全排斥藏书家或者讲求版本之事。

陆宗达乃是民国间著名的学者，我与其哲孙陆昕先生相识多年，与陆昕先生的交往过程中，听他讲述过许多陆宗达与其师黄侃之间的有趣故事，由此得知，陆宗达先生对版本也颇为熟悉，难怪黄侃会请他买书的次数最多。

除此之外，黄侃的得书渠道还有邮购、抄书、获赠等。为了能够得到更多的藏本，他用到了各种各样的方式，也正因为如此，他对自己的藏书看得特别重，虽然他反感黄丕烈不借书给他人看，其

章太炎撰《国故论衡》三卷，民国六年（1917）至八年（1919）浙江图书馆刊《章氏丛书》本，黄侃赞语

实他自己也同样如此。比如他在 1929 年 10 月 27 日的日记中写道："起，整理书籍，以金石书别置一室。查得《古书丛刊》第二函不见，殆焯所取。此儿取书，从不见告，可恨可恨！书一条粘之书架上，曰：血汗换来，衣食减去；买此陈编，只供蟫蠹；昼夜于斯，妻孥怨怒；不借而偷，理不可恕。"

　　这天早晨起床之后，黄侃开始整理自己的藏书，他把金石类的书专门挑选出来，准备将其放在一起，然而在整书的过程中，却发现某一函书不见了，令他大为恼怒，猜测这一函书肯定是被侄子黄焯拿走了。他为什么一下子就把这件事联想到黄焯身上呢？因为黄焯从他这里拿书从不打招呼，黄侃决定制止侄子的这种行为，于是写了一张纸条贴在书架上。显然侄子的这种行为让他怒不可遏，他在纸条上说，自己节衣缩食才买下了这些书，因为这些书还让家人产生过许多的抱怨，得书是如此之难，你黄焯却招呼都不打就把书拿走了，这简直和偷书无异，无法原谅！

黄侃所言当然只是一时气话，因为他对这位侄子极其喜爱，然而从纸条上的话，也可了解到黄侃对于自己的藏书是何等之看重。

黄侃的确看重自己的藏书，以至于他将某部书卖给别人后，竟然又反悔，他在1928年10月12日的日记中写道："昨日与辟疆一笺，自悔轻售《元诗选》之失，今日遂有蜀峡之约。异哉，《元诗选》仅得一餐之利乎？阅《丛书目录汇编》。以一诗调汪辟疆。夜诣辟疆谈，仍说误卖《元诗选》事也。"

黄侃说自己昨天给汪辟疆写了封信，信中明确地说后悔把《元诗选》卖给了汪，当天晚上他又见到了汪辟疆，仍然在唠叨卖掉此书的后悔心情。他的唠叨看来起了作用，之后几天汪辟疆将这部《元诗选》原价还给了他。黄侃对自己的出尔反尔也觉得惭愧，因此在10月21日的日记中写道："汪辟疆肯以《元诗选》见还，令人感愧。"

由以上这些都可看出，黄侃对藏书有着特别的挚爱，侄子不打招呼拿走了一部书，会令他大怒，自己把书卖给了朋友，没过多少天又后悔，竟然能够一而再再而三地索要，虽然他自己也觉得有些过分，但还是把书要了回来。他对书痴迷的程度，绝不输于任何藏书家。

从各种的记载资料来看，黄侃的性格极其特别，吴十洲所著《民国人物绰号杂谭》中有一篇《"黄疯子"之骂人能事》，该文中引用了1935年黄侃去世后不久，《立报》登出的一则《黄侃遗事》："黄以国学名海内，亦以骂人名海内，举世文人除章太炎先生，均不在其目中也。名教授钱玄同与黄同师章氏，同在北大国文系教书，而黄亦是最瞧钱不起，尝于课堂上对学生曰，汝等知钱某一册文字学讲义从何而来？盖由余溲一泡尿得来也。当日钱与余居东京时，时相过从。一日彼至余处，余因小便离室，回则一册笔记不见。余料必钱携去。询之钱不认可。今其讲义，则完全系余笔记中文字，尚能赖乎？是余一尿，大有造于钱某也。此语北大国文系多知之，可谓刻毒之至。"

黄侃在这里骂的就是钱玄同，可见其骂起来人来何等之不留情面。但是，性格怪僻的黄侃也有害怕的时候，比如郑逸梅在《世说人语》中引用了刘禺生所著《世载堂杂忆》中的一段话："在武昌居黄土坡，放哨兵游弋街上，季刚惧不敢出，停教授课七日。又武昌友人请宴，季刚乘车往，有狗在门，向之狂吠，急命回车。又十年前，四川何奎元，邀宴长洲寓沪，吾辈皆往。季刚与人争论音韵，击案怒辩，忽来巨雷，震屋欲动，季刚不知何往，寻之，则蹂踞案下。问曰：'何前之耻居人后，而今之甘居人下也？'季刚摇手曰：

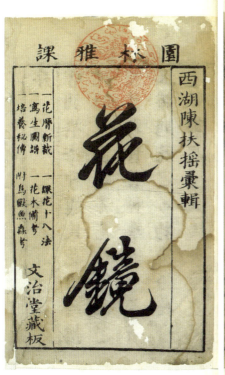
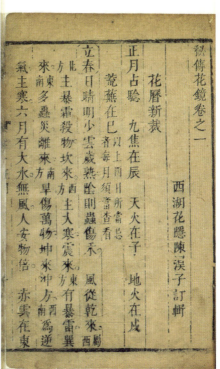

'迅雷风烈必变。'"郑逸梅把这段话总结为黄侃的平生三怕：一怕兵、二怕狗、三怕雷。

如此怪僻的黄侃，老师章太炎却对其有着特别的喜爱，然他二人的相识经过却并不愉快。顾国华所编《文坛杂忆》中有《黄季刚轶事》一节，该节中称："少年游学日本，赁屋于东京近郊，居楼上。某夜小便急，立廊而泄。时章炳麟正在楼下夜读，溺如飞瀑，直泻章顶。章素有'疯子'绰号，仰首大骂，黄也回敬不休。当两人互不相让之际，偶通姓氏，黄始知其对手乃是所景仰的一代朴学大师，连忙折节自称弟子，从此一生师事章氏。"

黄侃竟然尿了章太炎一头，这实在是千古奇谈，但正是因为这次意外他才成了大师的弟子。黄侃去世后，章太炎给他写了《墓志铭》，首先称："季刚讳侃，湖北蕲春人也。余违难居东，而季刚始从余学。年逾冠耳，所为文辞已渊懿异凡俗，因授以小学经说，时亦赋诗相倡和。"章太炎在这里只说黄侃是在日本拜师，因为被尿一头而收徒的经过显然不便写入《墓志铭》中，因此略过不谈。黄侃性格那么特别，他会不会听老师的话呢？章太炎写道：

> 始从余问，后自为家法，然不肯轻著书，余数趣之，曰："人轻著书，妄也。子重著书，吝也。妄不智，吝不仁。"答曰："年五十当著纸笔矣。"今正五十，而遽以中酒死，独《三礼通论》声类目已写定，他皆凌乱，不及第次，岂天不欲存其学耶！

章太炎这段话说得很有趣，他说黄侃起初跟着自己认真学习，后来就不遵师道，有了自己的观念，但是黄侃不喜撰述，为此他催促黄侃很多回。章对黄说：轻易写书的人太狂妄了，始终不写书的人则是一种小气，既然你有一肚子的学问，那就应当写出来以便让别人读到，否则的话这也算是一种不仁。黄侃回答说他并非不写书，只是觉得自己知识积累得还不够，等到五十岁就会开始撰述了。可惜的是，天不假年，黄侃正是在五十岁这一年去世。弟子的故去令章太炎大为感慨，这段话也说明了他们师徒之间，关系是何等的融洽。

章太炎的性格同样桀骜不驯，师徒二人性格如此相像，又怎么能够如此相融呢？其实两人的绝妙之处正在这里，《朱祖延集》中有"黄季刚与师无争"一条，该条中称：

> 黄季刚性桀骜，好与人争，惟其师章太炎能容之。季刚持论，偶与太炎抵牾，太炎辄曰"亦自成说"，不之非也，故季刚与师无争。

看来章太炎对于这位弟子特别宽容，即便因为持论不同而争论起来，事后也会替弟子开解。章太炎对黄侃如此了解，当然也知道弟子有着特别的藏书之好，所以在《黄季刚墓志铭》中也写到了这一点："有余财，必以购书，或仓猝不能具书籤，即举置革筒中，或委积几席皆满。得书，必字字读之，未尝跳脱。"黄侃藏书量如此之大，竟然还能字字读之，其学问之广、腹笥之厚足令人叹服。

关于黄侃藏书的结局，《文献》1999 年第 3 期刊有荣依群、黄曾敏所著《黄侃墨迹稿本简述》一文，该文首先称：

> 黄侃生性好奇书，生前收藏三万册之多，平生点校之书达数千卷，施笺识者也达数百卷。很多著述来不及出版，就与世长辞，留下大量遗稿手迹。在湖北省图书馆及武汉大学中文系保存共计二百六十余种著作、诗词一千余首，各种名人往来信件套封犹存。

这段话称湖北省图书馆和武大中文系保存了黄侃二百六十多种著作，但前文曾经提到黄侃不喜著述，那么此处所称的"著作"，有可能是黄侃的藏书或者是黄侃的批校本。比如该文中举出的第一部书是"黄侃手批白文十三经"，对于此书该文中称：

> 此白文十三经现为毛泽东遗物。1983年上海古籍出版社同武大共同向中国革命博物馆借出出版。大32开，精装一巨册，朱墨套印。原稿本仍还回。此白文十三经底本为1914年商务馆铅印本，是黄侃先生研制经学的主要成果。历时六年批完。后又多次修改。1950年黄念田将其赠给毛泽东省看。毛泽东给黄念田（黄侃次子，四川大学教授）复信表示"极为感谢"。

看来该文中提到的黄侃墨迹稿本并非真迹，而是指现代影印出版物。该文中举出的第二部书则是"黄侃手批《说文解字》"。细读该文，此处将该批校本目之为原稿本："原稿本保存在武汉大学中文系，线装八册。黄侃亲笔批语不下六十万言。黄侃认为治小学之门径，在沿《说文解字》，不明《说文解字》，不足通古文。黄侃研读《说文解字》数十过，手批《说文解字》是黄侃一生的心血所在。黄侃的小学成就是世人所公认的。手批《说文》可使人们看到一代学者的手迹。手批《说文》之底本为乾隆癸巳，公元1773年朱筠刻于安徽之大宋字本。"

如此说来，黄侃手批的《说文解字》应当是他当年的旧藏。他的藏书已经散失，关于黄侃藏书散失的原因，其女婿潘重规在《黄季刚先生遗书影印记》中有所提及："居重庆时，敌机日夕轰炸肆虐，警报一起，即与室人挟遗书趋避山洞中。邻居有宣翁，一夕同走避轰炸。夜半返舍，竟中碎片罹难，惨状当前，与室人抱遗书对泣，不知涕泗之何从也。"

抗战期间，黄侃避难到了重庆，当敌机轰炸时，黄侃会带领家人抱着一批书躲进山洞中，在这种状况下，能够保留下来的书数量应当很少，那么他的大量藏书去哪里了呢？潘重规写道：

先是，南京失守前，内弟念田以大车二辆，载先师藏书寄存于其友人鲁亚鹤采石矶寓中。抗战十年，规及田弟俱居蜀。胜利后，规应暨南大学、安徽大学聘，时往来京沪间。偶闻施则敬君言，先师《古韵谱》手稿尚在鲁亚鹤处。因亟遄往采石矶访得其寓所，相见则谓存书尽毁，出《古韵谱》及手批《文始》二册相授，曰："遗书尽在此矣！"

看来日本人打到南京之前，黄侃的儿子已经把书寄存到了朋友家中，抗战胜利后，他们再去找那批藏书，眼前所见仅剩两种，其他的全部毁于战火。黄侃爱书如命，他的藏书竟然是这样的结局，让人大感痛心。

黄侃墓位于湖北省蕲春县青石镇大樟树村仰山堂湾西南的笔架山前台，此程在江西访完周敦颐墓，而后赶往火车站，坐下午两点半的火车前往湖北蕲春。虽然是跨省的交通，但两地之间班次却很多，我所乘坐的是下午最早的一班。火车站很小，里面的格局让人想起三十年前。在售票处购票时，价格之廉也让我大感意外，横跨两省，竟然仅要七块钱。进站之后，眼前所见的，也同样是三十年前常见的绿皮火车。登车之后，车厢里的景象也同样像活化石一样，保持着几十年前的风貌，里面的乘客有人担着笼子，有人抱着鸡，还有整捆整捆的蔬菜，感觉像是进入了一个热闹而喧哗的农贸市场。

其实变化也并非没有，比如几十年前，我乘坐这种火车，最让人难受的是车厢内烟雾缭绕，每每进入这种环境，都让我有着难以呼吸的痛苦，但今天的车厢里虽然还是那样拥挤不堪，抽烟者却没有了。这种变化我认为称得上是里程碑，社会总在进步，凡事要往好处看。

我所乘坐的这趟车应当是三十年前人们所说的慢车，我不知道是否还有这样的称呼方式，但其沿途见站必停，所以用了两个多小时才来到了我的目的地蕲春。走出车站，在出口处打上了一辆出租车，请司机把我送到青石镇大樟树村。司机称自己就是青石镇人，但从未听说过黄侃墓在哪里，好在黄侃这个人他倒是听说过。他告诉我说，现在的青石中学原本就叫黄侃中学，他以前就是这个学校的毕业生，他还告诉我，黄侃的后人曾经捐书给该校。既然黄家人作出了这样的贡献，那为什么还要将这所中学的名称改掉呢？对于我的疑问，出租车司机说他也不清楚，但他却强调，黄侃是他们当地人的骄傲，因为本地人提起黄侃都有着本能的崇敬。我听罢问了他一句："那你为什么不知道黄侃墓在哪里呢？"

我的问话让司机颇感不好意思，于是他边开车边打电话问过多位同行，但还是不知道具体的地点。这么多人不知道，反而让司机挽回了颜面。我从他的神色中能够感受到，他在告诉我：并非只有

黄侃墓全景

他不知道，而是他的伙伴们都不知道。看来群体性的不知，也能给人以力量。虽然如此，他还是对这种现象做出了必要的解释，他认为本县的有关部门主要把精力都用在宣传李时珍方面了，就全国的影响力而言，他们认为李时珍

黄母墓全景

的贡献更大，也更容易宣传。看来，正是李时珍的光芒，而让近现代国学大师级的黄侃黯然失色。但司机同时劝我不要放弃，他说这件事可以到他们学校去问老师。

这是个不错的主意。我觉得司机还停留在学生时代的思维方式上：老师是万能的。而事实证明，他的坚信果真没错。因为他把我送到附近一所学校后，在门口遇到了一位老师，仅凭此一问，就打听到了黄侃墓的具体位置，这个结果也同样令司机很骄傲。于是他立即开车，把我送到了目的地。

从出租车的计程表上看到，从蕲春县火车站到黄侃墓大约是三十三千米的路程，而我眼前所见，乃是一片高坡，顺着新建的台阶向上走，在高坡的顶端看见用青石砌起了台阶和护栏，在护栏之外的右侧看到了两块有着古色的墓碑，以我的判断，那里应该跟黄侃无关。而护栏之内，也同样有多座坟丘，这些坟丘都做过整修，有一些断碣残碑跟新的石墙砌在了一起，以此显现着时代变迁所遗留下来的明显痕迹。以我的判断，正中的一座坟丘应当就是黄侃，走近细看墓碑，果真如我所猜。

不知什么原因，这几座坟丘从外观看上去，更像没有完工的石墙，但这石墙之上却摆放着一些花圈、花篮，如此说来，说不定这

黄侃墓的形制为半圆形

也是一种名人墓的艺术表现手法。可惜，站在这寂静的墓前，我找不到请教之人，故而也无法印证我的猜测。

端详黄侃墓碑，碑上用小字刻着"辛亥革命先驱黄侃"，看来当地人并没有把他看作国学大师或是一位藏书家，而是从政治高度来评价他的功绩。旁边的小字还有"夫人黄菊英"字样，看来这座墓乃是夫妇合葬墓。墓碑下面的落款则为"蕲春县人民政府二〇一一年十二月立"，而我来到此墓前的时间则为 2012 年 4 月，这样说来，黄侃墓整修完的时间绝不会超过四个月，难怪我眼前所见都是如此簇新。

黄侃墓的周围还有几座坟丘，其中一块墓碑有着历经风霜的色泽，细辨上面的字迹，以小篆体刻着"黄氏母周孺人之墓，屠维涒滩毕辜之月哀子侃泣题"。看来这是黄侃母亲之墓。我从资料上得知，黄侃是位孝子，对母亲极尽孝道。黄氏家族墓中还有几座坟丘，我正想一一辨认，天空却突然下起了雨，并且是突然间豆大的雨点砸

黄侃女儿之墓

下来。今日虽然整天阴沉，但并无下雨的迹象，因此我也没有任何防备，而黄侃墓的周围没有任何避雨之处，仅几分钟的时间，雨水就将我浇成了落汤鸡，面对此况，我唯一能够做的，就是把相机紧紧抱在怀中，往台阶下跑去，真担心一路辛苦拍来的照片瞬间被这大雨冲得不见了痕迹。

看来骤雨没有停息的迹象，我不想待在这里继续接受上天的考验，急急忙忙弯着腰沿着台阶下行，想要早点跑上出租车，在半途中遇到了出租车司机，他不知从哪里找来一把破伞前来接我，当我望到他的第一眼，心中瞬间升起的暖意，冲淡了雨水带来的冰凉。

胡适

专题特藏，遗嘱无问

淮茗在《独树一帜的学者藏书家——胡适藏书漫谈》中说了这样一段话："无论是从收藏的规模、藏品的珍稀、对藏书的喜好，还是从版本、目录、校勘等知识的掌握，开一代风气之先的胡适都够得上藏书家的资格，尽管这一称号对获得过三十多所世界知名大学名誉博士、担任过北京大学校长、台北'中央研究院'院长的胡适来说，并不能增加多少光环。"

对于藏书这件事，胡适在《留学日记》卷四中写道："有书癖，每见佳书，辄徘徊不忍去，囊中虽无一文，亦必借贷以市之。"仅凭这一句话，他就能被有藏书癖的人引为同道，因为胡适把他的爱书之情说到了点子上。

关于他藏书的起源，胡成业所著《徽州的胡适》一书中，专有"胡适与书斋之缘"一文，该文的第一个段落是："胡适自小就与书结下了不解之缘。他不满三岁时，父亲即教其识字，四岁时已认得近千字了。五岁进学堂读书，八岁开始阅读并点评了《资治通鉴》等三十多部古书，看完了《水浒传》《西游记》等古典小说。这些书成为他的第一批藏书。"

才这么小就打下了如此深厚的国学功底，想来胡适的藏书之好也是起于此时，这样说来，胡适比许多爱书人的起步时间都要早，之后他一直延续着这个爱好，再后来他父亲的书也融进了他的收藏之中。过世杰所编《人生之美：中外名人生活情趣》一书中有《胡适是图书收藏家》一文，该文中说道："古今中外大凡是研究学问的人都爱藏书，胡适更甚。他的藏书很多，约有四十书架（大书架），以线装书为主，外文书比较少些。他的藏书中，少数是他的父亲铁花公留下来的。他的父亲有些藏书，一般的图书为多，好的较少。"

这里说胡适的藏书量有四十个书架，并且强调是大书架，所藏以传统的线装书为主，这些线装书中仅有少数是他父亲传给他的。这里的"少数"二字不知是怎样的概念，但至少说明胡适的收藏是有着家庭的递传。

对于胡适的藏书总量，我所查得的资料各有各的说法，淮茗则在其文中称："胡适一生购书藏书以 1948 年 12 月为界，可以分成两个阶段。其第一阶段的藏书有据可查的，有一百零二箱，约一两万册。实际上加上散落别处的图书和资料，还不止这个数。这些藏书基本上都留在北京，他只带走了一套《脂砚斋重评石头记》（甲戌本）作为纪念。后胡适重新开始聚书，日积月累，自己的购买加上朋友的大量赠送，数量也是相当可观的。"

淮茗的这段话说得比较笼统，他说胡适早期藏书有一百零二箱之多，大概有一万到两万册，除此之外，还有些书放在了别处。而罗尔纲在《胡适琐记》一文中，对胡适的藏书数量有着如下描写："到北平后，胡适叫我做的第一件工作，是开书箱，把书取出来安排在书架上。先摆书架，客厅后过道大约摆三架，大厅把书架围成书城，胡适书房也摆三架，总共约二十架。"

这个数量比上文所谈的四十个书架整整少了一半，罗尔纲是胡适藏书的整理人，他在文中写到了这件事："胡适每天指点我摆书，把书摆好了，他就可以随手取阅。他没有叫我编目，却叫我要本本都检阅过，凡没有写书头的，都要补上，以便一眼就看清楚。胡适记性非常好，哪一部书放在哪一架哪一格，都记得清清楚楚，全部的书目大都在他的脑中。书房那三架是空架，留作放手头用的书。迁平后在北平七年，逐渐买的书就放在那里。"

罗尔纲不但帮着胡适整理藏书，同时还把胡适所藏之书写上"书头"，不知这两个字是不是指的就是古书"书根"，不管怎样，至少说明胡适的书，他一本一本地都摸过，所以他在文中特意强调："许多人都问过我胡适的藏书，我说除预备写中国哲学史的书外都缺乏，他们都感到奇怪。石原皋《闲话胡适》记胡适的藏书说：'研究学问的都爱藏书，胡适更甚，他的藏书很多，约有四十书架。'不是事实。"

胡适与友人合影及其题诗

罗尔纲在这里明确否定了胡适的藏书是四十书架，认为石原皋所说的"四十书架"不是事实。这件事让我觉得好生奇怪。关于胡适藏书的数量，有不少的文献记载都比罗尔纲说的数量要大得多，比如胡成业《徽州的胡适》一书中的记载："在任北大教授期间，更与书籍结下了不解之缘。当时海内外华人学者认为，书读得最多的、读书入迷的人数不出几个，如果要数，胡适要首屈一指了。所以胡适当时得了一个'大书箱'的绰号。据当时在北京胡适家中协助胡适整理书籍，书写文稿、书稿、信笺的绩溪人章希吕日记载，他帮助胡适整理书架编目时，共有书架四十四个、每架一千册，约藏线装书四万余，西文书十一架和杂志、月刊都还未计算在内。1934年5月，帮助整理书堆信札时，发现外国朋友寄来一只大书箱，6月在汽车间里又找出十只书箱。"

胡成业谈到的胡适藏书数量，又比寻常所说的"四十书架"多了四个，除了这四十四架书外，胡适在海外还有藏书，另外他的车库里还能翻出藏书，并且这些数量的记载出自胡适的另一位协助理书人——章希吕，章把这些数量写进了自己的日记中，这样论起来，他的这些记载也不应当是误记。

但为什么会有如此大的差异呢？比如罗尔纲认为，石原皋把胡适的藏书数量说成是"四十书架"，这不是事实。然而石原皋也是胡适藏书的整理人，如果以次数来论，石原皋帮着胡适整理过两次藏书，而罗尔纲仅整理过一回，过世杰在《胡适是图书收藏家》一文中载有此事："在北京，胡适四次搬家，第一次搬到钟鼓寺，第二次搬到陟山门，第三次搬到米粮库，第四次搬到东厂胡同。第二次和第三次搬家，他的图书都是石原皋和他的从弟胡成之两人整理搬运的。石原皋和胡成之事先将书架的书和它们的位置都记住，装在一个木箱内，每个木箱编了号码，搬到新居后，依次打开，照原样放置。"

过世杰在文中也提到胡适的藏书数量是"四十书架"："1937年

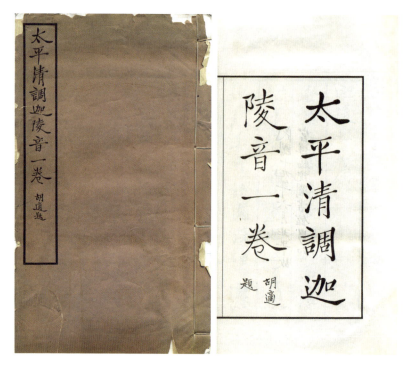

（明）叶华撰《太平清调迦陵音》一卷，民国十九年（1930）北京故宫博物院图书馆影印本，封面胡适题签、胡适题书牌

日寇进逼，北京危险，他把藏书打包装箱运到天津，保存在浙江兴业银行仓库。他在美国时，担忧他的四十架图书，恐怕要丢失了。幸而浙江兴业银行保管得好，没有遭受损失。"

以上的叙述在数量上有着如此大的差距，究竟孰是孰非呢？以我的猜测，他的书放在了不同的地方，罗尔纲看到的有可能只是胡适藏书的一部分，以此推论起来，胡适的藏书量确实很大。

其实，仅从罗尔纲的记录中也可推论出，胡适的藏书量的确不小。罗尔纲帮着胡适整理藏书的阶段是在北京米粮库4号一座三层的洋楼内，对于此楼内的藏书之所，罗尔纲在文中写道："客厅背后很大，作为进入大厅的过道，亚东图书馆来编胡适著作的人，住和工作都在这里，汪原放来也住在这里。从那里向东就进入大厅，这个大厅高广宽阔，原来是一个大跳舞厅。胡适用来作藏书室。大厅的南面，是一间长方形的房，是胡适的书房。书房东头开一小门过一小过道，又开一小门出庭院，以便胡适散步。"将一个大舞厅作为藏书室，书房则是另有一间，这样推论起来，胡适的藏书室看上去也足够壮观。

以上所谈的都是关于胡适藏书的数量，关于其藏书质量，相应的记载则有些零星，罗尔纲说："胡适不求藏书，更不谈版本，他只是为他的应用而买书的。但他却藏有一部明刻本《欢喜冤家》，已经破损了，书贾用最好的纸张把它装裱起来，胡适把它锁在书房藏要件的高柜内，秘不示人。有一天，我正在过道的书架理书，忽然，外面走进一个人，我还未见人，就闻大声嚷：'适之！适之！你有好书不给我看！'胡适听闻了，在书房里哈哈大笑。我看这人，就是胡适好朋友赵元任的夫人杨步伟。"

看来，胡适的藏书从整体上而言，可以称之为学问家的藏书，因为他不讲求版本。但这并不等于他没有好版本，罗尔纲在文中举出了一部明刻本的《欢喜冤家》，除此之外，淮茗在文中还讲到胡适有着如下的珍罕之本："说到珍稀，在胡适的藏书中也确实是有一些珍本秘籍的，比如脂评甲戌本《石头记》，可谓海内孤本，令海内外藏书家羡慕不已。其他如程乙本《红楼梦》、稿本《四松堂集》、明刻本《欢喜冤家》、嘉靖刻本《二郎宝卷》等，也都是世间少见的秘籍。"

除了线装书方面的珍本，对于西洋书的收藏，胡适也颇有成就，胡成业在其文中说："在北京大学任教时，为了研究，收集了不少《圣经》版本，在'中国圣经学会'为庆祝该会成立五十周年而举办的'中文佛经版本展览会'中，他的收藏竟然高居第二——仅略少于该会本身的收藏。"但是无论从藏书质量还是数量上来说，胡适走的的确不是藏书家路数，他的藏书主要还是服务于他的学术研究。

1948年底胡适前往台湾，他离开北京时，所藏之书绝大部分都未带走，随身携带的仅是很少的数量，肖伊绯在《追寻胡适驻美时的藏书》一文中写道："1948 年底，胡适手稿、文件、书籍又一律装箱，共计一百零二只大木箱，全部寄存于沙滩松公府北大图书馆。1948 年 12 月 13 日，胡适乘专机仓促飞离北平，只带走了《红楼梦》庚辰本、其父年谱的手稿、《中国哲学史大纲（卷中）》讲义本及几篇有关《水经注》的文章。"

肖伊绯提到的胡适带走之书，其数量是如此之少，其中包括了他所撰的《中国哲学史大纲（卷中）》，但淮茗所撰之文却称，胡适并没有带走这部手稿："1948 年 12 月，胡适极为匆促地离开了北京，临走时只带走了脂评甲戌本《石头记》和一些有关《水经注》的手稿，连他十分看重的《中国哲学史》中卷手稿都未能来得及带走，其藏书及大量个人资料虽已装成一百零二个箱子，但也同样未能带出。这些藏书和资料后来分存于国家图书馆、北京大学图书馆和中国社会科学院近代史研究所。"

为何两种叙述会有着这样的差异？这件事情我未能搞清楚。但有一点可以肯定的是，胡适对自己的藏书有着明确的遗嘱，淮茗和肖伊绯两位先生都在文中提到了这一点。比如淮茗说："1957 年春，胡适立下遗嘱，其中第二条专门交代了其留在大陆的藏书、资料的处理办法：'确信中国北平北京大学有恢复学术自由的一天，我将我在 1948 年 12 月不得已离开北平时所留下的请该大学图书馆保管的一百零二箱内全部我的书籍和文件交付并遗赠给该大学。'但令人遗憾的是，由于各种复杂的原因，胡适的遗嘱并未得到执行，这些藏书资料到目前为止仍然分存三处，给相关研究带来很多不便。"

胡适为什么立下遗嘱呢？岳南所著《南渡北归》中说道："江泽涵说的胡适遗嘱，是指 1957 年经历了半夜大吐血、胃溃疡切除手术、曹聚仁致信劝其'回北京去看看'，以及胡思杜来信等一连串恶性的离奇古怪的事件之后，胡适觉得自己身体极度虚弱，精神郁闷至极，可能将不久于人世，遂于 6 月 4 日在纽约州纽约市第十七区雷辛顿大道 420 号诺林杰、李格曼、班尼塔与查尼律师事务所，在律师和证人刘锴、游建文、Harold Riegelman 三位朋友共同在场证明并签字的情况下,立下了最后一份遗嘱。"

胡适的这份遗嘱做得很正式,因为他专门找了纽约的律师事务所,同时请来三位朋友当场作证。这份遗嘱总计有八条,其中的第二条和第四条涉及他的藏书,我将《南渡北归》上所列的这两条抄录如下:

第二条 确信中国北平北京大学有恢复学术自由的一天,我将我在 1948 年 12 月不得已离开北平时所留下的请该大学图书馆保管的一百零二箱内全部我的书籍和文件交付并遗赠给该大学。

第四条 我把在纽约市我的住所的全部我的手稿和文件以及全部印本的书籍交付并遗赠给台湾台北"国立"台湾大学,并请求而非指定哈佛大学的杨联陞教授与台湾大学的毛子水教授两人中的存在者依他们认为合适的方法安排我的手稿与文件的保管、编辑与出版。

胡适在第二条遗嘱上的这段话,被学界广泛引用,但是他的藏书存在大陆的那一部分因为两岸隔绝,而无法按其遗嘱的要求执行。

一位知情的朋友曾告诉我,北大图书馆在前些年也看到了胡适的这份遗嘱,想将胡适的藏书"三国归晋",可惜碍于各方面的阻力未能达成愿望,胡适的旧藏也不知道到哪天才能归拢在一起。好在他的收藏还是有人做过一些统计,比如肖伊绯在文中写道:"据 2013 年北京大学图书馆与台北胡适纪念馆联合编纂的《胡适藏书目录》中统计,北京大学图书馆现存主要是胡适 1948 年以前的藏书,包括中、日、西文书刊 8699 种;台北胡适纪念馆现存主要是胡适 1949 年开始到去世收集的藏书,包括中、日、西文书刊 3813 种。两馆胡适藏书合计 12512 种。"显然,这 12000 余种书不到胡适藏书量的三

胡适墓园介绍牌

分之一。

2014 年 2 月，我前往台北，在书展上与王强先生举办一场对谈，在活动的间隙，我前往胡适墓园，去祭奠这位爱书之人。

胡适墓园位于台北市南港区研究院路二段，与台北"中央研究院"一路之隔。墓园处在山脚下的一片平地上，这里修建起了占地近一千平方米的广场，广场的正中是水池，喷泉的式样有些特别，像几个巨型的斗笠碗，我不知有什么特殊的寓意。喷泉的侧边种着十几株高大的椰子树，提醒我由北地来到了南国，广场中没有任何的累赘物品，若不是旁边的介绍铭牌，很难知道这里就是胡适的墓园。这块介绍牌面积不大，钉在几个木条上，主图是几张照片，底下的文字简洁地介绍着墓园来由：

胡适先生生于 1891 年，卒于 1962 年 2 月 24 日，同年 10

月 15 日安葬于此。从山下沿着步道迤逦而上，主墓区左翼下坡平台矗立着胡适之先生像，系杨英风先生塑造，为中国公学在台校友会献赠。主墓区正下方为大理石镌刻的墓志铭，白色廊亭簇拥着主墓碑墙，瞻仰凭吊□□碑旁，附在廊外两边地面，另有胡思杜纪念碑及胡祖望墓碑随侍左侧。

墓园的右侧是登上山坡的台阶，由此上行，在第一个小台地上，看到了适之先生的半身像。由此左转继续上行，登上第二块台地，这块台地占地五六百平方米，用水泥做成了中空状的回廊，整个回廊用白漆涂就，看上去庄严肃穆。

正中位置就是胡适的墓丘，墓丘裙围用不规则的石块砌就，看上去像中国传统的冰裂纹，这是中国古代窗户上常见的一种艺术表现形式。墓丘呈向前倾斜状，上面的花岗岩顶盖刻着"'中央研究院'院长胡适先生暨德配江冬秀夫人墓"，冰裂纹的四周围满了洁白的碎石块，看上去有些像日本的庭院制式。

墓的正前方有一个石制供桌，桌面上长满了绿绿的植物，正前的位置还摆着三颗橘子，从新鲜程度看，应该是刚摆上不久。墓园的后围墙沿山体而建，高约两米，同样是用不规则的花岗岩砌就，正中的位置用水泥做成横匾状，上面刻着四个字"智德兼隆"。

我在胡适之先生的墓前瞻仰了二十分钟，没有遇到其他的游客和前来祭拜者。我拍照完毕，坐在旁边的台阶上，默默地陪着适之先生坐了一会儿，心情不喜不悲。墓前的两棵松柏在微风吹拂下，矜持地晃动着，不知它们是否了解——这位"但开风气不为师"的伟大人物，对这个时代作出了怎样的贡献。

胡适雕像

胡适墓

吴湖帆

四宝归一，化度偶迷

　　吴湖帆是现代著名的大画家，与张大千并称"北张南吴"，在海派画家中，他又跟吴子深、吴待秋和冯超然并称"三吴一冯"。除了著名画家这个身份之外，吴湖帆还是著名的收藏大家，这方面的成就跟他的出身有很大的关系，用西方的谚语来说，他是含着金汤匙来到这个世界的。

　　按照常见的说法，吴湖帆是收藏大家吴大澂的孙子，但事实上他并非吴大澂的亲孙。大澂兄弟三人，其兄名大根，其弟名大衡，吴湖帆是大根之子吴讷士的儿子，吴大澂仅有一子，此子在九岁时夭折了，此后再未得子，于是他就跟吴讷士商议：如果讷士生下儿子，就将其过继到吴大澂这一支。

　　此后不久，吴大澂出关作战，某天正跟一帮幕僚研究地图，他感到关外地势十分辽阔，而自己所带的部队人数太少，正在忧愁之时，吴讷士派人来报得子的消息，吴大澂听后立即焚香祷告，而后在地图上写了一个大大的"万"字，流泪称："愿有万千儿郎，屏我中华。"为此他给这个新生儿起名为"吴万"，同时把自己在苏州的一处庄园赠给吴万，作为他出生的厚礼。吴万就是后来的吴湖帆，吴大澂送给他的庄园名叫"东庄"，所以"东庄"又成了吴湖帆的号。

在吴万之后，吴讷士又得一子，但此子夭折了，此后吴讷士也再未得子，故而吴大根和吴大澂两支合在一起，仅有吴湖帆这一个孙子，所以吴万兼祧两房，同时继承了两家产业。清光绪二十八年（1902），吴大澂病故，临终前分配了自己的财产，将一半家产分给了两个女儿，另一半则给了吴湖帆。因为湖帆聪明好学，故吴大澂把自己的收藏品也全部留给了他。

除了吴大澂的遗赠，吴湖帆的收藏还有三个来源。第一个来自吴湖帆的外祖父沈韵初，沈韵初也是著名的收藏家，其藏品中最著名的专题，乃是明代大书画家董其昌的作品，所以其堂号为"宝董斋"，沈韵初的这部分收藏后来都到了吴湖帆手中。沈韵初的另一大收藏则是碑帖，其所藏碑帖质量甚高，近二十余年来，其旧藏碑帖偶尔会出现在拍卖会上，每次都能拍得高价。沈韵初的旧藏中有一件名品，乃是隋代《常丑奴墓志》，此墓志原为金冬心的旧藏，后来沈将此墓志送给了吴大澂，大澂又传给了孙子吴湖帆，所以吴湖帆的堂号中有一个就是"丑簃"。

吴湖帆藏品的第二个来源，则是他自己的收藏，这部分藏品质量也很高，除了许多历代名画之外，我最关心的当然主要还是善本和碑帖。比如他藏有宋刻本的《淮海居士长短句》，还有纳兰性德的旧藏《玉台新咏》，以及唐人写经等等，其收藏水准之高，让今日的藏家望尘莫及。

吴湖帆藏品的第三个来源，则是其夫人潘静淑的陪嫁。潘静淑出身名门，曾祖父潘世恩是清乾隆五十八年（1793）状元，曾为当朝一品，伯父潘祖荫是光绪朝的军机大臣，也是著名的收藏大家。潘祖荫无后，其弟潘祖年有两子两女，所以祖年就把自己的两个儿子都过继给了潘祖荫，但不幸的是，两子先后夭折。潘祖年剩下的两个女儿，长女出嫁后不久就去世了，次女就是潘静淑，正因如此，当潘静淑嫁给吴湖帆时，其嫁妆中就有很多收藏重器。

吴湖帆的收藏中有四件著名的碑帖，分别是《化度寺塔铭》《九成宫醴泉铭》《皇甫诞碑》和《温彦博碑》，这四件碑帖均为唐代大书法家欧阳询的作品，为此吴湖帆给自己起了一个著名的堂号——"四欧堂"，而这"四欧"中的前三欧，都是潘静淑的陪嫁品。除此之外，吴湖帆藏的另外两件宋拓孤本——《许真人井铭》和《萧敷、王氏墓志铭》，也是潘静淑带来的。潘静淑陪嫁过来的碑帖中，还有一件极具名气的珍品《董美人墓志》，吴湖帆对此墓志极其喜爱，据说经常抱着入睡，自称是"与美人同睡"，不知潘静淑对此会作何想。

　　吴湖帆本来就藏有《常丑奴墓志》，如今夫人又带来了《董美人墓志》，美与丑同归一斋，于是吴湖帆特意请篆刻家陈巨来给他刻了一方闲章——"既丑且美"。

　　潘静淑的陪嫁中还有一部著名的宋刻本《梅花喜神谱》，此书原为其父潘祖年的藏品，在潘静淑三十岁生日的这一天，潘祖年将此书作为生日礼物送给了她。静淑得到此本后，吴湖帆给她起了一个"梅影书屋"的斋号，后来吴湖帆得到了米芾的《多景楼诗册》，所以他

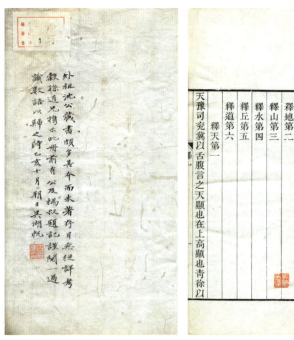

（东汉）刘熙撰《释名》八卷，清道光吴氏璜川书塾刻本，吴湖帆题记、卷首

又将"梅影书屋"改为了"梅景书屋"。

其实从数量上来说，潘静淑陪嫁而来的重器并不是很多，但件件都是精品。因为人丁不旺，吴家三代的收藏都汇到了吴湖帆手中，而潘家也同样如此，有这样的运气的人估计天下没有几个。

前几年，中国美术学院出版社出版了梁颖编校的《吴湖帆文稿》，该文稿的前半部分是吴湖帆的《丑簃日记》，这部日记起于1931年，止于1939年，应该只是他日记中的一部分，而该日记的第一则就是："晨访吴瞿安于双林巷，乞题正德陆元大刻《花间集》、毛钞（影宋）《梅屋诗余》《石屏长短句》，题就即携归。谈及京中友人来信，有厉樊榭手抄《稼轩词集》，长沙叶焕邠旧藏者，余即托瞿安到京时物色之。"

陈小蝶撰《醉灵轩诗集》十卷，民国十七年（1928）上海聚珍仿宋印书局排印本，吴湖帆题签

1931年4月14日这一天，吴湖帆到双林巷吴梅家去看书，带去了自己藏的元刻本以及毛钞，请吴梅写跋语。在聊天时，吴湖帆听说北京有人见到了厉鹗手抄的《稼轩词集》，而这部书曾经是叶德辉旧藏，吴湖帆想得到此书，于是委托吴梅找人帮其买下。由此可知，吴湖帆家中也藏有不少的善本，只是他藏画的名气实在太响，反而掩盖了他在藏书方面的成就。

从日记中还可以看到，吴湖帆交往的朋友有不少的藏书家，比如他跟密韵楼主人蒋汝藻的儿子蒋穀孙的交往就颇为密切，他在1932年1月12日到蒋穀孙那里观看宋刻孤本《草窗韵语》，同时还看了另外两本宋版书。这部《草窗韵语》一直是书界名物，而今不知下落，有些文章说蒋汝藻生意失败之后，将此书抵押给银行，之后又卖了出来。但根据吴湖帆日记所载，事实并非如此，因为蒋汝藻把此书传给了他的儿子蒋穀孙。

在同一年的 5 月 16 日，吴湖帆还在蒋穀孙处看到了另一部著名的宋刻本："又见宋刻《东都事略》，宋印本，陈仲鱼家旧物。据钱遵王《读书敏求记》云，此书乃牧翁心醉而生平未得者也。计一百卅卷，都廿册。穀孙殊鸣得意。"由这段记载可知，吴湖帆对目录版本之学颇为熟悉。他还用自己的藏书跟蒋穀孙交换字画，他在 6 月 14 日写道："晚在恭甫处饭。得穀孙信，以戴文节画易余元刻《资治通鉴》全部。"元刻本的《资治通鉴》可是个大部头，颇不易得，而吴湖帆竟然藏有此书，这也说明了他藏书的丰富，可惜他没有书目流传下来，今日难以知道他究竟藏过哪些善本。

相比于藏书，吴湖帆所藏的碑帖更具名气。当然，前面提到的"四欧"乃是其最著名的收藏，比如其中的宋拓《皇甫诞碑》，此碑的拓本大多是石断后所拓，唯宋拓未断本最为难得，吴湖帆所藏正是未断之前的拓本。

他藏的《温彦博碑》同样是宋拓中的精品。由于岁月久远，风沙侵袭，很多古碑的碑石下半部分都会埋入土中，因此古人在捶拓时，只能拓到露在外面的部分，所以《温彦博碑》从宋代开始就从未出现过全文的拓本。随着时间的递延，碑石被土埋得越来越深，所以拓本的存字就变得越来越少。一般而言，该碑的明末清初拓本，每一行仅能拓到十八或十九个字。到了乾隆年间，翁方纲找人将该碑清理了出来，从此才有了全文拓本。但是该碑的名气实在太大，前往捶拓的人太多，致使碑面磨损严重，全文拓本的字迹大多模糊不清。

在此前，王虚舟藏有一部《温彦博碑》的北宋拓本，翁方纲将其定为"天下第一"。但王虚舟所藏的这本宋拓，每行仅二十三字，而吴湖帆的旧藏也是宋拓，每行存字达二十五或二十六个字，因此说，吴所藏的这一件可称是该碑后世所见最佳之拓本。

吴湖帆所藏的《九成宫醴泉铭》也同样极佳。该碑因为名气大，所以在南宋时有人对此碑进行清洗，然而洗碑过后，该碑的神韵全

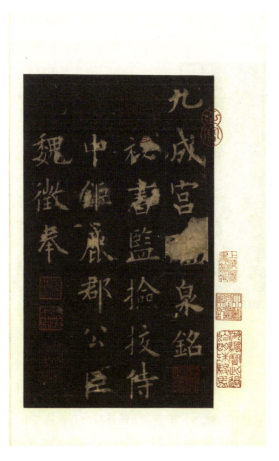

宋拓
《九成宫醴泉铭》

失。吴湖帆所藏的这一件，却是在南宋洗碑之前所拓，曾经是清宫珍藏之物，后来因为乾隆皇帝赏赐大臣而流散了出来。

以上所言乃是"四欧堂"四件珍宝中的三件，其实这"四欧"中最受后世看重的是《化度寺塔铭》。此塔铭据说是欧阳询传世作品中最为精湛的一件，著名碑帖专家王壮弘在《艺林杂谈》中说："楷书至唐精美至极。初唐四家欧、虞、褚、薛各擅胜场，而欧、虞为先。虞书传世仅《夫子庙堂碑》为可信，然存石已非原刻。唯欧阳询得天独厚，遗迹所存犹多，正书碑刻如《九成宫醴泉铭》《皇甫诞碑》《虞恭公温彦博碑》《化度寺邕禅师舍利塔铭》，皆称精美。其中，唯《化度寺塔铭》静穆浑厚，严密秀腴，能兼诸碑之长。"可见，王壮弘认为《化度寺塔铭》乃是欧阳询书法中最精彩的作品。

宋拓《虞恭公碑》

此塔铭刻于唐贞观五年（631），原碑藏在长安终南山的化度寺中。北宋庆历年间，有位叫范雍的人到此寺游览，无意间看到墙上嵌着这块塔铭，因为此碑刻得实在精彩，范雍站在那里仔细观看，赞叹不已。范雍的举措被寺里的一个僧人看在了眼中，此僧觉得范雍可能看到了这块塔铭后面有什么宝物，于是等范雍离开后，就把此石砸烂，然而石后并没有什么珍宝。僧人很失望，于是把残石扔到了寺后。再后来，范雍又到此寺想再看此碑，没想到看到了这样的结果，这让他后悔不已，于是把这些残石买了回来，然后拼在一起，砌在了自己的赐书楼下。

到了北宋靖康年间，天下大乱，这些残石被人藏到了井中。战乱过后，有人从井中取出原石，做了一些拓本使其传世，而后这些残石就不知去向了。该碑因为刻制得太过精彩，一向被视为欧阳询最精彩的作品，元代大书法家赵孟頫就曾说："唐贞观间能书者，欧阳率更为最善，而《邕禅师塔铭》又其最善者也。"

赵孟頫所说的《邕禅师塔铭》就是《化度寺塔铭》。清代著名书法家翁方纲也有着这样的评论："若以唐代书格而论，则《化度》第一，《醴泉》次之，《虞恭》又次之。若以欲追晋法而论，则《化度》第一，《虞恭》次之，《醴泉》又次之。"

翁方纲认为，无论以什么标准来排列，《化度寺塔铭》都可列为最高水准。正是因为《化度寺塔铭》受到如此的推举，而其拓本又是极其难得，于是在唐宋之间就出现了很多的翻刻本，由于这些本翻刻得太早，再加上原石拓本流传极其稀见，致使后来的不少人把翻刻本视为原石拓本。究竟怎样鉴定原石拓本和翻刻本，专家们各有各的说法，这些说法中以翁方纲的定论最为有名。

翁方纲总计看过六部宋拓的《化度寺塔铭》，除了他的自藏本，另外还有吴荣光以及李春湖的藏本等等，翁方纲经过仔细比勘，认为这六部拓本的前五件是原石所拓，唯有后来归了吴湖帆四欧堂的那本，是宋代的翻刻本。对于这样的结论，吴湖帆当然不认可，他也仔细比勘了一番，然后彻底推翻了翁方纲的结论。

吴认为，除了他的这一件之外，其实另五件都是翻刻本。为此，吴湖帆对《化度寺塔铭》写了篇长跋，他在跋中首先说：

> 率更《化度寺塔铭》，历来著录，允称唐楷第一。惟原碑早付劫灰，拓本等如星凤，后世相诧以为瑰宝者，仅据大兴翁学士所定洛阳范忠献赐书楼所藏残石拓本耳。乾嘉以来，煊赫艺林，若南海吴氏筠清馆、大兴翁氏苏斋、临川李氏静娱室、吴郡陆氏松下清斋诸本皆是也。惟书法纯乎含蓄，与率更他碑秀拔开张一派迥然不同。翁氏以吴本之仅存六百另八字，翁本不及五百字，李本才四百字，陆本且不足四百字，就残石之推测，断为范氏藏石之真本。

在这里，吴湖帆首先描述了存世的六件《化度寺塔铭》，而后称，翁方纲的结论是根据字数的多少来推断原刻与翻刻，然而流传后世的这六本中，以吴湖帆所藏之本存字最多：

> 此本系明初藏王孟阳家，存字九百三十有奇。全碑面目及残缺剥泐处与所谓范氏本互异。初，良常王吏部有"生平未睹《化度》真面"之语，而此本有吏部三印，适启翁氏之疑，且谓"既称残石，存字不应有若是之多"。据此遂定为宋拓初翻之本矣。然范氏所藏之石相传得之井中，则已断可知。至于存字之多寡，究无一定之稽考，即传近千字之本，不可谓世必无有，或拓在

未归范氏以前，更未可知。

如前所言，因为碑下土层的堆积，致使早期拓本字数会少于晚期拓本，翁方纲认为四欧堂本藏有九百三十多字，比其他五本所存之字多了许多，所以是翻刻本。但是，吴湖帆不认可翁方纲的推论方式，虽然很多古碑的情况确实符合翁方纲所言的规律，但《化度寺塔铭》却有其特殊性。按照传说，范雍是在该塔铭被碎之后才做的拓本，但这并不等于说，在范雍之前没有人拓过该塔铭。

吴湖帆的这个归纳推理，想来倒也有些道理，因为确实无法对其进行反驳。碑帖专家王壮弘的看法与吴湖帆类似，他在《艺林杂谈》中说："以上六本皆有翁题，翁氏以为前五本皆真本，唯后归吴县吴氏之四欧堂本为宋时旧翻本。然细加审校，结果适得其反，唯四欧堂本为真，余皆为翻本。"

王壮弘为什么能给出这样的结论呢？他的解释是："一则精气内含，余皆字画木僵，一则石泐处损蚀自然，余皆石花呆滞似人工椎凿。一则虽当蝉泐处，而未尽灭之字画皆隐约可见。余则字画非存即灭。又如三行'禀仁义之和'之'禀'字，九行'人伦攸属'之'属'字，除四欧堂本外，笔画皆有刻误。固不待详校，真伪即已明矣。"

王壮弘在此说得很明确，传世的六本《化度寺塔铭》细加比勘之后，他发现唯有四欧堂本是原石拓本，其余的五本都是翻刻本，他同时举出了具体的字例，来证自己所言有据。

清光绪二十六年（1900），王圆箓偶然发现了敦煌藏经洞，此洞出土了大量的珍宝，其中就有一件剪裱残本的《化度寺塔铭》，此残本仅存二百二十六字，总计六页，第一页被法国人伯希和得到，现藏于巴黎博物馆，后五页则到了英国人斯坦因手中，现藏于伦敦。

藏经洞的这件碑帖被发现之后，曾予以影印出版，吴湖帆得到了影印本，将此与自藏本进行比勘之后得出如下结论：

前岁冬，得敦煌石室发现之唐拓残字影本校之，字里行间，纤毫无异，其为原石宋拓无疑矣。可知此碑在唐代已经断折，天水之世，且转辗翻摹，珍贵逾恒，矧今日乎学士未获睹唐本残字，因以致疑，孰知越百年之后，发石室之秘，庐山真面目恍然可识，惜翁氏之不及见耳。学士有知，当慨生非其时，顾必以解惑析疑，引为知己，且拊掌顿足一笑称快也。吴湖帆跋。

吴湖帆说，敦煌藏经洞发现的唐拓残本，跟他所藏丝毫不差，可惜翁方纲没赶上敦煌藏经洞的大发现，否则他就不会把这六件《化度寺塔铭》全部鉴定反了，为此，他替翁学士深感遗憾。此后，吴湖帆又拿自藏之本给伯希和看，他在《化度寺塔铭》的跋语中写道：

今春，我国应伦敦国际艺术展览会之约，将故宫所藏古物之一部出国参加。英国聘法儒伯希和氏来华检阅，余得晤及。以此碑唐本在敦煌发见者即伯氏，乃于四月三日与叶遐庵丈假张君葱玉处宴之。陆云伯兄精法文，约陪伯氏者也。余携此碑示之，伯氏以为与唐本无二，遂乞题如右，即乞云伯译之，以证石墨奇缘云。二十四年乙亥五月九日吴湖帆记。

1935 年，中国要参加伦敦国际艺术展，主办方请伯希和来中国查看展品质量，吴湖帆得到这个消息后，觉得伯希和是敦煌藏本的发现人之一，所以与叶恭绰一起借张珩府宴请伯希和，为了交谈方便，他们还请来陆云伯做法文翻译。吴湖帆特意带上这本《化度寺塔铭》拿给伯希和看，伯希和看后也说四欧堂所藏跟敦煌藏经洞所出一模一样，为此吴湖帆还请伯希和用外文写了段跋语。

此外，吴湖帆还请著名碑帖鉴定家褚德彝写了段跋语：

邕师塔铭，宋世已无完石，书楼保残，后邨补缺，当日拓本已难多观，余所见旧拓以蔡氏藏荷屋本为最可信，然仅存四百余字，难称完本。

湖帆道兄以此本见示，线墨黝古，神采内含，信本风规，藉窥畦迳，与他本板滞者截然不同，且存字独多，可订诸本之误。敦煌藏拓，并几对勘，若合符节，更足为唐石宋拓之证。江楼展玩，心目为霁。率题跋尾，以志眼福。丙寅秋九月余杭褚德彝记。

褚德彝也称，四欧堂所藏之本跟敦煌所出之本一模一样。以此证明，四欧堂之本是原石所拓。

对于敦煌本，罗振玉做过一番研究之后，得出了这样的结论：

《邕禅师塔铭》三十年来所见凡五本，皆经昔贤定为唐石宋拓者，顾书势皆圆沦，与信本它碑劲健畅发者不同，心以为异。及宣统初元，见敦煌石室唐拓残本，笔势全与《虞公碑》同，始知世传以为范氏书楼原石本实非唐石之旧，得解往昔之疑……今年薄游申江，因老友赵君叔孺得识湖帆先生，出潘文勤公旧藏此本见示，甫一展观，神采焕发，精光射十步之外，不必一一与敦煌本校量，已可确定为唐石宋拓。且存字之多至九百余，为之惊喜欲狂。而册后有翁阁学跋，因与他本不同，反以此为宋人复本，以蔽于所习，致颠倒若斯……

可见，罗振玉在亲眼看见四欧堂本和敦煌本之后，也认为两者完全一样，以至于感慨翁方纲为什么把真和伪彻底看反了。

然而，对于敦煌所出的《化度寺塔铭》残本，相关专家经过仔细的研究之后，认定敦煌本乃是宋代的翻刻本。比如王壮弘将敦煌本跟四欧堂本逐字逐字地进行比较，而后得出的结论是："以上种种足以证明敦煌本系翻刻无疑。"这个结论后来得到了业界的公认。那么，现在问题就麻烦了：如果四欧堂本跟敦煌本完全一样，而今敦煌本成为了翻刻本，岂不是说，当年翁方纲认为四欧堂本是翻刻本就成为了正确结论？

王壮弘在其文中谈到了其第一次看到四欧堂本时的感受：

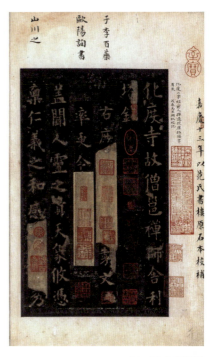

宋拓《化度寺塔铭》

> 1960 年余偕张彦生至吴氏嵩山路寓所，先生出"四欧"相示。而《虞恭公》《皇甫诞》《九成宫》三碑，皆未足称精善，唯《化度寺塔铭》开卷便觉精光四射不可逼视。余与张君于前数碑皆坐阅，至此则骤然肃立，亦不知何故，岂佳拓精彩足心慑人耶？此拓纸色微呈黄褐，纸质坚韧紧密似薄型藏经纸。浓墨擦拓，黝黑中透紫光，开卷时墨香四溢，虽有模糊处，而字画端倪皆隐约可寻，细而遒劲，精气内含，跃跃欲出，盖书法、摹勒俱佳，始克臻此。

王壮弘跟张彦生同时到吴宅亲睹了"四欧"，当他们看到前三欧时，并没有惊艳的感觉，而看到《化度寺塔铭》时，他们不由得都站了起来，可见此碑拓的艺术魅力的确是摄人心魄。

王壮弘接着写道："观时，吴湖帆为余言，传世《化度》皆伪本，唯此与敦煌本悉同，当是真本无疑。余与张君皆笑而不答。此本后归上海文物保管委员会，今藏上海图书馆。"吴湖帆强调四欧堂本跟敦煌本完全相同时，王壮弘为什么只是笑而不语呢？他不是一直坚定地认为唯有四欧堂本是原石所拓吗？上海图书馆的碑帖鉴定专家仲威先生在《碑帖鉴定概论》中揭开了这个谜底。

宋拓《皇甫诞碑》

仲威先生的《碑帖鉴定概论》中有"椎拓之后的作伪"一节，此节称："涂描一般是图画出缺损笔画或文字，再就是涂去裂缝、断痕、石花等，一句话，就是要将坏的、假的样式涂描成好的、真的样式。但亦有特例，竟然会将真的、好的点画涂描成假的、坏的点画。"

通过这种涂描来提高拓本的年份，是一种惯常的作伪手段。对于这一点，仲威在文中举出的就是《化度寺塔铭》的例子：

海内孤本四欧堂藏《化度寺塔铭》，吴湖帆将"四欧堂本"与"敦煌本"比较后发现，"四欧堂本"与"敦煌本"根本就不是同一版本，其首行第一个"化"字的"匕"部之撇画穿过浮鹅钩，然而"敦煌本"则明显不穿，这是"四欧堂本"与"敦煌本"最显著的区别，这在吴湖帆民国影印本中还能清楚看到。其实"敦煌本"是唐五代的翻刻本，"四欧堂本"才是唐碑原刻本。但遗憾的是，今天我们看到的四欧堂原件"化"字却是同"敦煌本"一样不穿，"化"字穿出的撇画明显遭人涂描，涂描的人不是别人，正是吴湖帆本人，涂描的目的就是为了将"四欧堂本"与"敦煌本"攀上亲。

仲威说，四欧堂本其实跟敦煌翻刻本不同，但是有人刻意地将其涂描成了与敦煌本完全一样，而涂描之人竟然就是吴湖帆。对此仲威又在文中写道：

　　吴湖帆当时已经看出"四欧堂本"与"敦煌本"的差异，但慑于"敦煌本"的权威，涂改自藏本以自欺欺人，既而恐露马脚又掩耳盗铃地在册中旁注云："化度二字经前人描过，较唐拓残字有失，戊辰元旦。""四欧堂本"从1915年随潘静淑陪嫁到吴家，到吴湖帆影印"四欧堂本"，再到戊辰元旦，期间从未易主，故此所谓"前人"就是吴湖帆本人。历代碑帖涂描均是伪品照真品样式涂改，此乃真品参照伪品样式涂改，可算孤例一则。

　　这个结论让人大跌眼镜。以往的造伪都是以假来充真，唯独这件《化度寺塔铭》却变成了以真来变假，故而被仲威称为"孤例"。

　　至此，这件事情终于搞清楚了缘由：此前吴湖帆一直认定自己所藏的《化度寺塔铭》是真正的原石拓本，没想到，在1900年发现了敦煌所藏残本，当时学界都认定敦煌所出珍宝均为唐代之前的物品，因此敦煌本的《化度寺塔铭》被认定为真正的唐拓本，人们的观念中——那时的拓本怎么可能是翻刻本？吴湖帆得到敦煌本的影印本后，拿此

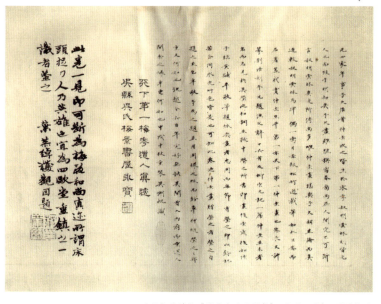

（元）吴镇绘《吴仲圭渔父图卷》，民国珂罗本，吴湖帆跋

墓园后方的碑林

跟自己所藏之本进行比勘，发现了两者之间的差异，于是他认定四欧堂本是翻刻本，这个结果让他大感沮丧，为此宁可通过涂描的方式，来让四欧堂本跟敦煌本完全一样。之后，他请到了许多名家来作题跋，这些题跋都一律强调四欧堂与敦煌本完全一样，只是他没有想到，经过专家的继续研究，敦煌本才是翻刻本，四欧堂本乃是传世唯一真本。

吴湖帆聪明一世，没想到会一时糊涂，竟然把真品弄成了假东西，这个结果真让人不知如何评论。后来他所藏的这"四欧"，都陆续归了上海图书馆。

虽然有着这样一个大乌龙，但吴湖帆的才气并未因此受损，然而到了20世纪中期，他还是受到了很大冲击。关于他的结局，吴益文在《非常中国绘画史》中有如下一段文字：

> 回顾吴湖帆的一生，不由得令人感慨世事无常。他出生于苏州名门，生活富足，如果说其早年生活优哉游哉如同神仙，那么晚年的结局可谓悲凉。20世纪中期，作为最后一代传统旧文人，吴湖帆饱受摧残，身心俱疲，家藏文物也被席卷一空。1968年8月，因中风住院的吴湖帆拔掉了维系生命的输液管，一代画坛通才就此自绝于世。

吴湖帆竟然是以这种方式离开了人世间，让人心中难以平静。他去世之后，葬在了苏州。2016年11月30日，我在苏州寻访，当然要去他墓前瞻仰一番。

带我去瞻仰吴湖帆墓之人，乃是苏州工商银行的温治华先生。一同前往者还有他的同事缪鑫磊先生和无锡文史学者百合女史。我们四人同乘温先生的车，开行了三十多千米，就进入了山区，我们先在这里找到了百鸟园。温先生说，吴湖帆的墓就在百鸟园不远处。在那里询问一番，我们发现这处名人墓葬并不在百鸟园内，于是沿着道路继续前行，最终找到了李根源纪念馆。我在参观纪念馆时，温治华带着他的同事前往另一侧探访，终于找到了吴湖帆墓。

这一带被称为苏州文化名人墓园，不知为什么，这片墓园的入口处却没有任何的标牌，稍不留意就会错过登山的小径，好在这一带车辆很少，我们把车停在路边，沿着小路向上走，沿途看到了费新我、吴梅等多位历史名人之墓，其中就有吴湖帆的墓。

吴湖帆墓处在登上小山的路旁，从外观看，并无特殊之处，也像其他墓那样，有一块横式的墓碑，只是其墓碑下方的基座上刻着两盆万年青以及一束梅花。墓碑前还有一方四福捧寿的盖石，盖石之前有一个石供桌，桌上摆放着香炉，上面插着一些烧过的香支，从颜色看，已经有很长时间没人来祭奠过他。于是我站在他的墓前，向这位大藏书家鞠了一躬，以此来表达我对他收藏成就的敬意。

吴湖帆之墓

傅斯年

搜集史料，整理大库

傅斯年字孟真，山东聊城人，是中国现代著名的历史学家，曾任中山大学文学院院长、北京大学代理校长、台湾大学校长、台北"中央研究院"历史语言研究所所长等职。

傅斯年的远祖名叫傅回祖，江西永丰人，明成化年间任山东冠县县令。傅回祖有七个儿子，他任满返乡时，夫人不愿随行，于是留下三个儿子，自己带着另外四子返回江西。留下的三个儿子分别居住在冠县、博平和聊城，住在聊城的那一位名叫傅祥。

傅祥的五世孙中，有一位名叫傅以渐，正是他使得山东傅氏家族成为鲁西名门望族。傅以渐出生于明万历三十七年（1609），清人入关之后很快就恢复了科举考试，傅以渐顺利中举，转年赴京会试，高中一甲第一名，成为清代第一位状元。之后傅以渐一路高升，官至武英殿大学士、兵部尚书。

傅斯年有着如此显赫的先祖，然而在他长大成年后，却从不向人提起。在他看来，傅以渐在明清易代之际，为求功名，向异族效力，此举缺乏民族气节。

对傅斯年产生直接影响的，首先是他的祖父傅淦。傅淦少负才名，博通经史，喜好书法绘画，且精通医术，清同治十二年（1873）

拔贡，但他淡泊名利，没有在仕途上走得更远。傅斯年的父亲名叫傅旭安，清光绪二十年（1894）举人，曾任东平龙山书院山长。

傅斯年幼年时由祖父教其识字，十一岁就读完了十三经。后来他到北大读书，与同学顾颉刚关系很密切，此后经过顾颉刚的推荐，他得以认识胡适。胡适的思想对傅斯年的观念产生了重大影响，顾颉刚在《我是怎样编写〈古史辨〉的》中写道："傅斯年本是'中国文学系'的学生，黄侃教授的高足，而黄侃则是北大里有力的守旧派，一向为了《新青年》派提倡白话文而引起他的痛骂的，料想不到我竟把傅斯年引进了胡适的路子上去，后来竟办起《新潮》来，成为《新青年》的得力助手。"

傅斯年本是黄侃的弟子，跟随黄侃学习的是传统国学，然而当他接触到胡适的新思想时，迅速地成为新文化运动的猛士，自此，他一生追随胡适。胡适回国时曾立誓二十年不谈政治、二十年不干政治，但他后来食言了。傅斯年也一直本持这种观念，发誓要以教学终其身，纵观其一生，他基本遵守了这个誓言。

那时顾颉刚提出的"层累地造成的中国古史"观念对傅斯年影响极大，傅斯年出国留学后，顾颉刚在国内竖起了古史辨派的大旗，但随着认识的加深，傅斯年发现了古史辨派的一些问题。屈万里在《敬悼傅孟真先生》中说：

　　孟真先生在学术界的建树，成就最大的，是他一手创办的"中央研究院"历史语言研究所。只要看他把语言、考古、人类学和历史合在一所，已决不是民国十七年前后一般学人的识见所能企及的。他治学的口号，是"有一分材料说一分话"，不作悬想的论断。他完全以科学的方法，运用最原始的材料，作实事求是的研究。自从顾颉刚等竖起怀疑古史的旗帜，天下风起云涌；但他们只有破坏，没有建设，而历史语言研究所，则运用科学的可信的材料，从事于本国史的建设，史语所替中国文史界开了一条大路，孟真先生本人，则是开路的急先锋。

傅斯年重视史料，但是他对待史料的态度与古史辨派有所不同，他认为在整理史料时，应该"一分材料出一分货，十分材料出十分货，没有材料便不出货"，而不主张对历史材料的缺失做人为的补充，他在《历史语言研究所工作之旨趣》中称："我们存而不补，这是我们对于材料的态度；我们证而不疏，这是我们处置材料的手段。材料之内使他发现无遗，材料之外我们一点也不越过去说。"

傅斯年曾经跟同事们说过，他们是中国的"兰克学派"。关于兰克学派的史料观，何兆武在《历史理论与史学理论》中称："兰克以严格的科学考据方法研究历史，并形成了'兰克学派'。'兰克学派'并无严格的定义，该派最大的特点是通过史料考订自称能如实地反映历史。"傅斯年正是本持这种观念，他在《历史语言研究所工作之旨趣》中说："历史学不是著史，著史每多多少少带点古世中世的意味，且每取伦理家的手段，作文章家的本事。近代的历史学只是史料学，利用自然科学供给我们的一切工具，整理一切可逢着的史料。"

傅斯年的观念究竟有多少是受兰克影响，后世研究者各有各的说法。比如王汎森在《傅斯年：中国近代历史与政治中的个体生命》中提出傅斯年在德国柏林大学读书时，从没有修过历史课，他的藏书中也没有一本兰克的书，因此有些学者认为傅斯年是以间接方式了解到兰克，故而他对兰克的观念在理解上有所偏差。但是这丝毫不影响傅斯年对史料的重视，因为他明确地说"近代史学只是史料学"。

关于何为史料，他在《历史语言研究所工作之旨趣》中举例说："利用各地各时的直接材料，大如地方志书，小如私人的日记，远如石器时代的发掘，近如某个洋行的贸易册，去把史事无论巨者或细者，单者或综合者，条理出来，是科学的本事。"

正是出于这种认识，傅斯年在主持历史语言研究所时，尽最大的努力搜集各种原始史料。1926 年冬，傅斯年回国，他先到中山大学任文科学长，于此校创办语言历史研究所，在那里开讲《中国古代文学史》《诗经》《尚书》和《陶渊明诗》等课程。在此期间，他拿出大笔资金请顾颉刚到北京等地搜集古籍和近代史料。1928 年，南京国民政府创设中央研究院，蔡元培被任命为院长，该院下设多个研究所，其中就有历史语言研究所（简称史语所）。从成立之初，傅斯年就任该所所长，并且在此任上一直工作到去世。

傅斯年任所长后，在《国立中央研究院历史语言研究所一七年度报告》中一再提到"客观史学"概念。1929 年到 1936 年间，他在北大讲授《史学方法导论》，其中第四讲"史料略论"中，他谈到"史的观念之进步，在于由主观的哲学及伦理价值论变做客观的史料学"。对于何为史料，他明确地指出："史学的对象是史料，不是文词，不是伦理，不是神学，并且不是社会学。史学的工作是整理史料，不是做艺术的建设，不是做疏通的事业，不是去扶持或推倒这个运动，或那个主义。"对于如何整理史料，傅斯年以重要的话说三遍的姿态点出："第一是比较不同的史料，第二是比较不同的史料，第三还是比较不同的史料。"

其实傅斯年在欧洲留学时，就很重视搜集与中国有关的史料，吕德廷在《新见傅斯年〈巴黎燉煌写本集读记〉考述》中，提到2017 年他见到了一册尚未公开发布的傅斯年笔记本，里面主要内容是 1926 年傅斯年在巴黎阅读敦煌文书的笔记和归国途中的日记。

笔记中提到 1926 年胡适到达伦敦，之后出席中英庚款委员会以及搜集敦煌文书中的禅宗、俗文学及社会经济类的材料。在此期间，他见到了傅斯年，胡适在当年 9 月 5 日的日记中写道："这几天与孟真谈，虽感觉愉快，然未免同时感觉失望。孟真颇颓放，远不如颉刚之勤。"

为此，他对傅斯年提出了批评，后来傅斯年跟罗家伦谈到了他见到胡适时的情形："他骂我，我也不曾让了他。"但傅斯年还是反思了自己的懒散，《巴黎燉煌写本集读记》中记载了他查看敦煌文书时的状况："此图书馆，我去三次，实在所看书时间不及一日半，抄成上写各事。甚愧。此次居巴黎二十二日，未曾利用时光于读敦煌，亦未游览。非谈即懒，何以为容。回国后必设法去读京师图书馆存本，更必设法与颉刚重到欧洲一读之。"

傅斯年对自己的懒散感到愧疚，此后努力阅读相关文献。这份笔记中记载了他看过的十六件敦煌文书，后来他在《史学方法导论》中重点讲到了敦煌卷子的重要史料价值："近来出土之直接史料，足以凭借着校正或补苴史传者。例如敦煌卷子中之杂件，颇有些是当时的笺帖杂记之类，或地方上的记载，这些真是最好的史料。"

另外，傅斯年在《历史语言研究所工作之旨趣》中强调："到了现在，不特不能去扩张材料，去学曹操设'发冢校尉'，求出一部古史于地下遗物，就是'自然'送给我们的出土的物事，以及敦煌石藏、内阁档案，还由他毁坏了好多，剩下的流传海外，京师图书馆所存摩尼经典等等良籍，还复任其搁置，一面则谈整理国故者人多如鲫，这样焉能进步？"

对于传统史料的重视，早在乾嘉时期已经形成学术风气，但傅斯年的史料观与前人有着区别：乾嘉学人基本是靠个人之力来研究史料，傅斯年则组织出专家团队，以集体力量来共同研究历史问题。早在 1918 年，傅斯年在《新青年》第 4 卷第 4 号中发表的《中国学术思想界之基本误谬》一文中，就点到了中西学术在研究方式上的区别："中国学术，以学为单位者至少，以人为单位者转多。前者谓之科学，后者谓之家学。家学者，所以学人，非所以学学也。历来号称学派者，无虑数百，其名其实，皆以人为基本，绝少以学科之分别，而分宗派者。纵有以学科不同而立宗派，犹是以人为本，以学隶之，未尝以学为本，以人隶之……西洋近代学术，全以学科为单位。苟中国人本其'学人'之成心以习之，必若枘凿之不相容也。"

此后傅斯年一直本持这种观点，张峰在《再论历史语言研究所的创办》转引了"傅斯年档案"中收存的一份傅氏手稿，傅斯年在此稿中表达了他对中国史学发展取向与路径的思考：

> 有一派少年文史学者，颇思大规模地向新的方向走，以为文史学之发展，绝非个人单独的工作，或讲学的风气，所能济事，必须有一个广大精严的组织，以临此际会，方可收大效力。此派学人，初试验于中山大学中，继试验于"中央研究院"中。今之历史语言研究所，即其结果也。

在傅斯年看来，中国史学的研究如果要有大的突破，就必须建立起一个机构，网罗天下各方面人才，协同研究系统性问题。他强调现代学术研究必须"靠图书馆或学会供给他材料，靠团体为他寻材料，并且须得在一个研究的环境中，才能大家互相补其所不能，互相引会，互相订正，于是乎孤立的制作渐渐的难，渐渐的无意谓，集众的工作渐渐的成一切工作的样式了"（傅斯年《历史语言研究所工作之旨趣》）。

史语所成立之初基本没有藏书，于是傅斯年制定了搜集图书的范围，后来史语所从广州迁到了北平，北平市面上流通有大量的古书及原始史料，傅斯年为此费很大心力来收书。董作宾在《历史语言研究所在学术上的贡献》中回忆说："图书是工作材料的大本营，他从筹备时开始，收罗古今中外的图书，下过极大功夫，他在北平时，正是大量买书的时候，书亨伙计，左手一包，右手一捆，接踵而来，踏破了号房的门槛，买了书，不许要回扣，可苦了门房李庸。他的办公室内，货堆如山，他一天到晚忙着在书单上选批价，有时还要去逛琉璃厂求秘籍，他懂版本，又请赵万里、朱逖先作顾问。可以说现存的十四万册中西文图书，多数都是经他一人之手买来的。"

傅斯年虽然在购书问题上事必躬亲，却并不局限于自己的眼光，他在史语所的所务会议上提出："本所购置图书应请全所同人共同负责进行，所有研究员、编辑员应将每组个人及公共研究范围内之书籍开列详细目录，以便选购案。"

为此，他决定语言学书目由赵元任、刘复、罗常培来负责；明清史料由朱希祖负责；文字学方面图书和明清笔记由陈垣、徐中舒负责；丛书及近代考订家资料由傅斯年、丁山负责；西方人研究东方学的著作由陈寅恪、傅斯年负责；四裔语言学由陈寅恪、李方柱负责；考古学及人类学由李济、梁思永负责；俗文学由刘复负责；各种杂志则由同人各就所知来开列。众多专家提出各自的购书计划，由此保证了史语所的藏书质量。

傅斯年十分看重所内藏书，在抗日战争期间，他将史语所的藏书辗转运到多地，基本上没有受损。这些书在运输途中装了六百大箱，几乎用到了各种交通工具，此期间上架下架达十二次之多，由此他还被人戏称为"搬家先生"。后来他终于把这些书全部运到了李庄。及至李约瑟到李庄访问史语所时，就从中发现了诸多与中国科学史有关的史料，李约瑟还在傅斯年的介绍下认识了王铃，此后李、王二人长期合作，共同完成了巨著《中国科学技术史》。

史语所购得之书中，最具影响力的一批就是内阁大库档案，整个过程就是在中国文献史上产生过重要影响的"八千麻袋事件"。

明朝初年，朱元璋处理完胡惟庸案后，下令废除中书省，由皇帝直管六部。但皇帝个人精力有限，故在永乐年间设立内阁，由内阁来"撰拟谕旨"。清初沿袭这一制度，设立内三院。清顺治十五年（1658）改内三院为内阁，内阁成了掌管国家政务的最高机关。在雍正朝，虽然设立了军机处，但内阁仍然存在。

内阁在明代就建有大库，里面储存红本及实录、表章等，还有明代文渊阁的一些藏书。内阁大库起初管理严格，一般人不得随意查看原件，然而大库内的文档越堆越多，渐渐多到了无法查阅的程度。清光绪二十五年（1899），内阁大学士李鸿章等查阅大库库存，看到许多潮湿霉烂的文档，于是向皇帝提出应当将这些霉烂之本焚化，之后内阁中书等奉命清查，他们将清查后的结果上报皇帝，而后决定："除自光绪元年起至廿四年正、副各本，无论已未霉烂，概行分别存储，用备将来查考外，其远年正、副各本及新旧记事档簿，仍着原派各员等，将实在残缺暨雨淋虫蚀者，一并运出焚化，以免堆积，而便开工。"（故宫博物院编《清内阁库贮旧档辑刊》）

对于这批清理出来的史料的结果，流泉等著《尘埃历尽：中国珍贵文物蒙难纪实》中写道："内阁大库中朱批红本四千五百捆，约三十万件均移出烧毁。原来议定只焚副本之霉烂者，但等移档时，因正、副本交相混杂，且正本也多有残缺不全者，故不分正、副本，凡霉烂者都被移出来，一把火烧掉了。"

三十万件文档就这样化成了灰烬，读之令人叹息。光绪三十四年（1908）冬，醇亲王载沣摄政，命令内阁大臣到大库中找出清初多尔衮身为摄政王举行典礼的旧档，想要参照多尔衮的例子来举办一个盛大的摄政典礼，但内阁大臣在大库内翻找一番，没能找到需要的文档，载沣闻讯后下令将大库中无用之旧档予以焚烧。从清宣统元年（1909）八月初一日开始，官员们用一个月的时间挑出了乾隆至同治朝红本一万六千零六十二捆。

在等待焚烧期间，翰林院的官员们闻讯后，纷纷前来寻找本人的科举试卷，也有人在里面寻找宋元残本。当时张之洞兼管学部事务，了解到情况后，采纳学部参事罗振玉的建议，将这批待焚旧档拨归学部，以备筹备图书馆之用。经过张之洞多方游说，这批二百多万卷的档案被运到学部，为了节约费用，运送之时用麻袋来盛装，将其运到国子监南学敬一亭等地储藏。

此后这批档案几经辗转，到1921年时，因为军阀混战经济萧条，收藏此档的历史博物馆资金缺乏，长时间拖欠员工薪水，于是偷偷将八千麻袋档案当作废纸卖给了西单同懋增南纸文具店，价格是四千零五十银圆。

此后有人从废纸中挑选出来有价值的史料在书市上出售，被罗振玉看到，经过了解，他找到了同懋增纸店，最终以高价买下了剩余的七千麻袋档案，之后又分别从两地追回已经运往造纸厂准备还魂的史料。

当年罗振玉买下这批史料，动用的是同乡会的钱，为了还款，他只好又将这批档案卖给了李盛铎，后来李盛铎又将其卖给了史语所。对于史语所得到的这批档案的数量及状况，徐中舒在《中央研究院历史语言研究所所藏档案的分析》中说：

> 史言所所藏档案，在现在各处所藏档案中，要算是最破烂，最不整齐的档案了。这些档案，当初移出时，原是预备焚毁的，所以自离开大库以后，就弄得非常杂乱。其后又经过分的摧残，其破损湿烂的程度，要超过完整的数倍以上。如以数字计算，史言所接收这些档案时，大约合计得十二万斤，经整理之后，其破烂最甚而装入麻袋的占三分之一强，约五万斤，其整理上架之件，据未曾南运以前的情形说，共一百架，每架四格，每格约可容红本二百斤，即每架可容八百斤。其他杂件，因纸质及大小不等，容量均较此少。以九十架平均计算，可得七万余斤。其中首尾完整之件，共不及二十架，计一万五六千斤，约当已上架档案的五分之一，即全量档案八分之一。我们仅据数字看，其损失之重大已如此。

为此，史语所成立了"明清内阁大库档案编刊会"，由陈寅恪、朱希祖、陈垣、傅斯年、徐中舒任编刊委员。在整理内阁档案时，史语所采取了不同的分组整理方式，按照不同的研究方向分为三组，陈寅恪任第一组主任，傅斯年、徐中舒任第一组专职研究员。但因为文档数量太多，到1929年9月，史语所又招聘了十位书记员和十九位工人，由徐中舒负责分成六组展开工作。到1930年9月，完成了对这批档案的初步整理。

1948 年史语所迁往台湾，该所所藏图书分两批运往台湾，在时间仓促的情况下，史语所所藏之书包括这些内阁档案能够大部分运到台湾，也是因为傅斯年动用了私人关系。当时运抵台湾的中文书籍达十五万册以上，其中包括宋元明善本二百三十种，方志一千九百四十四种，金石拓片二万多件等。

到达台湾后，傅斯年继续任史语所所长，同时任台湾大学校长。遗憾的是，他到达台湾后不久，就于 1950 年病逝了，终年五十四岁。

1960 年，史语所图书馆增建为四层大楼，为了纪念傅斯年对史

傅斯年图书馆

语所的贡献，当时的台北"中央研究院"院长胡适将该馆命名为傅斯年图书馆。1952年，胡适在《傅孟真先生遗著序》中对傅斯年给予了极高的评价："孟真是人间一个最稀有的天才。他的记忆力最强，理解力也最强。他能做最细密的绣花针功夫，他又有最大胆的大刀阔斧本领。他是最能做学问的学人，同时他又是最能办事、最有组织才干的天生领袖人物。"

当年傅斯年个人也有藏书，这些书后来都捐给了史语所，2020年12月该所出版了《傅斯年眉批题跋辑录》一套四册，该书主编邱仲麟在序言中说："纪念意义有四：傅先生逝世七十周年，傅先生藏书入藏傅图一甲子，傅先生一百二十五岁冥诞，及傅斯年图书馆建馆六十周年。"

从此书中可了解到傅斯年先生批阅过很多书籍，这些书基本上完好地保留在傅斯年图书馆内。对于该馆的藏书状况，朱渝、赵书城在《高质量的学术图书馆——台湾傅斯年图书馆》一文中予以了简要介绍，文中提及该馆所藏普通书的数量为"西文图书约四万册；中日韩文图书约十万册；大陆图书约二万五千册"，古籍善本的数量则是"善本古籍约四万四千册；普通线装书约十四万册；俗曲约一万册；金石拓片约四万幅；古籍微卷约三千六百卷"。我查得的另一些资料则称，馆中文善本共三千八百余部，其主体是于1934年收购的邓邦述群碧楼旧藏四百三十余种，1947年接收日本设在北平的东方研究所善本七百余种，另外还有购得的傅增湘藏园部分旧藏。

2014年春，我前往台湾寻访人文遗迹，此程得到了当地出版家王荣文先生的大力帮助。2月4日这天，他一早带我前往台湾大学，因为傅斯年的墓就在该校校园之内。

台大的校门有些特别，看上去像个碉堡，进入校园内，无人阻拦，静谧到看不见人影。王兄称早就知道傅斯年的墓园在台大，但从来没有来过，他想让司机去打听一下，而我在此之前做过功课，从网上知道傅园在台大校门右侧的一个区域内。

在校门口张望一番，看到右手边有一座用绿植搭起的拱形门，门旁斜卧着一块铭牌，上面果真写着"傅园"二字。这块铭牌是用金属板嵌在木条内，铭牌的左侧用表格的形式列着"特色植栽索引表"，上面详列出三十余种植物的名称。在墓园主人的介绍牌上，详列植物名称表格，这种做法很理科。铭牌的中间位置是墓园的平面图，用线描的方式刻画出了傅园的标准比例尺图，上面还有很多圆圈，每个圈内都标着阿拉伯数字，初不明何意，再仔细看，原来是跟植物的索引表相对应，表明哪种植物栽在了哪个位置，原来建造傅园的人竟有如此的科学精神，他想让学生们来到这里时，既可以祭奠前贤，同时还能学会辨别植物。铭牌的右半侧用中英文对照的方式，介绍了傅园的情况：

> 本校为纪念傅斯年校长，1951年于傅园内修建安置傅校长骨灰之斯年堂，以及方尖碑、水池、步道等设施。
>
> 傅园现有面积约7000平方公尺，160余株乔木，其中有日据时期即栽种之植物标本，亦有其后陆续移植者，均已茂盛成荫。

傅园全景

2004年春，本校承"教育部"永续校园实验案之经费补助，得以改善园内长年以来缺乏整修之情形，俾园中意涵深远之设计、种类繁多之动植物、潜力可观之生态，得以再度吸引学子徘徊其中，观察生物之美，并领受前贤之精神感召。

介绍文字中写得很清楚，确实如我所猜，学校是希望学生们领受前贤精神感召的同时，还观察了生物之美。进入拱门，我看到的第一个景象，是一辆怪异的三轮车突兀地立在草坪中。草坪侧边也有一块介绍牌，这块介绍牌是用两层玻璃间夹着一张纸制成，因为风吹日晒的缘故，里面的字迹已模糊不清，细细辨认，乃是介绍傅斯年的生平。上面将傅斯年定义为"中国近代著名学者、教育家和社会活动家，是五四运动的领袖人物，曾任北京大学代理校长及本校校长"。铭牌的下方还写着"中研院"副院长王汎森的一段话："一个学术的风格，一种自由主义开放的空气，我想这是他留给台大最重要的遗产。"王汎森的名字后面头衔署着"主任"二字，看来这块铭牌是前些年所立。前天跟王汎森吃饭时，未听他聊起傅斯年的事。看完傅园后的第二天，我又到了王副院长的办公室，跟他提到了傅

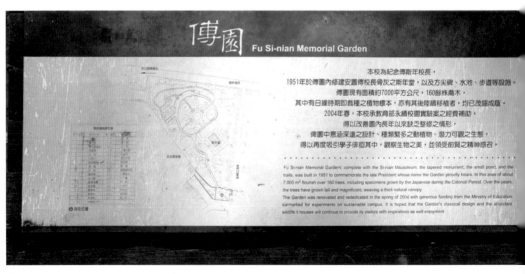

傅园平面图

斯年墓园中列着他的这段名言，他说自己不知道还有这么件事。

远远望去，傅斯年的墓庐像美国的一个纪念馆，四周矗立着一圈白色的石柱，上面的顶盖也是欧式的，再加上墓前的方尖碑，整个墓园完全是西式风格。我走到方尖碑的前面，看到一个干涸的喷水池。喷水池、方尖碑和墓庐构成了傅园的主轴，沿着主轴一路向前，走进了墓庐，傅斯年的墓处在墓庐的正中，是一个长方形的墓，全部用花岗岩包裹严密，正中用小篆刻着"傅校长斯年之墓"，看上去简朴肃穆，墓园中没有多余的饰品。我在墓园里转了半小时，没有人进入，四周静悄悄，反让自己沉浸在与先贤思想交流对话的冥想中。王兄提出让我跟傅斯年合个影，于是，我走到了这位伟人的旁边。

随后我们在台大校园内寻找傅斯年图书馆，因为我从查得的资料知道傅斯年纪念馆就在图书馆内，图书馆处在校园的正中位置。前往图书馆的道路宽广而漂亮，尤其两排高大的椰子树，很让人产生渺小感。从外观看，图书馆也像个简易的城堡，可惜现在是假日，图书馆关闭了，无法进内去参观傅斯年纪念馆。而在去纪念馆的路上，我看到了矗立在平台上的一口铜钟，图书馆既然关着门，我们

傅斯年墓

就又回到铜钟前看个究竟。

铜钟的式样也是欧式的，立起的架子却像个中国式的鸟笼，旁边的铭牌上写明，此钟叫"傅钟"，后面用引号写着一句格言："一天只有二十一小时，剩下三小时是用来沉思的。"格言后面是手书题的小字："1949 年傅斯年先生担任本校校长，奠定本校发展基石。本校为纪念傅校长的贡献铸造了傅钟，而傅钟也成为台大的精神象征。傅校长的思维哲学正是傅钟二十一响之来由。"落款为陈维昭。原来这个钟也跟傅斯年有关。国际外交礼节中，鸣炮二十一响是最高礼遇，而此钟二十一响则是纪念傅校长所说的"一天二十一小时"。

蒋复璁

藏书世家，虎穴搜宝

蒋复璁是浙江海宁人，出生于藏书世家，一直从事与藏书管理有关的工作。1933年，他被任命为国立中央图书馆筹备处主任，1940年在重庆被任命为中央图书馆首任馆长，在该馆任职长达三十三年之久。1965年台北故宫博物院建成后，蒋复璁任首任院长，在此任上达十八年之久，直到1983年退休。1990年9月21日，蒋复璁去世，享年九十二岁。

蒋复璁字美如，号慰堂，其曾祖父蒋光煦是清代海宁著名藏书家，建有藏书楼别下斋，相关故事在业界广泛流传。别下斋藏书量达十万余卷，并且刊有《别下斋丛书》等重要书籍。祖上的藏书事迹及观念都对蒋复璁产生重要影响，他曾说自己从事图书馆事业跟家庭传承有着直接关系："我之所以习图书学，为中央图书馆搜集图书百余万册，其中或者与家庭传统有关。"（蒋复璁《韶年事事荣——我的小学生活》）

蒋复璁的父亲蒋方夔是清代的岁贡生。蒋复璁从小跟随父亲学习传统文学，后从青岛转往天津上德华中学，后考上北京大学预科，升入哲学系。1920年，经堂叔蒋百里引荐，蒋复璁得以认识梁启超，而后进入松坡图书馆任秘书编辑，在此期间，他书写德文目录卡片达两千多张。

1926 年，蒋复璁任国立北平图书馆编纂，负责中文图书编目，这使得他对目录之学有了系统性了解。1929 年，他在中华图书馆协会首次年会上发表了《中文图书分类之商榷》一文，说明他在为图书馆编目之时，开始考虑中国古籍编目的优劣问题。

当年徐志摩回国后，曾经在松坡图书馆工作，蒋复璁跟他是表兄弟，于是二人同住在松坡图书馆第一馆的好春轩内。徐志摩的诗集《志摩的诗》就是这一时段由蒋复璁代为编辑，蒋复璁在《石虎旧梦记》中写道："他第一部的白话诗集《志摩的诗》，仿宋宣纸，由中华书局代印，是志摩在松馆将零稿交给我编的。"

年轻时的蒋复璁很想到德国留学，为此一直在筹集留学经费。1929 年冬，他得到了浙江的半官费，后来又得到了北平图书馆的津贴，终于得以成行，然而在出发前，北平图书馆却突然取消了津贴，令蒋复璁左右为难。

徐志摩闻讯后，努力替蒋复璁争取。胡适在北大任教时，蒋复璁是他的学生，此时胡适任中华教育文化基金董事会编译委员会主任委员，同时又是该会的董事，于是徐志摩给胡适去信，希望胡能给蒋以资助，遗憾的是这笔钱未能争取到。但即使如此，徐志摩还是鼓励蒋复璁前往德国留学，他在给蒋的信中说："明知将来难免蹶蹙，但与其留此蹉跎，不如到外邦后再来呼吁，反正饿死总不至于。外国风光终究佳妙，行矣更不须踌躇。况且国内局面闪烁如此，即说得定当，亦不定靠得住，故一半冒险不可免也。兄意以为是否？"

徐志摩所言给蒋复璁以鼓励，于是他凭着浙江省政府给的一半资助，毅然前往德国。这段留学经历对蒋复璁十分重要，后来他在《徐志摩先生轶事》中感念着志摩在这件事上给予他的指导："志摩对朋友，个个都好，他有股热力吸引人，叫人感动，永不能忘。十九年（1930）我出国，限于经费，不能成行，他到处为我奔走设法，虽然没有成功，他的热心，到今天我还是感激的，志摩写信给我，叫我睁开眼睛看，好像用手张开我的眼睛，我尽我力，一生遵从了他的指导。"

其实在那个时段，能够争取到半费留学，也是极不容易的事，此次蒋复璁能够留学成功，关键是得到了老师朱家骅及浙江省教育厅厅长陈布雷的推荐，才得到了"德国洪堡基金会"奖学金，前往德国柏林大学哲学系及图书馆学院去学习。柏林的普鲁士邦立图书馆是德皇威廉二世登基时所建，规模宏大，藏书丰富，蒋复璁在德国留学两年期间，曾在普鲁士邦立图书馆实习，后任客座馆员，这段经历使得他对国外图书馆的模式有了系统性了解。

1927 年，国民革命军占领南京，同年 4 月，蒋介石在南京成立国民政府，国民政府废除教育部，改设大学院。1928 年 5 月，大学院在南京召开全国教育会议，决议筹建一个国家图书馆作为全国的藏书中心，以此提供首都各界人士研究之用。1933 年 4 月 8 日，教育部委派蒋复璁为国立中央图书馆筹备处主任。

为什么要在图书馆前冠以"国立"二字呢？后来蒋复璁在其所写《国立图书馆的起源与使命》一文中解释道："'国立图书馆'的名称起于 1792 年，法国在大革命时将巴黎的皇家图书馆 Bibliothéque royale 改称为'国立图书馆'Bibliothéque nationale，因为皇室财产认为是国民所有，所以为国家没收而成为国有，因此称作'国立图书馆'，也有译作国民图书馆的。这是国立图书馆的起源。"而后他在该文中简要讲述了欧洲的图书馆历史，以及法国大革命对法国图书馆产生的财产所有权的变化问题，他在文中总结说："今日世界各国的国立图书馆都因各馆背景的不同而异其名称与设施，但有一惟一相同之点，就是国立图书馆是图书集中的处所，国立图书馆这个名词几乎代表着'集中'及'中央'的意义。因此国立图书馆的使命也就可以用'集中'两字来说明。"

中央图书馆在筹备期间，于 1937 年成立了"国立中央图书馆建筑委员会"，该委员会由戴传贤、朱家骅和梁思成等组成，他们准备用中英庚子赔款董事会拨助的建筑费一百五十万元在南京国府路建造中央图书馆馆舍。图纸完成后，等待审核阶段抗日战争爆发了，致使建馆一事暂停。

此后日机轰炸南京，中央图书馆筹备处于1937年8月奉命撤离，他们从已得藏书中选择珍贵而重要的书，装成一百三十箱经武汉、长沙、宜昌，最终在1938年运到了重庆。在此艰难情况下，他们仍在该年5月1日于重庆设立参考阅览室，同时特设抗战文库。

1940年8月1日，筹备处正式成立中央图书馆，由蒋复璁任代理馆长，随即任命为馆长。

从筹备处主任到馆长，蒋复璁始终不懈地努力增加此馆藏书数量，他曾向老师胡适请教这个问题，胡适说："他们北平图书馆有古董，你们中央图书馆却没有，我劝你先搜集新古董，因你在南京，可去搜集政府机构所出版的多种公报及官方文书，此种'官书'之取得，可谓惠而不费，然而都是将来的头等史料，你不妨去试试看。"

另外，蒋复璁在《涉险陷区访"书"记》中写道："余之奉令筹创国立中央图书馆于南京，为民国二十二年，余由德返国之次年也。于时国家统一未久，疮痍未复，东邻窥忌，蠢蠢欲动。始则经费，每月仅四千元。除由北平教育部接收中文图书四万余册外，购置新书，实无其力。乃呈请政府，借镜德国普鲁士邦立图书馆成规，征集官书，并修改出版法，使出版者呈缴所有出版品以充实馆藏。"

蒋复璁从德国回国后，因为战争刚平息，东邻日本虎视眈眈，所以政府每个月仅拨给他四千元的办公经费。当时图书馆仅从北平教育部接收中文图书四万余册，所得经费根本无力购置新书，于是他想到了德国普鲁士邦立图书馆的成规：由政府以立法的方式要求出版社将新出版物无偿呈缴一部或数部给图书馆。此后他又接管了中央图书馆经办的出版物国际交换业务，蒋复璁就用商务印书馆影印出版的《四库全书珍本初集》跟国外换书，以此来增加中央图书馆的馆藏。

1933 年，蒋复璁做筹备处主任时，再次想起了影印《四库全书》一事，在此之前，张元济与有关部门就此商议过多次，均因有人作梗，致使这项宏大的影印计划未能实施。蒋复璁觉得如果能影印出版《四库全书》，一者可以作为中央图书馆正式设立的纪念物，二来可以与国外图书馆交换回更多的藏书。经其申请，教育部同意了他的主张，当年 4 月，他前去找张元济商量影印《四库全书》之事。张元济介绍他去找当时的商务印书馆总经理王云五，虽然王云五对古籍版本不很熟悉，但也觉得这是个重要机会。为此，蒋复璁在 5 月两次前往上海与商务印书馆商量细节，最终签订了《影印四库全书未刊本草合同》。

为什么只签了未刊本的合同呢？这与当时社会上的一些争论有关。当时有不少的人认为《四库全书》在编纂时删掉了一些内容，已经不是古书全貌，不应当影印这样的书。国立北平图书馆副馆长袁同礼和善本部主任赵万里两位先生，则主张应当找到编纂《四库全书》时四库馆臣所用的底本，通过影印这些底本来替代库本，这样更能让人们看到原书的面貌。他们的主张得到了当时国立北平图书馆馆长蔡元培的支持。

面对这种议论，张元济在给袁同礼的信中予以了反驳，张首先赞赏以善本代库本的意见："《四库》所收，非尽善本，且有残缺、讹误，毋庸讳言；但其间颇有未经刊行，或虽已刊行而原本不易购求者，如能及早影印，俾得流传，当亦大雅之所许。"但张同时认为这种建议难以实施，因为《四库全书》底本已经很难找到，即使寻找同样的版本也绝非易事，如果坚持要这么找下去，这件事不知会拖到哪一年："至以善本代库本，则鄙见窃以为不必，且于事势亦有所不能；善本难遇，乞假尤难，往返商榷，更多耽搁，如是则观成无期，且善本亦正无穷。"

为此，张元济向袁同礼建议将这件事分为两步来做，一是继续找善本以影印出版，二是先影印现存的《四库全书》，以便让更多的人能够读到它。后来张元济进一步主张："不如先以珍本为基础，徐图续印，日久便可成一全《四库》书。"

这里所谓的珍本，就是先从《四库全书》中选出流传稀见之本，将此影印，今后以此为基础，陆续影印其他本，最终凑成一部完整的《四库全书》影印本。张元济的建议被教育部所采纳，当时的教育部部长王雪艇说："以诸家意见虽具价值，但不宜与影印文渊《四库》混为一谈，可以并行而不悖。"

1933 年 8 月，教育部聘请张元济等十七人组成编订《四库全书未刊珍本》目录委员会，10 月最终选定了珍本初集目录，共选出二百三十一种珍本。"九一八"事变后北平告急，古物南迁，文渊阁本《四库全书》运至上海，这为拍摄底本带来了很大便利，经过六个月的拍摄，以及之后的影印出版装订，至 1935 年 7 月《四库全书珍本初集》正式出版，共印一千部，每部一千九百六十册。商务印书馆将其中的一百部作为版税交给中央图书馆筹备处，蒋复璁就是用这一百部书从国外换来了大量书籍，由此丰富了馆藏。

但是这些换来的书基本上是通行本，因为用影印本不可能换来国外的珍本。在抗日战争阶段，很多藏书家旧藏逐渐散失出来，有些还被卖到了国外，当时一些有识之士觉得应当由国家出钱尽量收购这些善本书。蒋复璁是著名藏书家后裔，当然懂得善本的价值，此时他想起了胡适曾跟他说北平图书馆藏有很多善本之事，很希望能让中央图书馆向北平馆看齐，于是他认同那些有识之士的看法，劝说当局拿出经费来购买中文善本，一者可以丰富中央图书馆馆藏，二者能够防止珍本流到域外。

然而战争时期，经费之难可以想见。蒋复璁想到了一种特殊的筹款办法，他在《涉险陷区访"书"记》一文中写道："民国二十九年冬，我教育部及管理中英庚款董事会，皆接获上海暨南大学校长何炳松、私立光华大学校长张寿镛等函称，上海有大量珍贵图书出售，如我不收购，势将流入异域。国立中央图书馆在战争爆发前，承中英庚款董事会拨助建筑费法币百余万元，未及动用，而因乱迁移。于是中英庚款董事长朱家骅先生开示于余，以为长期抗战，币值必将贬落，如俟还都建筑，则所值无几。不如以之购置图书，既足以保存国粹，又使币尽其用，诚两补之术。时值教育部长陈立夫先生出巡在外，顾毓琇先生以次长代理部务，亦深韪其议。及立夫先生返部，力赞其事。"

当时是上海的何炳松和张寿镛分别给教育部写信，谈到上海流散出大量善本，想要收购这些善本，当然需要一大笔钱。在抗战阶段，让政府拿出一大笔钱来收购古书，显然不是一件容易的事，因为那时国家的人力财力主要都投入战争方面。这时蒋复璁想到了中英庚款董事会拨出的那笔建造中央图书馆馆舍的费用，同样是因为战争原因，当时的图书馆建设仅停留在图纸上。蒋复璁跟朱家骅商议，朱认为抗战将是一个长期行为，随着战争加剧，币值贬值，等战争结束这一百余万法币就贬得剩不了多少了，还不如在未贬之时拿来购买善本，一者可以保存国粹，二者也避免了货币贬值。他们又将这个想法与代理部务的顾毓琇商议，得到了顾的认可，教育部部长陈立夫返回后也同意了这个计划。

为了能实施这个计划，蒋复璁从重庆前往上海操办此事。为此，他先从重庆到达香港，见到了中英庚款董事会董事叶恭绰，请叶在南方访求善本，同时协助转运上海得到的善本。接着蒋复璁又从香港前往上海，因为上海已被日本人占领成了沦陷区，前往上海变得十分危险，他先在香港改换姓名，再通过其他人代购船票。为了避人耳目，他在香港几乎不见任何朋友，但还是去拜会了老校长蔡元培，向蔡元培汇报了此行的任务。蔡元培对蒋复璁的此行颇为赞许，在1940年1月7日的日记中写道："午前，仲瑜和蒋慰堂（复璁）来，慰堂在中央图书馆服务甚久，现在渝仍积极进行，此行由港往沪，拟收买旧本书，在港托叶玉甫，在沪托张菊生，闻瞿氏铁琴铜剑楼、刘氏嘉业堂、邓氏群碧楼之书均将出售。"

两个月后，蔡元培病逝于香港，这是蒋复璁见到老校长的最后一面。虽然蒋复璁行事很小心，但还是被日本特务盯上了。蒋复璁在《涉险陷区访"书"记》中有如下细节描写："由港赴沪之前一日，晚饭后返寓，见有一人在门外徘徊，久而不去，心异之。及下楼与旅寓清结所有费用回房时，讵知此人仍踞坐门外，若有所待，遂大疑之。良以香港为英人所据，而行旅淆杂，敌侦四伏，不虞之危，可以随时发生也。乃即扃门而睡，翌日黎明，携箧出房，而此人又先至矣。余乘电梯下楼时，此人亦随步入梯，至楼下，余飞步出门，适有一计程汽车在门外，遂即登车，及此人出门，余已飞车前行。示意驾驶人故绕曲路径，再至海港，为时尚卯刻耳。"

紧急情况下，蒋复璁机警地摆脱了特务，在开船前的一个小时，还遇到日本人上船搜查，幸亏没有搜到他。其实在登船前的一天，蒋复璁仍然犹豫是否应当暂留香港，躲过搜捕后再换船前往上海，然而他经过仔细思量，终于激发出了大无畏的勇气："但在顷刻间，一念决定，必依原计划前进。盖以为国家为文化抢救珍贵典籍，正如战士赴阵，只有勇往，不容退却。倘一经险阻即畏葸不前，不但损失船票，而意志既馁，勇气顿消，重任远道，何以达成。惟有尽己听天以赴危险耳。故毅然登船，不稍瞻顾。"

读到这段文字，我能真切地感受到他那身处险境时的高昂斗志。他到达上海后，分别见到了郑振铎、张元济、张寿镛、何炳松、张凤举，他们组成了文献保存同志会，开始秘密收购古籍。当时是由张元济负责联络藏书家，郑振铎时常写信给蒋复璁报告所见到的书，他们都知道在战争阶段拿出大笔钱来购书是很不容易的一件事，于是想尽办法压低收书价格，比如1940年5月21日郑振铎给蒋复璁的信中写道："《石林诗话》凡三册，仅四十余页，书品绝佳，然系元版，非宋版也，索三千元，可谓奇甚！已还以六百元，尚无售意。最后，倪贾让价至一千三百元，然仍不甚值得。想来不会有受主。

至《李直讲集》，彼以宋版号召，始终不肯取出一阅。（且言：须俟《石林诗话》购成后，始可阅此书，大是可恶！）"

对方开价三千，郑振铎坐地还价六百，虽然没有谈成，但足以见到郑振铎为省钱购书费了多少心血。

文献保存同志会的同仁将购到的善本陆续寄到香港大学冯平山图书馆，蒋复璁在给陈君葆的信中写道："敝馆存港书籍，屡荷协助，毋任心感。现在寄存冯平山图书馆部分，拟仍恳请继续代为保存，一俟运输情形转好，再图北迁，兹托徐伯郊兄趋洽为荷。赐一存书目录尤为感纫。"

这次收书行动所用资金除了中英庚款外，另有国民政府教育部的出资，加起来两百多万法币，这些钱是由商务印书馆总经理王云五设法经香港的银行转汇到上海。他们用这笔钱陆续买到了四万八千多册善本，但当时从上海运往重庆的费用十分高昂，所以大部分书被寄存到了香港大学冯平山图书馆。

1941 年 7、8 月之间，他们运到冯平山图书馆的图书共三千余部，两万九千多册，他们找人用了一个半月的时间将这些书装成一百一十一箱，打算运到美国保存，故在每个箱上贴着"驻美大使馆胡适大使收"的字样，同时给每本书上钤盖中央图书馆藏书印，准备乘美轮"格兰总统号"运出，但该轮改变航程没有在香港停靠。12 月 8 日，太平洋战争爆发，此后香港沦陷。转年 2 月，这批书被日军运往日本。

最早发现这件事的人是陈寅恪，他写信告知中英庚款董事会："这批古籍由日军'波部队'运走，且已发现运送时的目录。"

1945 年，日本无条件投降，中国第二历史档案馆藏有《蒋复璁电为呈复国立中央图书馆前存香港备运美国之图书为敌掠夺祈转向日本索赔由》，该文写道："教育部钧鉴，查本馆于三十一年二月初香港沦陷后，有存港备运美国之图书一百一十二箱，内藏善本三千余种，寄存香港大学冯平山图书馆者，为敌驻香港部队调查班移去，按箱面原写'寄华盛顿驻美大使馆胡大使收'字样，据当时目击者称，故军运时箱面改写为'参谋本部御中'字样，迄今是否运日尚无从采悉，惟该项图书均系善本，谅系敌人掳略而去，自应向日方索还，否则必行补偿。"

1946年1月，随远东委员会到达日本的美国人博萨尔在东京上野公园的帝国图书馆内发现了这批古籍，他将此事告知中国驻日使馆。2月25日，国民政府教育部政务次长顾毓琇应麦克阿瑟邀请访日，在日期间他参观帝国图书馆时，发现了一些未开箱之书，随即与日方交涉，最终日方同意归还帝国图书馆所得的一百三十箱、三万余册中国图书。1946年12月，故宫博物院古物馆科长王世襄飞抵日本，经过两个月的清理工作，先运回十箱善本，转年2月，将一百零七箱图书运至上海，后转存南京中央图书馆。

但这些年来，仍然能在日本看到钤盖有"中央图书馆"藏印之书，说明日本始终没有完全归还当年抢走的那批书。比如柳和城所著《百年书人书楼随笔》中有《被劫文献越洋追踪记》，该文中写道："另外在伊势原乡下一村长家的土窖中又查出约一万册。原来这批书运抵东京后被帝国图书馆接收，汉学家长泽规矩也曾参与整理。战争结束时，日方为避免这批书落入美军之手，选出较珍贵的部分图书藏匿于乡间，企图永远吞没。"好在这批书最终运归了南京中央图书馆。

1948年秋，淮海战役战况紧急，国民政府考虑再度转移重要文物，究竟转移到哪里，当时有不同看法。林桶法在《1949大撤退》第八章"重要文物迁台经过"中转录了蒋复璁的一段回忆：

> 其时局势混乱，中央图书馆不知将来去向，我常到教育部聊天，教育部的两个次长：田培林、杭立武都是我的朋友。这一天，我到田培林的房间内，我问他觉得该怎么办？他说："中央图书馆在重庆有房子，可以到重庆。"……从田培林的房里出

来之后，我又到杭立武的房间，我告诉他我主张搬到台湾，杭立武十分赞成。

1948 年底至 1949 年初，中央图书馆的藏书装箱后分三批运往台湾，中央图书馆去台人员有蒋复璁、屈万里、王省吾、昌彼得、顾华等人，大部分人员留下来迎接南京解放。

1954 年，台北"中央图书馆"开馆，蒋复璁复任馆长，转年兼任"台湾省立台北图书馆"馆长。1965 年，蒋复璁调任台北故宫博物院院长，同时仍兼台北"中央图书馆"馆长一年。蒋复璁在任台北故宫博物院院长时，将典藏分为三部分：器物、书法与图书文献。由此可见，他即使当博物院院长，仍然重视图书。同时他还重视图书馆建设，抗日战争结束后，面对战争给文化事业造成的巨大损失，蒋复璁认为除了努力搜集典籍之外，还要做图书馆人才的培养，他在《战后我国图书馆事业之瞻望》一文呼吁："就今日之情形而论，欲求我国图书馆事业的恢复与推广，最大的困难还是从事图书馆工作的人员太缺乏。并应增设学校或在师范学院中增设专系专科，以便大量地培植工作人员，并设法吸收大学、中学毕业生施以短期学习或训练，以应急需，务使图书馆专业走上专业化的途径。"

除此之外，蒋复璁还写过不少与图书馆有关的著述，例如《图书室管理法》《台湾藏书的鸟瞰》《两浙藏书家印章考》《汉代的图书馆》《英法德三国国立图书馆印象记》等等，说明他把大部分精力用在了图书馆建设和研究方面。

2014 年 2 月初，我在台北周围探访人文遗迹，其中之一是前去祭拜蒋复璁先生，他的墓址位于台湾省台北市林口镇三德圣山上。此程是在曾堃贤先生的带领下，由吴兴文先生陪伴一同前往。

行驶在 2 号高速路上，路上的车很少，到达台北市郊后，再转向南，驶上 3 号高速路，路牌标着"三峡方向"。曾堃贤解释称，三峡以前是个镇，现在已经并入市区了。在路上曾先生告诉我蒋复璁的儿媳妇知道我要来，本来要带我同去祭拜，但过节期间突然有公务，为此她请曾先生向我表达歉意。

进入林口镇，仍然是窄窄的街道，在路边看到一家医院，名叫关圣帝君医院，曾先生解释称，台湾人很崇拜关羽，这个医院是私人建造的，同时还建造了两个私人的公共图书馆。私人捐建图书馆还对外开放，在大陆我还未听闻过。曾先生在一个路口将车停下来，下去买了两盒蛋挞，说要送给墓园的修女，告诉我这是台湾过节的礼俗。

驶出林口镇，在离镇五六千米的一条山路边，我们找到了天主教三德公墓。在墓园的门口曾先生找到了一位修女，她说已经有人

天主教三德公墓墓园大门

私立天主教三德公墓純為天主教友安息之墓園，外人請勿擅自進入。嚴禁燃燒金紙雜物違者送警究辦，墓園全年度開放時間如下：

開放時間上午 七點半 至下午 四點半

中華民國 89 年 8 月

財團法人台北市三德善會啟

本聖山嚴禁燃燒金紙雜物 公墓管理委員會啟

一九九八五

天主教三德公墓告示

提前跟她打过电话，知道我们要来，她在此等候以便带路。我向这位修女请教当地的地名，她说此处没有门牌，山名就叫"三德圣山"。站在山下向上望去，整座山已经遍是墓庐，大门的入口处是一个中式的三开间牌坊，正中写着"天主教三德公墓"，两根立柱上分别刻着"荣沐在尘寰施爱德免罪行且息佳城证复活、奉召归天国蒙主恩获母佑永栖圣域乐长生"，牌坊的顶上还立着十字架，这座牌坊完全可以称得上中西合璧。牌坊的后面立着一块告示牌，上面写着"私立天主教三德公墓纯为天主教友安息之墓园，外人请勿擅自进入，严禁燃烧金纸杂物违者送警究办"，后面列着开放的时间。

进入墓园，修女带着我们向山坡上行，坡度有些大，幸亏有曾先生带来的登山杖，再加上他和吴兴文兄的搀扶，我虽然吃力，但终于登了上去。在近顶的位置找到了蒋复璁先生的墓园，墓园占地约一百平方米，地面及两侧的围墙均贴着白瓷砖，入口处的矮墙上用绿色的瓷砖贴成十字架状，侧墙上还贴着墓庐的位置：丙区八排1—1号。这个位置已近山顶，向上仰望，山顶上建着一座佛教式样的宝塔，塔名"升天塔"。进入墓园我正想拍照，曾堃贤先生建议说，我们先向蒋先生三鞠躬。于是我们脱帽肃立，一起向蒋复璁先生行礼。

蒋复璁的墓园很是肃穆，里面种着几棵松树，已然粗壮，墓丘约三平方米，呈长方形，高不过四十厘米，全部用黑色花岗岩覆盖，墓碑沿着墓后的墙体竖立，上面刻着"显考蒋公复璁圣名保罗之墓"，墓碑周围也贴了一圈白瓷砖，正中上方嵌着蒋复璁先生的

蒋复璁墓园全景

蒋复璁黑白照片

　　黑白照片，墓碑上方的墙上嵌着三块横式碑刻，正中是李登辉所题"懋绩永昭"，右边是严家淦所题"绩学贻徽"，左边是"绩弘文教"，出自李元簇之手。

　　祭拜完蒋复璁先生后，修女带着我们换了一条路下山，她可能看出来我走路比较困难，虽然是在墓园内绕来绕去，但比走大坡路省力了许多。下到山底，我们向修女道谢后，驾车离去。

屈万里

书佣事业，解字研究

胡文辉在《现代学林点将录》中把屈万里比拟为地藏星笑面虎朱富，在水泊梁山一百零八将中，朱富是排名第九十三的好汉，曾经营救过李逵。胡先生把屈万里与朱富相比，想来只是做一排序，因为屈先生与朱富没有可比性。屈万里字翼鹏，号书佣，从此号中就可看出他对书业有着执着性的偏爱。

屈万里是山东鱼台人，七岁入私塾读四书，小学毕业前已读完《纲鉴易知录》。1922年，他在济宁的山东省立第七中学初中部读书，转年开始读《易经》，并且对此书有了偏爱。1928年5月3日，日军在济南杀害中国外交特派员蔡公时等人，制造了"五三惨案"，引起局势动荡，屈万里未能获得高中毕业证书。此阶段鱼台县教育局局长刘心沃礼聘屈万里担任县立图书馆馆长，这是他从事图书馆业之始。

1930年，屈万里来到北平，插班进入私立郁文学院国文系二年级，跟随马幼渔学习经学史，有时也到中国大学及北京大学听名师讲课。转年"九一八"事变爆发，平津学生举行声势浩大的抗日活动，屈万里停学返回济南，此后没有再进入大学接受正规教育。柯庆明在《谈笑有鸿儒——怀念屈万里老师与在第三研究室的日子》中写道："最高学历，只是在北平郁文学院肄业，用老师自己的说法：'那是一所野鸡大学，我在那里挂单过一年'而已。"

英雄不问出处，尽管屈万里没有漂亮的学历，但他有多方面的学术成就，他在生前就已出版专著二十一部，刘兆祐在《屈万里先生著述年表》中称其撰写的论文有两百零三篇之多。对于他的专著，赵忠文在《中国历史学大辞典》中列举说："屈氏治史以上古史为主，兼及文学。主要著作有《汉魏石经残字校录》、《诗经释义》、《尚书释义》、《图书版本学要略》（与昌彼得合著）、《诗经选注》、《殷墟文字甲编考释》、《汉石经周易残字集证》、《汉石经尚书残字集证》、《古籍导读》、《书佣论学集》、《先秦汉魏易例述评》、《尚书今注今释》、《普林斯顿大学葛思德东方图书馆中文善本书志》等，曾编辑出版《明代史籍汇刊》初辑和第二辑、《杂著秘笈丛刊》《明清未刊稿汇编》初辑和续辑等。此外还有《谥法滥觞于殷代论》《周易卦爻辞成于周武王时考》《说易散稿》等论文二百余篇。"

关于屈万里的任职经历，《中国历史学大辞典》中有如下概括："历任山东省鱼台县公立图书馆馆长、山东省立图书馆编藏部主任、中央图书馆特藏部主任、台北'中央研究院'历史语言研究所研究员、台湾大学教授等职。1967 年任台北'中央图书馆'馆长，1968 年任台湾大学中国文学系及中国文学研究所主任，1971 年 9 月起代理台北'中央研究院'历史语言研究所所长，1972 年以'对先秦史料之考订，中国古代经典及甲骨文之研究，均有成就，尤精于中国目录校勘之学'，当选为台北'中央研究院'院士。其间，曾先后应聘为美国普林斯顿研究所研究员、普林斯顿大学客座教授、加拿大多伦多大学东亚学系访问教授、新加坡南洋大学客座教授等。"

1932 年 1 月，齐鲁大学国学研究所所长栾调甫把屈万里推荐给山东省立图书馆馆长王献唐。屈万里在此做馆员，四年之后升任编藏部主任，他在省馆工作七年有余，在此期间，他不但做出了学术成就，也学到了一些新的治学方式。

王献唐对屈万里的学术研究起到引导性作用，比如屈万里喜欢研究《易经》，王献唐给屈万里所著的《先秦汉魏易例述评》写了一段题词："居今治易有两途，一仍研究本经，一对历代说易者做一总清算。治易两途，翼鹏已兼程并进，终此一生，能使是经粲然大明，省却治学者无限心力，即吾辈对文化上之贡献，愿共勉之也。"

王献唐认为研究《易经》有两大方向，一是研究经典本身，二是对前人的研究成果做梳理性总结，而屈万里在这两方面兼程并进，故王献唐认为屈万里定能在这方面做出大成就。

屈万里研究易学，采取的是王国维两重证据法。当时山东省图书馆藏有汉石经残石，屈万里看到后很感兴趣，于是对此深研。东汉末年，为了解决两汉儒家在说经上家法、师法及今文、古文的区别，汉灵帝熹平四年（175），皇帝召蔡邕等正定五经，然后用隶书刻于石上，所刻经书有《周易》《尚书》等七种，这套石经被称为"熹平石经"。

公元 190 年，熹平石经毁于董卓之乱，宋代以后陆续出土了一些汉石经残石，学者研究残石上的文字，渐渐形成了石经学。1919年，马衡撰写了《汉熹平石经周易残字跋》，认为熹平石经《周易》的祖本是《京氏易》，这个观点被钱玄同、胡适等学者认可。然而屈万里在研究了山东省图书馆所藏的残石后，认为马衡的结论有问题，后来他又见到了张溥泉所藏的另一块熹平石经《周易》残石，经过研究，他确定熹平石经《周易》的祖本应当是《梁丘易》，并为此撰写了《汉石经周易为梁丘氏本考》一文。

方若作有《旧雨楼藏汉石经》拓本，经徐森玉、蒋毂孙两位先生鉴定，都认为此拓本的原石是真迹。屈万里在撰《汉石经周易残字集证》时，也曾使用方若之书作为校勘依据，但后来他发现该拓本的字体及行款太过一致，似乎是出自一人之手。这种状况不符合宋洪适《隶释》中所云"熹平石经非出一人之手"，同时，屈万里还发现了其他几个证据，由此认定方若所藏的这册拓本有问题。

屈万里在文字学研究方面也有成就，当年史语所得到了一批殷墟甲骨，这些甲骨片后来运到了台湾。1954 年冬，史语所可以开箱工作，次年李济出任史语所所长，屈万里再入史语所任副研究员，参与了拼合甲骨片的工作。他从近四千片的甲骨中寻找能够拼合完整的甲骨片，耗时四年拼成二百二十三版，之后写出了约四十万字的专著《殷墟文字甲编考释》。屈先生在此书的序言中称，他能有如此成果主要是由于李济的鼓励："我的兴趣本来不专在甲骨文方面，这本考释的作成，完全由于李济之先生的鼓励和督促，这是首先当感谢的。"

屈万里研究文字学的兴趣是受到王献唐的影响，他曾说："王馆长是专门研究钟鼎文的。因此，图书馆里有关古文字学的藏书也比较多。想这些东西一定和《易经》有关，兴趣便转到这方面来，接着又知道有了甲骨文，我想到甲骨文可能关系更大！又看了些用甲骨文来证《易经》的文章，兴趣便又转到甲骨文上去，这都是因为任职图书馆的好处。"（廖玉蕙《读书与治学的历程——访屈翼鹏先生》）

后来屈万里到史语所搞研究，也是因为受到王献唐的鼓励和推荐。1942 年 9 月 29 日，王献唐给屈万里的信中写道："赐函及孟真笺，均悉。孟真求贤爱才之意甚殷，此种精神，今人岂易得哉！仆反复思之，弟仍是到孟真处好。孟真为人热肠，又无阔人习气，为学问、为交友，此机会不可失也。"

孟真就是傅斯年，王献唐夸赞傅斯年求贤若渴，虽然屈万里是王献唐的得力助手，但他反复思考，还是认为屈万里到傅斯年主持的史语所工作，会有更大的发展，所以他力劝屈万里前往史语所。屈万里听从了王献唐的建议，后来在接受采访时还谈到了这件事："三十一年（1942）冬天，听说中央研究院需要一个研究甲骨文的助理员的职位，我就请王献唐先生写信给傅孟真先生介绍，傅先生答应给我一个助理员的职位，我喜出望外。那时，我在中央图书馆的名义是编纂，相当于副教授的待遇，每月有二百八十元，但是决定接受待遇低了一倍的助理员职位。"（廖玉蕙《读书与治学的历程——访屈翼鹏先生》）

尽管待遇低了很多，但屈万里还是愿意去搞研究工作，这足可说明他有着强烈的学术之心。事实证明他的这个决定是正确的，为此，他学到了更为科学的研究方法，后来屈万里在《书佣论学集》的自序中谈到了傅斯年给予他的重要影响："由于傅孟真先生的启示，才确切知道作研究工作必须靠真实的资料，方知道原始资料之胜于传述资料，才知道资料鉴别的重要性。因而对于以前所笃信的远古史事，才知道很多是出于后人的传说，而未可尽信。于是，从那时到现在，这二十多年来所从事的，大部分是鉴别资料和解释资料的工作，而且是偏重先秦时期的。"

除了名师指点，屈万里能够有这样的成就，与其在图书馆工作经历也有直接关系，因为这份工作能够让他读到更多的资料，后来他把自己的治学经验总结为六点，其第一点为："做研究工作，须了解学术界的行情，也就是应该知道某一种学问已做到什么水准。因此，要做某一个题目，必须检阅书目或论文索引（中国的和外国的），如果别人已经做过这类的题目，必须把原文（或书）找来看看。假如人家已把问题解决，自己不知，仍然盲目地去做，不就徒劳无功了吗？"

想要研究某一类话题，首先要学会书目检索，了解学界已经把这个问题研究到了怎样的深度，同时他认为广泛地占有资料是研究基础之一："研究工作必须凭借资料，能运用的资料愈丰富，所得的结论也愈正确。自然，资料不应以本国的为限。"如果使用的是假资料，当然难以得出正确的结论，所以他说："辨别资料的真伪和图书版本的优劣，极为重要。"

由此可以看出目录版本之学对于研究来说，是重要基础之一，这些经验都是他在山东省图书馆工作时学到的。

屈万里在山东省图书馆任编藏部主任时，负责馆藏图书的登记、分类、编目、排架等工作。同时他也参与了一些重要善本的收购，比如1933年，山东省图书馆得到了一批扶沟柳氏的图书，这批图书一千余种一万四千余册，屈万里对这些书进行了整理上架，这个过程使得他对私家藏书的整体构成有了系统性了解。

1937年，日本发动全面侵华战争，10月时战况已威胁到济南，山东省图书馆馆长王献唐认为馆中所藏乃山东重要文献，决定挑选出珍罕之本派屈万里运送到曲阜孔府予以保存。王献唐对屈万里说："本馆为吾山东文献所荟萃，脱有不测，吾辈将何以对齐鲁父老？拟就力之所及，将比较珍秘者十箱，移曲阜至圣奉祀官府。顾此事重要，可以肩其任者，惟余与子耳。津浦车时遇敌机轰炸，往即冒险，然欲为吾鲁存兹一脉文献，又不容苟辞。子能往，固善，否则余当自往。"（屈万里《载书播迁记》）

屈万里当然不能让馆长独自担这个风险，发誓要与这些古籍共存亡。10月12日晚，屈万里与工友李义贵冒着敌机轰炸津浦路之险，将这些书先运至兖州，之后辗转运到了曲阜，藏在至圣奉祀官府内。

孔德成是孔子第七十七代孙，1920年被北洋政府认定为第三十一代衍圣公。1936年国民政府封其为大成至圣先师奉祀官。何以要把省图的馆藏运到孔德成府上呢？屈焕新在《孔德成与屈万里》一文中认为："之所以将文物押送到曲阜孔德成处，是考虑日本也有尊孔尊儒的思想，短期内曲阜不致遭遇战火，这里应是山东最安全的地方。又因为屈万里是山东鱼台人，与孔德成同在'孔孟之乡，礼仪之邦'，更容易与孔先生沟通。当时孔德成年仅十七岁，却深明民族大义，深知文物之珍贵，不顾危险，慷慨应诺。"

后来屈万里回忆说："晋谒奉祀官孔德成先生，接洽房舍，当承慨许。孔公年甫十九，温温儒雅，而应事明决，望而知为非常才也。"（屈万里《载书播迁记》）

之后王献唐又将另一批古籍善本计四百三十八种以及名人字画

等物也从济南运到了孔府。再后来由于时局紧张，曲阜似乎也不安全，于是王献唐与屈万里又把藏在孔府的古籍文物辗转多地，在一个半月的时间内行程七千里，此过程艰辛异常，但最终还是完好地运到了四川乐山。

对于途中之艰险，屈万里在《载书播迁记》中有详细记载，比如他写到了滋阳遇险的一段经历时说："旋闻轧轧机声，自南而至，视之凡四架，予乃避入丛林，则见冢上洞孔密布，盖敌度林中必有匿人，以机枪射击所致也。因复趋出，偃卧道侧，以察其肆虐之状。是时我高射炮齐发，烟花缀空，如白云朵朵，机枪则密如连珠，时杂以轰炸声，俨如置身战阵间也。"

此次运到四川的文物计有三大类，第一类是古籍善本共四百三十八种二千六百五十九册，其中有宋元本五十三种，余外还有稿钞校本近三百种。除了文物性善本外，还有一些重要史料。冯建国在《书香生涯——学术大师屈万里学行考述》中写道："在这批图书中有一部《剿闯小史》，清初禁书，实乃罕见的旧钞本，郭沫若在四川偶然读到，即产生兴趣，他放下正在从事的古代史研究，对《剿闯小史》加以整理标点，由重庆说文社出版，且直接启发了他于1944年写出名扬天下的《甲申三百年祭》。"

后来孔德成也离开曲阜来到重庆，由于战争原因，省图的经费早已断绝，王献唐与屈万里在四川谋生十分困难，后屈万里只好独自前往重庆另谋生计。那时屈万里的高中老师吕今山正在重庆担任孔德成的老师，他告诉屈万里孔德成需要一个伴读，于是屈万里留在孔德成那里做伴读兼文书主任。

那时的孔德成虽然因身份特殊得到一些照顾，但生活也不富裕，屈万里觉得他在这里任职其实是拖累孔德成，几次要求离开另找工作，孔德成很喜欢屈万里为人忠厚，努力挽留他，但屈万里还是私下联系了教育部的一份临时工作。孔德成感觉到屈万里确实想离去，于是托人想把屈万里介绍到中央银行工作，因为那里待遇优厚，但屈万里始终想做学术研究，孔德成只好转而托人把他介绍到了国立中央图书馆。

1940年起，屈万里在中央图书馆任职，历任编纂、特藏组主任。在此期间，他将馆藏善本系统地梳理了一遍。到1947年，他完成了《国立中央图书馆善本书目》，这是该馆的第一部善本书目。

对于如何编出一部好的书目，1967年，屈万里在《"国立中央图书馆"善本书目增订本序》中说："旧时善本书目之纂辑，著录率不详尽，以著者项言之，往往仅题著者、注释者；而于批校者、评论者、增补者、删订者，则多不之及。版本项之著录尤略，大都但题曰宋刊本、元刊本、明刊本等；其较详者，亦只题曰宋咸淳刊本、元大德刊本、明嘉靖刊本而已。夫批校、评论、增补、删订之本，其不同于他本，固不待言。但以版刻而论，同一古籍，在前后数年若数十年中，常有多种不同之刊本；仅著其刊刻朝代，固难使人知为何本；即题帝王元号者，亦莫能辨其为何处人所刻也。"

屈万里指出前人在著录方面有许多不详之处，为了揭示善本的价值，让索书之人通过目录就能了解到更为详尽准确的信息，他提出在善本编目时著者项和版本项必须"务求其详"。他还指出要详细测量善本的版框，在其制订的《善本图书编目规则》中指出了测量版框的具体位置。

抗战胜利后，屈万里跟随中央图书馆回到了南京，复原后的中央图书馆分为总务部、采访部、编目部、阅览部、特藏部五个部门，屈万里任特藏部主任，负责整理馆藏古籍。当时国民政府没收了陈群的泽存书库旧藏，该馆在泽存书库旧址设立了北城阅览室，特藏部在此办公。直到今天，泽存书库仍然处在南京的某个大院内，屈万里正是在这里编出了《国立中央图书馆善本书目》初稿。

1948年初，中央图书将馆藏运送到台北，屈万里跟随馆长蒋复璁一同来到台湾，被任命为"中央图书馆台湾办事处"主任，此时，傅斯年担任台湾大学校长，他聘请屈万里到台大担任中文系副教授，同时协助校长处理文书事务。1953 年，屈万里晋升为教授。

　　1955 年，屈先生再入史语所做兼职副研究员，主要承担殷墟甲骨文字的考释工作。1957 年，他改任史语所专职研究员，同时担任台湾大学教授。在此期间，屈先生到国外进行过五次讲学，1965 年 9 月到次年 8 月，他应聘赴美国普林斯顿高等研究所任研究员。

　　在美期间，屈万里翻阅了美国普林斯顿大学葛思德东方图书馆所藏的中文善本书。此前该馆所藏中文善本已经请专家编成书录，还请了胡适、童世纲做审核，但并未正式出版，此时馆方聘请屈万里继续整理善本书与目录。后来他写出了《普林斯顿大学葛思德东方图书馆中文善本书志》，此书于 1975 年由艺文印书馆出版发行。童世纲在为该书志所写序言中夸赞屈万里说："检王（重民）君之旧稿，写琳琅之新志。校订删补，附益述评，录序跋则节繁摘要，记行格而并及高广，究版本之传衍，著优劣之所在。不特为读书治学之津梁，亦便鉴古辨伪之参证。其表彰国粹，嘉惠士林者，不亦多乎？"

　　1965 年，蒋复璁被聘为台北故宫博物院院长，当年秋天，屈万里从美国返回台湾，当时的"教育部长"阎振兴请他接替蒋复璁继任台北"中央图书馆"馆长一职。屈先生对做官兴趣不大，一再推辞，阎振兴在 1966 年 1 月 31 日给屈万里的信中写道："前以慰堂兄出长'故宫博物院'，对'中央图书馆'馆务势难兼顾，因托化臣兄代达鄙意，亟盼吾兄出而主持、庶使慰堂兄多年心血得以保持。顷化臣兄转来尊示，敬知著述计划尚未完成，不愿分心于行政工作，高风亮节，钦迟曷任。惟弟念'中央图书馆'藏书数十万册，善本图书庋藏尤富，主持'中央图书馆'实与主持一大学不尽相同，对吾兄研究工作亦将大有裨补。今慰堂兄必不可留。此间友人所望于吾兄者益为殷切，用特专函致意，至祈惠允。"

　　屈万里不得已答应了应聘一年，成为台北"中央图书馆"第二任馆长。在此任上，该馆编辑出版了《台湾公藏中文人文科学联合目录》，使得学者能够了解到台湾各地馆藏的情况。刘兆祐在《屈翼鹏先生对中国图书馆事业的贡献》中评价说："把有利用价值的图书购买进图书馆，只是整个图书馆工作的开始。要想让海内外的学人对这些资料充分利用，目录的编制是最重要的工作。"刘兆祐还在另一篇怀念文章中写道："他想以既有的十四万多册善本图书为基础，再增购人文科学和社会科学的图书，期使'中央图书馆'与'中央研究院''故宫博物院'等机构，使台北地区成为研究汉学的重镇。"

屈万里希望台北"中央图书馆"能以十多万册善本古籍为基础，逐渐丰富馆藏，使该馆成为名副其实的汉学资料中心。但是，要想达到这个目标，必须增加购书经费，他在《"国立中央图书馆"的现状与展望》一文中提出："如能一次得到临时费新台币二百万元，用以初步补充所缺的中日韩文和西文的重要图书，以后每年有二万美金的购书费，以收集国外出版有关人文和社会科学的图书，那么，我相信三年之后，将能成立一个在台湾最完备的汉学研究中心。"

在对图书馆建设尽心尽力的同时，屈万里始终保持着学者本色，他在馆长任上一年半后，恳请辞去馆长之职，重新回到了史语所，他在此做代理所长。1973 年 1 月，所长李济因病辞职，屈万里成了继傅斯年、董作宾、李济之后的第四任史语所所长。

因为丰硕的学术成就，1972 年屈万里当选为台北"中央研究院"院士，对于当选院士的理由，相关文献都转录了这样一段话："对于先秦史料之考订、中国古代经典（《诗》《书》《易》等）及甲骨文研究，均有成就，尤精于中国目录校勘之学。"

2014 年 2 月初，我前往台湾。这是我受伤之后第一次乘飞机，当时很有些不安，担忧伤口会在气压的变化下疼痛难忍，而事实上比我想象得轻松许多。此次前往台北，一是去参加国际书展的讲座，二是想寻访几位我所崇敬的前贤的遗迹。在此之前的一个多月，书展讲座的负责人曾堃贤先生给我来了很多的邮件和电话，告诉我书展讲座的要求及一些细节，我也趁机告诉他自己想在台北寻访一些先贤遗迹，请他代为确认具体的位置。曾先生做事极其认真，那段

山顶上的墓园

时间几乎每天都有邮件告诉我各方面的进展，他为了帮我打听我要寻访的人，通过了各种关系，最终确定了具体的位置。

到达台北的第二天早晨八点多钟，曾堃贤先生和吴兴文先生就到了楼下，曾先生知道我腿受伤的消息，特地给我带来了一根专业的登山杖。我与吴先生是交往多年的朋友，因为他长期在北京工作，我们的见面地点都是在大陆，在台北见面还是第一次。

寒暄过后，驱车上路，第一个寻访目标就是屈万里先生之墓，墓址位于台湾省台北市林口镇太平岭太平村后的山顶上。出台北市十几千米后到达林口镇，在路边停了下来，曾先生电话联系了费晏良先生，曾先生解释称费先生是屈万里妻妹的儿子。费先生看上去六十岁上下，言谈举止很是文雅，他客气地说，我能来这里看望屈万里先生，他们家人都很是高兴。

简短交谈后我们跟着费先生的车继续前行，开出去十余千米后停在了一家便利店的门口，费先生解释说，大家在这里休息一下，顺便上厕所。他又给每人买了一大瓶矿物质水，我想去付款，他坚

决不允。进店时我方知道费先生的太太也在车上，在店里面费先生
又双手拉着我说，屈先生去世三十多年了，能有远方的客人前来看
望他，他觉得很感激。我在店里面转了一圈，想买一束鲜花献给屈
万里先生，可惜没有，只好问费先生哪里有花可卖，他说这附近没
有花店。

从便利店出来后，我们继续前行，道路开始缓慢上升。进入一
片林区后，可能是担心两辆车走散了，费先生的车开得很慢，路两
边全是高高低低的丘陵地带，漫山遍野的植被一片翠绿。车子渐渐
驶上了山顶，转过山头，视野极为开阔，眼前是茫茫无际的大海，
海天一色的景况，让略显沉重的心情为之一爽，曹操观沧海的心情
可能与此约略相似。转过山头驶上了一条极陡的土路，前行一百余
米，停在了一块简易的小平地上，再向下走十余米，即是屈万里先
生之墓所在。

屈万里的墓处在一座山的斜坡上，背山面海，景色及位置极佳，
四围是大大小小的几十座邻墓。费先生解释称，这片墓地没有名称，
因为台湾是土地私有制，这片山地属于某个私人，他出卖这些地块，
这里就逐渐变成了一片私人墓园。屈先生当年得了肺癌，在医院住
了两个多月，他的弟弟马上寻找墓地，就找到了此处，当时来此安
葬时，这片墓地仅有一座墓葬，屈万里先生之墓为第二座。

我大概向四围看了看，现在至少有几十座墓。我不记得在哪里
曾看到一段传闻，说屈先生去世前自己选择了一块背山面水的墓地，
墓葬所在位置的正前方隔海相望的是他的老家山东，屈先生想以此
来不忘自己的故乡。我向费先生证实这个说法，他说不太可能，因
为屈万里先生去世得很快，不太可能有时间考虑太多的细节，看来
那只是个动人的传说。

屈万里的墓园面积约两亩，分为两级台地，一面全部铺着绛红
色的瓷砖，后面是灰白相间的墙体，后墙的正中位置嵌着的碑石上
刻着"屈故院士万里先生之墓"。在此碑之上嵌有五块横石，上面分

别刻着"痛悼乡贤""望重儒林""绩学贻芬""硕学清德""经师垂范",这些字都填着金粉。

屈万里的墓处在墓园的正中靠后位置,呈正方形,全部用青灰色的大理石覆盖。墓的正前方,是一块正方形碑石,侧卧在墓前,上面刻着几百个小字,细看之下乃是"故'中央研究院'院士屈万里先生墓碑铭"。费先生向我解释称,墓葬是屈万里先生和夫人的合葬墓,屈夫人长寿,活到了九十九岁。按照当地的规定,已经不让土葬,但因为屈万里先生是土葬,为了能够合葬在一起,屈夫人也就同样用土葬方式入殓,当地的管理者对此事也就睁一只眼闭一只眼。

屈先生的墓前摆着两盆一尺多高的绿植,费先生从车上拿下一桶水给这两

部分涂彩的小狮子

屈万里墓全景

屈万里墓志铭

地面的红瓷砖

远眺大海

棵植物浇灌。墓墙背面的山坡上长着一丛像芭蕉叶一样的植物，我不知道植物的名称。左右墓墙的前方各有一个石制的小狮子，狮子的部分位置还进行了描彩。墓的正前方还有两棵柏树，从树龄看，不止三十余年，也许是移植过来的。

寻访那日一整天天空都阴沉着，海风极大，我在拍照时被吹得很难立稳。我给屈万里先生鞠了一躬，默默地向他道歉，告诉他自己没有买到鲜花。我在墓的四围从各个角度拍照，因为地面凹凸不平，并且有绿草覆盖，很容易一脚踩空，幸亏有曾先生带来的登山杖，方使我不至于摔倒。

拍照完毕后，回到车旁，我向费先生道别。他又紧紧拉着我的手，眼圈通红地说："三十多年来，你是大陆第一个来看屈先生的人，你能来看他，我们家人真的很感激。"说完他从车上拿出了一本屈万里先生的著作《尚书今注今释》送给我，我们三人感谢了他的带路，于是上车跟着他原道下山，重新回到林口镇后，向费先生道别而去。

昌彼得

编纂教材，桃李芬芳

　　昌彼得是湖北孝感人，出生于 1921 年，本名昌瑞卿，幼年受洗时，得教名彼得。因大半生与古书打交道，故其自号蟫庵，蟫即书虫，昌彼得以此为号，可见其自我期许与谦逊。昌先生晚年又号宗陶老人，这是因他认真研究过元末明初藏书家陶宗仪。

　　昌彼得毕业于国立中央大学历史系，毕业后到中央图书馆特藏组工作。1949 年初，中央图书馆藏书运往台湾，昌彼得为押运人之一。到达台湾后，昌先生继续在图书馆工作，从 1954 年起任台北"中央图书馆"特藏组主任，1970 年转任台北故宫博物院图书文献处主任，1984 年升任台北故宫博物院副院长。他在图书馆工作时间达二十五年之久，在台北故宫博物院更是长达三十年，然而在这么长的时间段内，他的主要精力依然在研究目录版本学上。

　　对于他在这方面的成就，沈津先生在《悼念昌彼得先生》一文中写道："在中国近现代图书馆学界里的版本目录学家中，值得我倾慕服膺的大家不多，除了顾廷龙、潘景郑、赵万里、冀淑英先生之外，昌先生也是我心仪的人杰大匠。我以为是版本目录学的实践造就了昌先生，他是台湾地区经眼善本图书最多的学者，无人能望其项背。"

对于昌先生等人押运善本去往台湾的过程，周兵在《台北故宫》一书中称，昌彼得原本在 1948 年要跟随第一批国宝到台湾，但因故未能成行："1948 年 12 月 21 号，昌彼得随第一批押运的人到了南京下关码头，发现海军总部的眷属把整个甲板都站满了。他们勉强挤了上去，船走不了，他们躺在甲板上面睡了一夜。第二天清晨傅斯年来了，看到这个情形，觉得非常危险。'中鼎号'是艘登陆艇，平底的，在海上会颠簸得很厉害，如果甲板上面人太多，船重心不稳随时可能翻过去。"

后来海军舰长决定退出一部分士兵，腾出四个舱位给押运文物人员，但仍然住不下，昌彼得只好跟其他三个人下了船。1949 年 1 月 6 日，昌彼得与第二批文物一起登上海沪轮，离开南京。这天风平浪静，他们顺利地到达了台湾。

在台工作期间，昌先生的研究涉及目录版本之学的方方面面，并且写出来了一系列专著，最具影响力的有《中国图书史略》《中国目录学讲义》，他的论文收录在《蟫庵论著全集》和《增订蟫庵群书题识》中，另外他还在台湾大学、辅仁大学、淡江大学、东吴大学兼任教授，培养出众多弟子。

1961 年台湾大学成立图书馆系，学士班开设"目录学"选修课，硕士、博士班也有"中国目录学专题研究"，由昌彼得和屈万里等先生讲授相关课程。昌先生所编的《中国目录学资料选辑》是学生们学习目录学的重要参考资料。

1973 年，台湾文史哲出版社出版了《中国目录学讲义》，这是台湾地区第一部系统性的目录学教材。1986 年，昌先生与潘美月合著的《中国目录学》一书体例更为完备。毛建军在《昌彼得先生的文献学成就》一文中列出了昌先生先后指导十名研究生撰写的学位论文："《千顷堂书目研究》（东吴大学博士周彦文）、《韩愈著作版本与对韩国之影响研究》（东吴大学博士朴永珠）、《明代考据学研究》（东吴大学博士林庆彰）、《明代书坊之研究》（台湾大学硕士陈昭珍）、《铁琴铜剑楼藏书研究》（台湾大学硕士蓝文钦）、《中韩两国古活字印刷技术之比较研究》（台湾大学硕士曹炯镇）、《历代佛经目录初探》（台湾大学硕士河惠丁）、《高丽再雕大藏目录之研究》（台湾大学硕士郑正姬）、《北宋、高丽书籍交流之研究》（台湾大学硕士韩美镜）、《绀珠集引唐五代典籍考》（东吴大学硕士李钟美）。"

这些名家中我相识者仅有韩国江南大学教授曹炯镇先生，曹先生是韩国人，近些年来主要精力用在研究高丽铜活字方面。某次，我们在扬州一起开相应的研讨会时，他带来一些复制出的铜活字，经过他的讲解，我了解到高丽铜活字的刷印方式与中国活字有怎样的区别。后来我又得到了曹先生所赠研究铜活字的专著，但那时我并不知道他是昌彼得先生的学生，否则的话，我会向他请教与昌先生有关的更多趣闻。这正如沈津先生所说："由于两岸的原因，昌先生对于中国传统文化的贡献，以及他在文献学、目录学、版本学上的造诣，很少为大陆学者所知悉，他的著作及编著的工具书、参考书也不为国内研究者了解。"

对于昌先生在培养弟子方面的成就，台北故宫博物院原院长周功鑫曾说："昌先生追求数十年的学术生涯，同时也以本身所学，传授年轻弟子，培育出不少知名目录版本学家，师生情谊甚深，迄今仍常有往来，这也说明昌先生爱才的个性。"（周功鑫《蟫庵论著全集·序》）

在台期间，昌先生主持影印了一些古籍，其中部头最大的是文渊阁本《四库全书》。当年商务印书馆在上海时出版过《四库全书珍本初集》，是由王云五来主持。王云五到台湾后，又继续影印了《珍本》二集、三集、四集，之后一直印到了十集，此后又印过别集。

王云五去世后，张连生想影印整部的《四库全书》，他跟昌彼得商议此事。昌先生认为影印抽印本的珍本已经是很大的工程，要印全书工程更为浩大，一旦卖不出去，商务印书馆就会出大问题。张连生考虑多天后，还是决定要印全本。

于是商务印书馆在台北故宫旁搭起了工作棚，在此拍照、编排这部三万六千多册的《四库全书》，陆续工作了五六年才做完。书印出来后如何销售是个大问题，为此，昌彼得给商务印书馆提供了不小的帮助。周兵在《台北故宫》中写道："一旦决定要印，昌彼得就开始尽心帮忙，他陪张连生到韩国、日本，去访问很多大学，介绍《四库全书》的重要性，向他们推销。这种方式果然有效，《四库全书》印出来后销路不错。当时一共印了三百部，一部一百六十万元，除了要存三十部送到故宫作为教学材料，其他的都卖出去了，到最后，还有人想买都买不到了。"

其实从其他的文献看，有些影印出的《四库全书》不是卖出去的，而是昌先生一高兴就送出去的。比如他曾经送给瑞典远东图书馆一部，陈文芬在《远东图书馆师徒列传》中写道：

远东图书馆藏有一套《文渊阁四库全书》，放在大厅。图书馆的房顶高，书架罗列一眼望不尽，这套藏在北欧一小国家汉学图书馆的《四库全书》，大度气派，使人印象深刻。20世纪80年代末期，台北故宫召开善本书与图书馆研讨会，各国爱书人相会，其乐融融。研讨会结束后，昌彼得跟学者们逐一敬酒，喝高粱。冯辽也端起一大壶高粱追随昌彼得，一人一杯连着干，如此三十杯一过，昌彼得说你这人好能喝，我要送你一本书，你要什么书？冯辽沉吟说，我要《四库全书》。昌彼得迟疑少顷，说个"好"字。第二天晨起未见昌彼得身影，旁人安慰冯辽，《四库全书》岂好说送就送。三小时过后，昌氏现身，书已经打包送往海关运寄，远东图书馆自付运费。

由这段描述可知，昌先生喝酒很是豪爽，还是一位言必信的人。当然他肯把这么大一部书送给冯辽自然有他的理由，因为这位冯辽也是一位奇人。

陈文芬在文中写道："斯大中文系将自己一生所学奉献给远东图书馆的人是冯辽，他可称为汉学奇才，高中没学完，当印刷工人，原来是一个玩世界音乐的嬉皮士，偶然去非洲，旅途认识另一个刚读完《道德经》的嬉皮士，顺手读完。一回瑞典就进了成人学校，跟老年女传教士学汉语，往后登门拜望马悦然，马悦然考核他的语文能力文学知识以后，上书教育部破格录用。"

后来冯辽来到北京，对民俗很感兴趣，还学会了地道的北京话，在胡同里跟一些人学养蟋蟀，再后来，冯辽来到瑞典远东图书馆任馆员、主任，直至馆长，成为瑞典远东图书馆资历最丰富的人。但他似乎更痴迷于民俗，比如他在欧洲多次举办中国蟋蟀音乐会，指挥这些蟋蟀在静夜里各自鸣唱。这是何等有趣之人，他趁着酒劲向昌彼得索要《四库全书》，这也是一般人张不开口的。

昌先生对《四库全书》并非只是简单地影印，他考虑更多的是如何让学者来利用它。《四库全书》原本在抄写的时候把原书的目录省略掉了，这给检索带来麻烦，于是昌彼得在整部书影印出版的三年后，成立了《四库全书》索引编纂小组，招来几位研究生协助自己编辑索引，此后陆续编成了三个索引系统。

昌先生对《四库全书》的研究有着重要贡献，司马朝军先生在《国故新衡》中称："'四库学'一词，在20世纪80年代初期才正式由昌彼得、刘兆祐等先生提出来。"接着他引用了昌彼得在《"四库学"的展望》中所言："'四库学'名称，我不知何时始见于文献。1983年台湾计划影印文渊阁《四库》时，我写的一篇《影印四库的意义》一文中，即标出了'四库学'一辞。"

同年7月，时任中国台湾东吴大学中文研究所所长的刘兆祐发表了题为《民国以来的四库学》的文章，文中提及："到了民国，从事《四库全书》有关问题研究的风气很盛，所涉及的范围也很广，为了使这门研究工作，成为有系统的学识，我称之'四库学'。"

从司马朝军先生讲述的先后顺序来看，似乎他更倾向昌彼得先生才是"四库学"一词的最早使用者。自此之后，四库研究逐步深入，比如 1998 年台湾淡江大学举办了首届四库学研讨会；2003 年首都师范大学成立了《四库全书》学术研究中心；2004 年武汉大学成立了四库学研究所，该所在 2011 年更名为四库学研究中心，由司马朝军先生担任负责人。司马先生能够肯定昌彼得在四库学方面的开创之功，足以表达他在这方面的成就得到了业界首肯。

但是司马朝军先生也会谈出他与昌先生在一些学术观念认定上的区别，比如司马朝军在《〈四库全书总目〉编纂考》中，专有一节谈论关于《四库全书总目》的作者问题，他说这是长期聚讼的焦点，大致有三种代表性意见：

> 一曰馆臣集体之意志，主此说者有李慈铭、胡玉缙、来新夏、沈津等人；
>
> 二曰纪昀"一人之私见"，主此说者有黄云眉、周积明等人；
>
> 三曰清高宗"钦定"，昌彼得、吴哲夫等人皆主此说。

司马朝军认为三种说法都有一定道理，但也各有局限，至于昌彼得的观念，他认为："《总目》固然由乾隆帝钦定，重大原则问题由乾隆帝决定，但具体操作则成于众手。"所以司马朝军认为这三种说法都不完备。

关于目录版本学的一些重要观念，昌彼得在《我国版本学上几个有待研究的课题》中做了概括性梳理，他先分析了"版本"一词的概念，接着谈出了版本学，他对这门专学给出的定义是"研究版刻的鉴别与历史及书本的源流的一门学问"。

昌先生认为雕版印刷在中国已经有了一千二百多年的历史，但是研究版本成为专门学问是近五六十年的事情，印刷术肇始于唐代，历宋、元两朝，雕版印书已经十分普及，但还谈不上版本之学，到明代才有了版本学的萌芽，入清后方始昌盛。但是，前人的版本学主要是凭个人经验，没有详细地写出来成为专著，直至清宣统三年（1911）叶德辉发表了《书林清话》，方有了中国第一部研究版本学的专著。民国以来，又经中外学者不断地研讨，才奠定了版本学的基础。

古书因为有着文物价值，于是有了造伪，昌先生认为用明刻本来充宋元本，主要是书商所为："只要书一入书估之手，无论是宋元原刻或明清覆本，鲜有不改头换面的。原有的序跋牌记往往被拆除，移真缀假，以假作真，以致面目全非，明清两代的藏书家重视宋元，固然使得许多的孤本秘笈，得以复出老屋，重显于世。也促成了我国旧本书的混淆不清，增加了后世鉴别的困难。"

如何来鉴定古书之真伪，他提到了孙从添在《藏书纪要》中提到的几种方式，认为这些方式固然有用，但也有不准确之处，昌先生认为："从纸张来鉴别，因各时代造纸的技术与原料成分各有不同，不失为一比较科学的方法。"

但是中国各地都有手工造纸作坊，且每一种造纸技术并没有详细的资料记载，因此无法完全凭纸张来断定版本问题，于是昌先生提到了避讳字。但是，翻刻本尤其是影刻本也会照翻避讳字，必须综合其他的方式，于是他又提到了刻工问题，他说傅沅叔、张菊生、胡适之、傅孟真等先生往往从刻工来考订版刻的时代："因为古代印刷雕字工匠是一种专业，凡公私有雕印书的，多雇募这些专门技术雕刻工来从事。故在同一时代与同一地区雕刻的许多书，它们的刻工往往相同，所以从刻工不仅可以考订出书刻的时代，甚至于可以考出雕版的地域。"

昌先生在此文中还谈到了印刷术发明于何时，以及印刷术产生的原因，受佛教影响的问题等等，他于此都做了系统梳理。在文中他谈到了自己撰写的《说郛考》，他将《说郛》所收的几百种书，与流传的各种本子进行对勘，同时参考各家书志，撰成了《说郛考》。他觉得这项工作应当予以推广，将《四库全书》所著录的书或者明以前人的著作，都仿照这种方式来详加考订传本的源流与异同。

除了对书的内容做系统梳理外，昌先生对古书的外观形式也有自己的见解。胡文辉在《"旋风叶"的再考辨》一文中谈到了不同的人对于旋风装的不同描述，比如日本岛田翰在《书册装潢考》中说：

> 何谓旋风叶？予犹逮见旧钞本《论语》及《醍醐杂事记》，所谓旋风叶装也。旋风叶者，盖出于卷子之变。夫卷子之制，每读一书、检一事，绸阅展舒，甚为烦数。于是后世取卷子叠折成册，两折一张褾纸，概粘其首尾于褾纸，犹宋椠藏经，而其制微异。而其翻风之状宛转如旋风，而两两尚不相离，则又似囊子，故皇国谓之囊草子也。

按照这种说法，旋风装很像业界所说的经折装。此后，马衡在《中国书籍制度变迁之研究》中也持类似说法。但是昌彼得反对这种说法，他在《唐代图书形制的演变》中说："他们两人都说'叶子'与当时的书册相近似。宋代图书通行蝴蝶装，而蝴蝶与折叠本在形式及装置上迥然不同。因之叶子即是折叠本之说，不能不令人感到怀疑。"

胡文辉夸赞昌文称："此文积累深湛，勾稽细微，在古书形制源流问题上似为仅见之作。"昌彼得认为"叶子"就是散叶，不可能是折叠本，也就不可能是经折装。此后他在撰文时，又认为旋风装是"由卷子改进为折叠"而成。

关于旋风装究竟是什么样子，李致忠先生在查看了故宫所藏《唐写本王仁昫刊谬补缺切韵》后，在《古书"旋风装"考辨》中总结说："古书的旋风装，就是在卷轴式的底纸上，将书叶鳞次相错地粘裱，打开时，形似龙鳞，所以称为龙鳞装；收卷时，书叶鳞次朝一个方向旋转，宛如旋风，所以又称为旋风装，或旋风叶卷子。"

我认为这段描述形象地讲出了旋风装究竟是什么形状，但有人认为此书可能是后来改装的。几年前我到云南省图书馆看书时，看到了一批南诏大理写本佛经，其中有两卷就是旋风装。在各种论述旋风装的文中，我没有看到有人提及云图所藏的这两件，否则的话，关于历史上是否有旋风装的质疑声会顿息。

对于馆藏之书，昌先生有着强烈的爱意。抗日战争期间，国立北平图书馆为使南迁存沪的善本古籍免遭日寇劫掠，他们派人选出精品分装一百零二箱，伪装成替美国国会图书馆采购之书，几经周折转运美国，寄存在美国国会图书馆。这批书在 1965 年 11 月返还给了台北"中央图书馆"，昌彼得对这批书做了仔细核点，发现北平图书馆存沪未运美的善本书有八百多种，但是仅二百八十余种见于 1942 年运返北平的书单，另外五百余种下落不明。同时他注意到北平图书馆运美善本书中，部分与装箱清册不符，原装箱目未载后增的书，多为每种书中间的一册，且有些书不够善本标准，为此他推测说："这些下落不明的善本，很可能已经有些化公为私了。"

针对昌先生的质疑，林世田、刘波撰写了《关于国立北平图书馆运美迁台善本古籍的几个问题》的长文发表在《文献》2013 年第 4 期，该文对当时的装箱经过做了还原式的描述，以此说明实际运美之书并没有少，至于一些零本问题，文章提到被人们遗忘的一件事：1941 年，国立北平图书馆与美国国会图书馆曾经筹备合作举办过一场中国古籍展览。

通常书籍展览时，一套书只展示其中最精彩的一本即可，在大多数情况下会选择带有插图的一册。比如零本清单中列出的版画书有《异鱼图赞》《天问图》和《万寿盛典初集》，另外还有彩绘本的《明解增和千家诗注》。该文认为此次入选的展品富于代表性，基本反映了中国古籍版刻的发展历程，但遗憾的是："此次展览当为中国图书馆界在海外筹办的第一次中国古籍展览，应当是中国现代图书馆事业史上对外交往方面值得纪念的事件。遗憾的是，现在所能找到的相关资料很少，国家图书馆旧档案中，也没有发现与此次展览有关的文件、信函或选目文档。"

可见昌先生也不了解曾经举办过这样一个展览，以至于让他对零本数量产生了质疑。同时昌先生不知道当年存于上海的一些书后来又返回了北平图书馆，故而他写了篇《国立北平图书馆善本阙书目》，该文列出五百七十三部之多，他在文中说：

> 所以说那下落不明的五百多种，假若不是在上海被特别隐匿，那就是在运返北平后出了问题。五百多部至少有好几千册书，并且其中绝大多数是精品，假若果真留存上海办事处的话，三十八年"中央"政府撤离大陆时，相信一定会把它们携运出来。平馆留存的明清舆图十八箱，当局尚未忘记运来台湾……因此笔者揣测那些善本不在卅一年运返北平后失了踪迹，就是在上海时早已化整为零了。

针对此文，林世田、刘波在文中写道："善本运美的消息披露之后，引起日伪的重视。日伪任命的'国立北京图书馆'馆长周作人遂派遣秘书主任王钟麟（古鲁）南下上海，检视存沪善本书，并于1942年11月3日、12月16日分两批运回善本书一百二十八箱，其中甲库书一千五百零三种、乙库书五百九十一种。此次运回北平的善本书，国家图书馆档案中存有列表，此外另有俞涵青所编《国立北京图书馆由沪运回中文书籍金石拓本舆图分类清册》一册，1943年由'国立北京图书馆'铅印。"

余外，还有几次运输的经历，由于抗战胜利后至1949年初以前回迁至北平的善本书没有编目录公开发行，所以详情不为世人所知。因此，"综合1943年《国立北京图书馆由沪运回中文书籍金石拓本舆图分类清册》与1959年《北京图书馆善本书目》，并非北图当时存藏善本书的全部。昌彼得先生依据这两种目录，将其与1933年善本甲库目录对照，进而推测善本甲库的部分藏书已经流散，论据显然不足"。

因为昌先生不了解有些书运回北平图书馆的经过，所以他以高度的责任心提出了这些质疑，他甚至下功夫落实哪些书不见了。林世田、刘波二位先生为了消解昌先生的误会，特撰此长文予以一一说明。遗憾的是，昌先生还没有看到此文就故去了，为此，林、刘两位先生在本文的后记中写道：

> 本文草成，惊悉昌彼得先生仙逝噩耗，不胜震恸。半个世纪前，昌彼得先生检核平馆运美迁台善本，对其中几个问题提出质疑。这不仅体现了他作为一位学者的严谨与认真，也反映了他对国家、对民族文化的高度责任感，让我们深为感动。2009年台北故宫博物院出版昌先生的文集《蟫庵论著全集》，两篇质疑北平图书馆运美善本的文章列在其中，可见昌先生晚年对此事仍然心存疑问。因此我们收集、整理、核对相关资料，希望能以我们的调查结果，为昌先生释疑。不料小文初成，尚未送昌先生寓目，遽然闻知先生驾鹤西游，思之慨然。谨以此文纪念昌彼得先生，缅怀他作为版本目录学家和图书馆从业人员的丰功伟绩。

2014年2月6日，我前去祭奠昌彼得先生，他的灵骨寄存于台湾省台北市士林区中山北路七段190巷3号的慧济寺内。慧济寺所在的位置是台北市的一处半山居住区，因为门牌并不明显，我们在那片山路中找了两圈，才看到山门。

登上寺院的台阶对我而言太过陡峭，按照门旁的提示牌，侧面有电梯。然而天一直淅淅沥沥地下着雨，四周看不到人影，我沿着左右看了一圈，找不到电梯，于是司机冯先生一手扶着我一手打着伞，我们在雨中一步一步地向山上登去。

进入寺院，里面空空荡荡看不到人影，喊了几声，也没人应答，

我与冯先生商量怎么办，他还没张口，突然看到从观音像下面站起来一个人，此人的举动吓我一大跳。定神细看，原来是一位年轻女子，她戴着耳机，可能是在听音乐，她边听音乐边跪在蒲团上拜观音，没有听到我进门的脚步声，我这么一喊，可能也吓了她一跳，马上站起问我有何事。我向她道歉，表示自己没有注意到旁边有人。

女子很有涵养，笑笑说没关系，然后带我进了旁边的一间办公室。坐在办公桌后面的一位中年妇女望了我一眼，张口就说："你是韦力先生吧。"她的这句话更吓了我一跳，我没顾上问她是如何知道的，她先向我索要名片，待我递上后，她从抽屉内拿出一个黄色的信封递给我，说十几天前，有位男士放信封在此，告诉她，有个大人物会来此拜昌彼得先生，届时请她把这个信封转给来的人。这位管事的女士仔细地打量着我，站起来带我向办公室外走去，边走边说："说是来的是个大人物，这个人看着不像啊！"

女士带我重新回到佛堂，她先让我给观世音上三炷香，我告诉她上香可以，但自己的腿上有伤，无法跪拜。她说没关系，鞠躬即可。我于是按其所说，向观世音三鞠躬，然后把三炷香一字排开地插在香炉里。女士又带我走入一个楼梯间，点燃一炷香，说让我给昌先生上一炷香。我很疑惑地看看这个楼梯间，觉得可能是一种风俗，问之则不恭，按照她的吩咐去做就是了。我给昌先生鞠了一躬后，把这根细细的香插在了一个如拳头大小的香炉里。

之后女士带我进入灵堂。灵堂不大，三面墙全是正方形的小方格子，每个格子的长宽高都不超过四十厘米，里面放着一些骨灰罐，这跟大陆的骨灰盒很不相同。那位女士把我带到昌先生的骨灰罐前说："你在这里祭拜吧。"她转身就要离去，我马上问她是否可以拍照，她点头说可以。

昌先生的骨灰罐是用一种黑白相间的花岗岩雕造而成，正中有昌先生的肖像照，罐的顶部还有胶带纸粘着一块黄色的绸布，不知是有什么讲法。我看见旁边有些格子里面还放着酒瓶，不明白是什么风俗。骨灰格的侧墙上写着对联："愿生西方净土中，九品莲华为父母；华开见佛悟无生，不退菩萨为伴侣。"对联的上下各嵌有一朵莲花。我站在昌先生的灵位前三鞠躬，心中默默地告诉他：前辈，我看您来了。

灵堂

《昌彼得教授》纪念册封面　　　　　　　　　　昌先生签名同学录

回到宾馆，细看女士拿给我的那个信封，封面上写着"烦交北京韦力先生"。旁边是落款和地址，落款的名字是昌言。这让我猛然想起来台北前，我通过台北故宫博物院的几位朋友跟昌先生的公子昌言先生取得了联系，他当时告诉我，很感谢我去祭拜他的父亲，但他自己要到大陆办事，不能陪我前往祭拜，所以留了份资料在那里，请我去拿。

来到台湾后，因为每天日程安排得很满，结果我将此事忘得干干净净。我马上拆开信封细看，里面有三件东西：第一件是昌先生过寿时的照片，旁边陪坐着不少人，细看一遍都不认识，也不知道哪位是昌言先生；第二件是昌先生的纪念册，里面详列了昌先生的生平；第三件是一册民国三十四年（1945）出版的平装书，书名是《国立南高东大中大毕业同学录》，封面有昌先生的墨笔签名，此书的书口几乎全部被老鼠啃食干净，但毕竟是难得的纪念之物，而昌言先生愿意将此难得之物赠予我，又岂止是让我感动而已。